U0641283

2016年度国家出版基金资助项目

"十二五"国家重点图书出版规划项目

中国科学技术研究领域高端学术成果出版工程

中国科学院自然科学史研究所"十二五"重大突破项目

国家出版基金项目
NATIONAL PUBLICATION FOUNDATION

科技革命与国家现代化研究丛书

Series of Studies in Scientific Revolutions,
Technological Revolutions and the Modernization of Nations

张柏春　主编

科技革命
与英国现代化

Scientific Revolutions,
Technological Revolutions
and the Modernization of Britain

刘益东　高璐　李斌　著

山东教育出版社

图书在版编目（CIP）数据

科技革命与英国现代化 = Scientific Revolutions, Technological Revolutions and the Modernization of Britain / 刘益东，高璐，李斌著 . — 济南：山东教育出版社，2020. 6
（科技革命与国家现代化研究丛书 / 张柏春主编）
ISBN 978-7-5701-0913-5

Ⅰ. ①科… Ⅱ. ①刘… ②高… ③李… Ⅲ. ①技术革新—关系—现代化建设—研究—英国 Ⅳ. ①F156.143 ②D756.1

中国版本图书馆CIP数据核字（2019）第293967号

策　　划　陆　炎
责任编辑　范增民　张　达
责任校对　任军芳
装帧设计　晓　沫

KEJI GEMING YU GUOJIA XIANDAIHUA YANJIU CONGSHU
KEJI GEMING YU YINGGUO XIANDAIHUA

科技革命与国家现代化研究丛书　　　张柏春/主编
科技革命与英国现代化　　　　　　刘益东　高璐　李斌/著

主管单位 山东出版传媒股份有限公司
出版发行 山东教育出版社
　　　　　地址：济南市纬一路 321 号　邮编：250001
　　　　　电话：（0531）82092660　网址：www.sjs.com.cn
印　　刷 山东临沂新华印刷物流集团有限责任公司
版　　次：2020 年 6 月第 1 版
印　　次：2020 年 6 月第 1 次印刷
开　　本：710 毫米×1000 毫米　1/16
印　　张：16.5
字　　数：216 千
定　　价：86.00 元

（如印装质量有问题，请与印刷厂联系调换）印厂电话：0539-2925659

总　序

　　现代化和科技革命是当代中国社会的热议话题，也是出版物中的高频术语。现代化是19世纪60年代以来中国的宏大实践，在20世纪30年代成为学者们广泛关注的议题。中华人民共和国在建国伊始就着力推进产业和国防的现代化，并且在五六十年代将现代化逐步具体化为农业、工业、国防和科学技术等方面的现代化。1964年，中央政府宣布以建成"一个具有现代农业、现代工业、现代国防和现代科学技术的社会主义强国"为发展目标。1978年，中央强调科学技术是生产力，是"四个现代化"的关键。此后，"科学革命""技术革命""科技革命"等概念深得学者们的认同。三四十年来，政府和科技界希望国家能抓住"新科技革命"的机遇，且借此实现现代化。那么，科技革命与现代化究竟存在怎样的关系？这正是本套《科技革命与国家现代化研究丛书》试图探讨的核心问题。

　　现代化、科学革命和技术革命等都是非常复杂的概念。本套丛书中，我们将"现代化"理解为农业社会向工业社会的转变，工业化是这一转变进程中的一条主线。现代化始于西欧，逐步扩展到欧洲其他地区、北美以及亚、非、拉等地，其间伴随着工业强国的殖民扩张和"被现代化"国家的社会转变，包括转变中出现的弊端。我们所讨论的"科技革命"是科学革命和技术革命的简称，是指相对于知识进化而言的重大知识变革。第一次科学革命是指16和17世纪发生在欧洲的科学变革，其主线是由哥白尼拉开序幕，从伽利略到牛顿的物理学、天文学和数学等学科的理论突破及具有现代特点的科学建制化。第一次工业革命与第一次技术革命相伴发生，其主要标志是蒸汽机的发明和应用。历次的科学革命、技术革命和工业革命的成果在全球化的进程中传向世界各地，被人们普遍共享和发展，并影响到当地的知识和社会的转变。现代化、科学革命和工业革命（技术革命）早已成为一些史学家叙事的方法和框架，相关著述浩如烟海。有趣的是，此前学界对科学革命和技术革命的研究主要集中于欧洲，如意大利、英国、法国和德国，而对现代化的研究则主要关注该进程中的后起国家，如日本、中国、印度等。有关欧洲现代化的研究主要集中于早期现代国家制度产生的过程及文化上的现代性等方面。其原因显而易见，科学革命和技术革命主要发生在西方国家，而当以工业化为主线的现代化概念盛行时，西方发达国家已完成了由农业社会向工业社会的转变。然而，无论在西方还是在东方，每个国家都有其现代国家制度的确立及工业化的实现的具体过程，也同样都有现代科学和技术的形成和制度化的不同历程。

中国科技事业发展和现代化建设要求人们理解世界科学技术的发展历程，以求得历史借鉴和启发。李约瑟（Joseph Needham）等国际学者能够研究中国的科学技术传统，我们也应该以自己的眼光审视世界科学技术的发展，提出新的学术问题和见解。1978年以来，中国科学院自然科学史研究所将世界科学技术史列为一个新开拓的研究方向，其重点是西方近现代科学技术史，编著了《20世纪科学技术简史》和《贝尔实验室》等学科史和机构史的著作。为了进一步探讨世界科技史，我们与中国科学院规划战略局在2010年春季开始组织研究"科学革命、技术革命与国家现代化的关系"，选择意大利、英国、法国、德国、俄罗斯（苏联）、美国和中国等国家为案例，着力阐释我国社会普遍关注的科技革命、现代化等重大问题，其中涉及发展的路径和模式。这个项目将对科学革命、技术革命的研究扩展到俄罗斯和中国等科学革命或工业革命的非原发国家，探讨"地域性的"科学革命或技术革命以及外力冲击下启动的现代化。一方面，从科学和技术的发展去理解社会的转变；另一方面，从社会的发展去理解科学和技术的变革。对这类复杂问题的探讨必定既有共识，又见仁见智。

经过认真筹划和评议，这项工作被中国科学院批准为"十二五"规划项目，同时被国家新闻出版总署列为"十二五"出版规划项目，并得到山东教育出版社的大力支持。为了实施这项计划，我们邀请自然科学史研究所、北京大学、清华大学、美国波莫纳加州理工大学（California State Polytechnic University，Pomona）、意大利卡西诺大学（Università di Cassino）等科研机构和大学的近30位专家学者，开展个案研究和综合研讨。为了完善研究计划，项目组在2012年访问德国马普学会科学史研究所（Max Planck Institute for the History of

Science），与雷恩（Jürgen Renn）所长等近20名西方科技史专家学者讨论这项研究的框架、主要内容、典型案例、方法论、前人工作和资料基础等重要问题。此外，项目组还听取了美国、法国、俄罗斯、意大利、英国等国专家的建议。国际同行的中肯意见对项目的设计和实施很有帮助。

　　科学革命、技术革命与现代化的关系是一个富有挑战性的、视野宽阔的大题目，对这个专题的研究在国际上非常鲜见。我们期望通过探讨这样的题目，能够为学术研究贡献点滴新知识，对读者思考有关问题提供线索。当然，在国内的世界科技史研究积累薄弱的情况下，研究这么大的新题目算是一次冒险的尝试。无论我们怎样努力，《科技革命与国家现代化研究丛书》都会挂一漏万，不过是万里长征的第一步。受研究基础的限制，目前完成的书稿中难免有疏漏，甚至错误，敬请学界同道和读者朋友们不吝赐教。

中国科学院自然科学史研究所

张柏春

2017年5月6日

于科学院基础园区

目　录

引　言

　　18世纪工业革命前后的两三百年发生了人类历史上影响最为深远的社会大变革，英国迅速崛起的历史过程为研究科技革命与国家现代化关系提供了最为丰富和典型的案例，是针对内源式革命、外源式革命、多源交叉式革命来探讨科技革命与国家现代化的极为难得的案例。比如，因历史、地理和宗教等原因形成的宪政议会制度的创立（内源式政治现代化），16世纪中叶开始的依靠引进外国技术、人员和资金实现的初次工业化（工业革命前的外源式工业变革），在英国汇聚多种创新出现的18世纪中叶开始的第一次工业革命（内源式工业革命）。在第二次、第三次工业革命中，针对多源交叉、外源引进来讨论科技革命与国家现代化，英国也有非常典型的社会实践。受篇幅和主旨的限制，本书不能面面俱到，如何把丰富的资料和已有的研究成果按照研究主旨重新加以组织和提炼，如何通过研究中心问题，突出重点和特色，有所推进和创新，是本项研究面临的挑战。

　　对于科技革命与英国现代化的探讨是一项十分复杂的研究工作，我们通过对英国的政治、经济、文化与知识基础等来阐述英国现代化的开端；通过科学革命与牛顿来分析科学革命前后英国的科学、技术的整体状况；通过英国的大学与皇家学会、牛顿科学革命的来龙去脉分析科学革命与工业革命的关系及历史影响。工业革命与现代化的关系十分典型，探讨两者的关系可以加深对工业革命和现代化的认识。用分子生物学革命与"二战"后英国国家科技体制的建立为案例，来揭示英国20世纪的科学技术与国家进步的关系所呈现出的新特征，进一步具体回答科技革命与国家现代化关系这一问题。显然，要驾驭这样复杂的问题最好建立一个统一的理论框架，但是由于涉及内容繁多，具体涉及现代化、科学革命、技术革命、工业革命等多个主题，各自又有不同的理论体系，所以要做到这一点并非易事，而且与整套丛书的体例也不协调。因此我们在本书前四章的研究中，根据各章的主题，史论相结合地进行论述和分析。在本书的最后部分，进行一些理论探索，把理论探索作为一项结论，既可以丰富全书的内容，同时也为以后的研究提供借鉴。

第一章

英国现代化的开端：政治、经济、文化、宗教与知识基础

英国工业革命波澜壮阔，其前后两三百年的历史进程昭示了史无前例的经济增长奇迹。马克思和恩格斯在《共产党宣言》中指出："资产阶级在它的不到一百年的阶级统治中所创造的生产力，比过去一切时代创造的全部生产力还要多……"托马斯·K.麦克劳指出：直到大约17世纪，经济发展的停滞不前似乎是自然而然的，社会各阶层的人们对此都习以为常，并根据这种情况安排各自的生活。在1700年前的1000年里，欧洲人均收入的年增长率只有0.11%，世界上其他各地的情况也大致如此。以0.11%年增长率计算，人均年收入每630年才增长一倍。但是，在1820—1990年这170年间，人均年收入的增长在英国翻了10倍，德国翻了15倍，美国翻了18倍，日本翻了25倍（麦克劳，2006）。这一奇迹是如何发生的？学者们进行了广泛、深入的探讨和研究。本书研究的主题是科学革命、技

术革命、工业革命与英国现代化，显然这一研究是在英国崛起这一主线和背景下展开的，因此探讨英国经济增长的主要社会文化的基础和条件可以成为全书的第一部分，同时它们也与全书各个部分的讨论紧密相关。

综合内森·罗森堡、小伯泽尔（1989）、马克斯·韦伯（1920）、道格拉斯·诺斯（2009）、尼尔·弗格森（2012）等学者的观点和概括，对以英国为代表的西方国家崛起，大致有17种解释：（1）科学技术的作用。这是关于西方繁荣的最流行的解释。（2）自然资源的优势所致。（3）竞争。欧洲的政治处于割据分裂的局面，在每个国家内，都存在着多个相互竞争的集团。（4）法治与代议制政府。这一优越的社会政治秩序出现在英语国家。（5）自由的观念。这始终是英国最显著的特征。（6）心理原因。一个广泛被接受的解释是，封建主义的衰落与一种心理变化多少有点联系，这种心理的变化从某种新的资本主义精神中创造了市场机制。（7）运气因素。的确，西方的运气比其他地方要好。（8）不端行为。最常被指责为西方经济的不端行为有日趋扩大的收入和财富不均、对工人的剥削、殖民主义和帝国主义以及对别人的奴役。（9）收入和财富的不均。在各种不端行为中，最根本的一种意见认为，收入和财富的不均是不公平的，但对西方经济制度来说却又是必要的。（10）剥削。在马克思主义的术语中，剥削是指资产阶级占有工人创造的"剩余价值"。（11）殖民主义和帝国主义。认为掠夺殖民地国家的财富促进了经济增长。（12）奴隶制度。认为奴隶制度是西方经济增长的原因之一。（13）宗教改革。认为新教伦理对资本主义发展至关重要。（14）一个有效率的经济制度是西方国家兴起的关键。（15）一个不受政治和宗教控制的、有高度自主性的经济领域和商人阶级的出现。（16）自主、试验和多样性是解释西方经济持续增长的关键。（17）消费社会。随着工业革命的兴起，英国的高工资和高生产效率的先进技术提供的物美价廉的商品，使社会需求扩大。

这17种解释比较全面，但是限于本书的主题和篇幅，我们对这些观点进行概括和精炼，并结合本研究主题的需要，把民族国家的形成与特质、经济与市场经济制度、新教的影响、知识传统与科学这四个方面作为研究科技革命、工业革命与英国现代化的主要社会经济文化的基础和条件。本章旨在为全书做出铺垫，揭示为何科学革命在17世纪英国的牛顿时期达到最强音，为何工业革命发生在英国，科学革命、技术革命与工业革命的关系如何，科学革命、技术革命与英国的现代化的关系怎样等。社会经济文化的基础和条件是如何发挥作用的，它们之间的结合是如何发生的，都将成为本书讨论的重点。

第一节　英国民族国家的形成与特质

如果我们要在世界现代化的进程中找出英国有别于其他国家的特征，那么答案一定是英国在科学革命到来之初便自发地完成了现代国家的建设，这使得此后的二三百年间英国拥有了比其他欧洲国家更适宜于创新活动与资本主义市场经济的制度与文化环境。与意大利的城邦制和法国的王权社会不同，英格兰的市民社会与王权的结合与制衡使得英国在17世纪呈现出现代民族国家的形态，而这也为其日后的工业、经济、教育与文化的发展奠定了基础。按马克斯·韦伯的看法，现代化的关键是宗教取向的世界观向国家取向的世界观的转变（英格尔哈特，2003），这便是民族国家的兴起。民族国家代表一种公共权力，是现代化的载体。现代化是一个自由确立的过程，对内保障个人自由和个人财产，对外以国家的形式出现保障其民族利益。英国较早地完成了民族意识与政体完备的民族国家的建立，在科技革命与现代化的故事开始之初，我们必须一起回首这段重要的历史。

一、民族意识的形成

1.地理与资源禀赋

土地养育了一个民族，同时也推动或制约了民族的发展。英国是一个岛国，英国人具有岛国居民的特性：他们生活在四面环海的岛屿上，英国的总面积仅244200平方千米，东临北海，西、北面对大西洋，南面是英吉利海峡，英国内陆离海洋最远处也不过75英里（1英里约等于1.6千米），与法国隔海相望。在冰河世纪前，英伦三岛是欧洲大陆的一部分，冰川的侵蚀冲击形成了英吉利海峡与英国曲折的海岸线。大西洋的暖流也因此得以缓缓包裹住这个岛国，温暖了空气，提升了水温，使不列颠的气候比同纬度的其他地区都要宜人。浅水、暖流、深湾共同构成了远古时代养育不列颠人的天赋资源（钱乘旦 等，2007）。远古时代地理和气候的变化还造就了英国的众多河流，使得这个岛国拥有令人惊异的细密河流网络。在温暖的环境下生长的大片森林，其遗骸在自然的力量下形成了丰富的煤矿储藏，成为日后英国产业革命的能源基础。

英国地势北高南低，尤其是英格兰南部的土地是十分适合农牧活动的沃土。因此，英国低地区域的农业生产效率一直处于较高水平。罗马人对不列颠的占领一方面是为了其政治目的，另一方面则是垂涎这个海岛上的谷物、土地和牛羊。罗马人带来了以"罗马大道"联结的城镇体系，以及以城镇为中心的生活方式，同时，还建立起以农庄（vill）为基础的农业中心，这也是英格兰后期乡村文化与乡绅政治的开端。

2.岛国的独立与民族意识

"神圣罗马帝国"观念长期以来一直是一些欧洲大陆国家无法克服的障碍，但对英国的影响不甚严重。地理位置使英国的历史和文化多少具备某种不同于欧洲大陆的特性。英国与欧洲教廷的关系塑造了其17世纪以后的历史，受到了英国逐渐形成的自由、法治的社会氛围的影响。走向民族国家的表现之一便是英格兰教会的世俗性继续增强（钱乘旦 等，2007）。

中世纪教会产生了两位教皇，大分裂导致西方出现了两个教会，他们彼此疏远，也造成了教皇威望的黯然失色。而正在此时，各国也逐渐认识到本国的教会可以有自己的特点和自治权。英国的历史上，小教堂一般都是庄园主自建的宗教场所，从某种意义上教区神父与小教堂是庄园主的私产。而这些相对自由的农庄与城市更不愿意接受来自罗马教廷的拉丁文的生疏的教义，英国逐渐产生反教皇的民族主义情绪，直到16世纪初，亨利八世宣布与罗马教廷决裂，实行宗教改革，这导致英国成为完全的民族国家。英国在欧洲所拥有的特殊的地理、文化与宗教位置是形成其民族主义的重要影响因素，这也为其日后的国家崛起做好了准备。

自古以来英国在文化上就自成一体，它受大陆的影响相对较少。从历史上看，古代的希腊、罗马对英国的影响也较小，罗马对英国是外来的"入侵者"，而对于欧洲大陆则是"本土"的统治者。这种独立发展造成了英国最重要的特点，就是较早便有了"英国人""英格兰民族"观念。在1300年前后，英国文学作品中开始使用"英格兰民族"一词。之后，在1336年，英国官方文书中也开始使用"英格兰民族"一词（Cuttino，1985）。而同时代的法国人、德国人并不在意自己是哪国人，只认为自己是教皇或皇帝的臣民。

在打败西班牙的无敌舰队，从而解除西班牙的威胁后，英国人一度较少介入欧洲大陆的事务。英国人像当时的荷兰人和西班牙人一样，也在创建自己的民族文化。整个西欧的各种民族语言一方面逐渐取代了国际通用的拉丁语，另一方面也逐渐取代了地方方言，变成人们表达思想感情的有效工具（Ammon，2001）。

从15世纪80年代开始，英国议会开始利用印刷机复制各种会议文件，都铎王朝建立后，统治者也更倾向于用英语颁布法案，原因在于这样便可影响更多识字的人。16世纪初，英文版的《圣经》

（廷代尔，詹姆斯钦定）大批量印刷，英国人开始普遍使用英语
（Ammon，2001）。在文化上，威廉·莎士比亚（1564—1616）和
马洛（1564—1593）将世俗生活浓缩在形形色色的戏剧角色上，英国
迎来了文化的迅猛发展。莎士比亚等人通过英语和古英语词汇展现出
他们有关人生的思考，内容丰富，洞察力强，敏锐深刻，措辞严谨、
绚丽。英国人开始为自己的语言带来的英伦文化感到自豪。此后，英
国人从未全然拜倒在法国的标准之下，没有像其他民族一样，被路易
十四时代的灿烂文化弄得眼花缭乱或是目瞪口呆（帕尔默，2010）。

地缘因素使得英国较早就有着天然国界，这使得英国极容易保持
独立，发达的航海技术又避免了岛国常出现的孤立、封闭和停滞。英
国人的民族意识在若干次的征服与被征服中逐渐凝聚，在其领土内开
始了民族国家的制度创建。

3. 海权与战争

英吉利海峡最窄处只有21英里，海洋的便利和屏障作用同在。英
国以海洋作为分隔与纽带，这使得英国极容易保持独立，又避免了岛
国常出现的孤立、封闭和停滞。

文明发展的早期，海岛的地理特征带来更多的则是侵略与占领。
罗马帝国的瓦解给了来自日耳曼的雇佣兵以及丹麦的盎格鲁人机会，
他们在公元5世纪逐渐占领了不列颠，在公元650年建立了多个蛮族王
国，不列颠进入了盎格鲁-撒克逊时期。同时，宗教与文化随着军事
征战，传入了这片土地。基督教是在公元2世纪传到不列颠的，一直
到6世纪，基督教在英格兰才站稳脚跟，也是在基督教的作用下，盎
格鲁-撒克逊的军事首领拥有了王的地位。公元9世纪，威塞克斯王
埃格伯特（803—839年在位）统一了不列颠，英格兰的王权社会逐步
建立。1066年，法国封建主诺曼公爵入侵英国，开始了诺曼王朝对

英国的统治。同时，诺曼人的入侵刺激了盎格鲁-撒克逊人的"英国意识"，普通人始终将法国人视为外国人，并把法语视为外国人的标志。战争与文明的激烈冲突为英国带来了欧洲大陆的封建制度，将英国在商业、宗教、文化方面与欧洲大陆联系在一起（Hornstein，1991），同时与诺曼人长期的抗争孕育了英国人的民族意识。

然而，英国与欧洲大陆的联系总是若即若离。法国南部的小块土地的争端引发了持续一百多年的英法战争（1337—1453），在这场战争中，王室不断提高赋税以支持战争，而这一方面哺育了民众强烈的民族意识，另一方面贵族的势力由于国王对于战时经费的需求也不断增强。战争以英国的失败而告终，英格兰从此退出了"欧洲"，法兰西则在百年战争中走向了统一（帕尔默，2010）。百年战争和随后的玫瑰战争摧毁了英国的贵族势力和封建体制，为君主的高度中央集权铺平了道路。1485年亨利七世结束了玫瑰战争，建立了都铎王朝，近代政治模式由此出现。具有英国民族特征的统治机制得以加强，英格兰诸王比欧洲其他任何君主都享有更稳定广泛的统治权，由"贤人会议"（Witenagemot）不断演变而来的议会在政府中起到越来越重要的作用，它既得到了对英格兰的征税权，又是全国的最高法院，并在法律制定和修订上拥有最高权力。"王在法下"以及议会制度的制约使得英国的治理模式与欧陆大多数国家差异很大。

战争造就了国家，国家成就了战争（Tilly，1975）[42]。16世纪的宗教冲突激发了诸多战争，欧洲逐渐分割成不同的教区。荷兰的"联合诸省共和国"（Republic of United Province）在1581年成立，该国的工业、贸易以及城市化快速发展，使其取代了西班牙成为贸易大国。德国与法国深受宗教斗争之苦，而英国则因为亨利八世（Henry Ⅷ，1509—1547年在位）在16世纪之初便与教廷决裂，成立英格兰国教而得以避免了大规模的新旧教的冲突。

英格兰人在不列颠群岛和欧洲大陆上与其他民族发生了对抗，经常是兵戎相见，这些对抗是民族性和英国人自我意识的温床。1588年英国歼灭了西班牙的无敌舰队，从而解除来自海上的威胁，确立了海上霸主的地位。大西洋的开放与英格兰在海上地位的确立，使得英国将海权作为整个18、19世纪发展的重点，1889年后，英格兰海军舰队的实力保持稳定，超过仅次于英国的两个海军强国的舰队总和，这也成为此后帝国殖民与贸易的保障。维多利亚女王统治的时期激发了人们的爱国热情，宗教与民族感情融为一体，英国作为上帝的第一个儿子，完成了以往的王朝难以达到的目标，英国慢慢已经脱离一种"王朝"的国家，成为一个"民族"的国家了。①

二、宪政制度的确立

英国是历史上第一个宪政国家，但有趣的是英国一直没有成文的"宪法"。这说明了宪法并不能与宪政划等号，而英国"王在法下"与《大宪章》的法治与自由传统，才使得宪政制度发扬光大。

宪政制度的建立是一个历史的过程，英国"法律主治"和"议会主权"的宪政精义经历了几百年的酝酿，是公权与王权制约结合的产物。1400—1700年的三百年是现代英国国家诞生、成型的关键时期，1688年的光荣革命是这一过程的高潮。1688年，英国的七位政治要人不满意詹姆斯二世的天主教倾向的统治，因此邀请笃信新教的荷兰威

① 从光荣革命到19世纪，英国国家的主要功能就是战争。议会至上成为宪政的基本框架，而现代议会本身也是17世纪晚期的战争长期延续下来的产物。税收、战争与投资之间的良性循环，使英国的国家政权成为当时欧洲最有效率的战争机器。

廉三世君临英格兰，完成了一场不流血的"光荣革命"。1689年，议会通过了《权利法案》，规定国王未经议会同意不得终止执行任何法律，不得擅自加税或维持军队；未按法律程序不得拘捕臣民。威廉三世接受条款，国王与人民之间形成了一种契约关系。光荣革命维护了英国的议会政府的原则，维护了法制社会的秩序，这也成为英国立宪自治政府发展成型的标志（Duffy，1988）。英国完成这一政治与宗教的变革并不是一蹴而就的，英国现代宪政体制的诞生根植于英国的法律传统、议会体制的发展及其与国王权利的制衡。

对王的限制意味着王权是必要的，但又具有危险性，这种限制即英国臣民所谓的自由。自由是一种权利，约翰·密尔将这一传统追溯到中世纪，贵族与国王的抗争以权利为中心展开。英国的"王"在最初出现的时候既非"神授"，也不太讲究血统，完全是社会职能（军事领袖，分封土地）的需要。直到诺曼登陆后，宗教的力量强大起来，封建领主逐渐增多，王的合法性才需要宗教、法律等加以保护。但英国的宗教在承认王的地位的同时，也对王权进行限制。从1215年的《大宪章》开始，英国的土地贵族就开始通过集体的力量与国王制衡，限制了王权，保护了贤人会议、长老会的权力。

《大宪章》在历史上的重要地位是由于它提出了议会的国家责任，并提出了国家政务的国民参与以及国民自由的观念，更重要的是，后世在一定的历史环境中，把《大宪章》作为一种约定俗成的习惯法加以应用，从而在传统的外壳下对它进行了发展和延伸。对于《大宪章》的一个重要的发展便是在爱德华一世（1272—1307年在位）统治时期，议会活动得以确定并规范化。由于爱德华统治期间，对于苏格兰、威尔士和爱尔兰的征战不断增多，因此国王需要越来越多的税收支撑。而《大宪章》规定"除非全王国一致同意"，不再征收非常税和新关税。为了达成目标，不仅贵族、主教、大法官，连地方代表、骑士阶层和少量市民也参与进来，"国民"的范畴扩大了，他们开始作为正式代表制度化地出席会议。英国逐渐形成了"王在法下"的传统（Zirkeisen，1895），而法律则要依赖议会的审议方可通过，王权与议会的制衡主导了英格兰中世纪以后的历史。

13世纪后，乡绅阶层的出现与发展为议会后期的发展提供了动力。英国乡绅阶层在13世纪开始形成，他们的生产方式和消费方式区别于农民与贵族，是一种特别的社会集团（Carpenter，1994）。到15世纪，这个集团已经取得了独立的体制权力，这对王室和贵族都是有益的。他们供事于郡县政府又与贵族关系密切，无论是对王权还是对贵族统治权的实施，都至关重要。14世纪，下议院产生，这是一个独特而又重要的机构，郡县中的精英——乡绅相互联系形成了一股政治力量。与此同时，由农村的中间阶层组成的乡村精英也开始形成（Wrighton，2007）。16世纪以来，蓬勃兴起的中农阶层逐渐支配了教区政府，与贫农不断拉开差距，并逐步代替了庄园体制的作用。这些乡村精英与皇家官府结盟，领头执行本地区的治理——济贫法、管控酒吧和粮食贸易，以及征税等——这都是都铎王朝和斯图亚特王朝时期的突出特征，即一种市民教区的创立。这种市民教区也是现代公民社会的起源，他们组成了地方皇家法院办事机构，代替从前的庄园和地方管辖。因此，英国的政府管理一直依赖乡绅和精英，中央政权的雇员规模按欧洲大陆的标准来看依然是很小的。艾尔默在《国家公仆》一书中谈到，即便是在1649—1660年这样一个非常时期，为英国政府服务的官员也只保持在1200人左右（Aylmer，1973）[169]。

亨利八世脱离罗马教会后，将自己王权的合法性完全依赖于议会。议会在中产阶级与公权的不断增长下，力量变得越发强大，直到光荣革命之后能够使新国王服从于议会的决议。光荣革命后，国王承认国民的自由，自由也成为宪政中不可分割的组成部分。长期冲突的王权与议会相互兼容，对立的双方在冲突后达到了融合，使历史进入了一个新的发展阶段。

对王权限制与议会的宪政精神都基于英国的自由主义传统，英国哲学家（霍布斯、洛克、密尔）对光荣革命的模式做出了充分的理论阐述，并向英国的各个殖民地进行传播。洛克在《政府论两篇》中论述了君主制的优越性，并提出了国家的三种权力——立法权、行政权、联盟权——由议会、国王分别掌控，能够建立最合理的政府。这一在光荣革命期间成熟的思想阐述并充分体现了革命与全民族统一价值取向的契合。

基于自由的权利，王权与议会在冲突中走向了融合，完成了英国现代国家制度的建立。按韦伯的看法，现代化的关键是宗教取向的世界观向国家取向的世界观的转变（英格尔哈特，2003），现代化实际上是以民族国家为单位发生的。现代化的另一个显著特征是，它是一个自由确立的过程，对内保障个人自由和财产，对外以国家的形式出现，参与包括战争在内的国际竞争。

三、英国与欧洲的文化联系

16世纪，民族主义与民族意识作为一种独特的社会意识已经在英格兰出现（Greenfeld，2001）[2]。服务于一个民族的说法在民众中流行，他们认为英格兰不仅仅是一个王室的财产，更是一个独立的政治和社会共同体。这样的观念与文艺复兴时期的思想（马基雅维利《君主论》）有类似之处，不过它并不是对外国思想的简单复制。从地图上看，英国与西欧大陆隔海相望，但这丝毫没有影响其与欧洲大陆之间的交往和联系。历史上，罗马人渡海来到这里建立过行省，基督教传入这里开辟了信仰的荒原，英国与西欧大陆一同走过历史发展的每一道轨迹。

英国与欧洲的文化联系从诺曼征服开始变得常态化，而欧洲文艺复兴的浪潮通过法国、西班牙，更重要的是意大利和英国之间的人与知识的交互作用，席卷而来。英国文艺复兴运动开始的时间相较于西欧各地则稍晚。

12世纪巴黎大学的诞生吸引更多的欧洲学者向巴黎聚集，英国经历了两次法国化之后，与法国的文化联系十分紧密，导致这一时期许多学者来到巴黎求学。虽然英国也不乏各种规模的学校，但却只教授基础的文法教育，并不能满足那些既有雄心壮志又有学习能力的学生。因此，自诺曼征服到12世纪末，英国学者只要有实力出国就绝不会留在国内接受高等教育，并且，他们多数人会选择前往博洛尼亚和巴黎（Southern，1984）$^{2-3}$。巴黎的学科优势及学科建设的周全吸引了英国学者，1310年之前的英国杰出的神学家或者文科老师，几乎无一例外都有在巴黎学习的经历（吉晶，2011）。1169年，亨利二世因与法王路易七世的政治争端，将在巴黎大学的数百位学者召回国，并把他们安排在牛津大学，这直接促进了牛津大学的发展。这些英国学者从巴黎大学带来了章程与教学理念，因此牛津大学被很多人认为是巴黎大学的子大学，而剑桥大学的成立也与牛津大学有着重要联系。教育理念、神学与新的人文思想从欧洲大陆的传入，加之英国更加自由的学术氛围，使得牛津大学与剑桥大学很快崛起成为欧洲新的学术中心。16世纪以牛津大学为中心，掀起16世纪末到17世纪初期的人文主义高潮。牛津大学有过一个著名的人文主义小组，这个小组受到伊拉斯谟相当大的影响，初期的主要活动是研读意大利早期文学三杰——但丁、彼特拉克、薄伽丘的作品。著名的代表有威廉·拉提玛、托马斯，特别是约翰·科雷特等。文艺复兴时期的新柏拉图主义是欧洲思想界一道影响深远的亮丽风景，为革新中世纪经院哲学做出了不可磨灭的贡献。它发端于15世纪意大利佛罗伦萨学院关于生命、爱和艺术本质的哲学探讨，费奇诺和米朗多拉是其中的典型代表（郭方云，2008）。他们调和启蒙主义和旧的经院哲学之间的分歧，强调对理性、至善、美和爱的理想与追求，由此产生的柏拉图主义智慧之火具有燎原之势，慢慢向欧洲其他地区传播、扩散。在文艺复兴时期，新柏拉图主义经历了漫长的英国化进程。频繁的文化交流无疑起到了举足轻重的纽带作用，信息传播的渠道主要是留学意大利和出访英国两个方面，同时柏拉图主义也经过第三方，比如荷兰，传入英国，并结合本土的哲学、宗教和政治等思潮，逐渐形成了具有英国风貌的柏拉图传统。牛津大学在这一过程中受益匪浅，大量意大利书籍被搬入图书馆，英国的文艺复兴运动在这一系列学术交流、积累与探讨中，得到蓬勃发展。同时，英国皇室，尤其是亨利八世时期大力支持希腊文化在英国的传播，托马斯·莫尔的《乌托邦》被认为传承了柏拉图《理想国》的衣钵。约翰·迪是伊丽莎白时期重要的数学家、毕达哥拉斯主义者，他相信数是万物的基石和知识的钥匙，艺术不是远离真理和理性的幻象，而是植根于真理之中。他认为，在数学的协助下艺术可以科学化，进而通达可理解的世界。约翰·迪对数的强调，极大地影响了英国16、17世纪的文化与哲学。

随着17世纪的到来，英国在与欧洲其他国家的文化互动的过程中，萌发出具有英国特征的人文主义，英国的科学与哲学开始了新的纪元。以实验和数学公式为基础的自然科学框架与新柏拉图主义存在着张力，然而，如果说由欧洲传来的人文主义之火点亮了英国也并不为过。

第二节　经济发展与市场经济制度的确立：
从农业革命到工业革命

16世纪以后，英国经济迅速发展，大大小小的城市都在不断扩张，农业生产大有改进，制造业向乡村地区快速扩散，伦敦的工资长期维持在较高水平上（艾伦，2012）[161]。从统计数据看，英国经济从中世纪晚期开始一直在稳步发展：1340—1603年，英国的人口从210万增加到380万，1700年增加到690万，1760年则增加到780万。而1700—1760年间，英国人平均收入从6.7镑增加到9.4镑（Blackford，1998）。这表明英国民族国家的发展与人口的增加和人们生活水平的提高存在着某种内在联系，即便是17世纪内战也没有打断这一总体发展的趋势。英国国内外的贸易活动日益活跃，对促进经济发展起到重要作用。英国经济蓬勃发展的原因是多方面的，最直接的原因是英国经济领域发生的一系列深刻变革，实现了经济一体化。经济一体化是指某个国家或地区在经济社会上走向整体发展，形成社会生产的专业化分工和地区性分工日益发达的国内统一市场，并融入国际市场（黄光耀，2003）。农业、手工工场、贸易和城市化四方面的发展是推动英国经济在工业革命前开始发展的直接原因。

一、农业革命

研究表明，工业革命与农业革命之间关系密切，1600—1800年，英国人口成倍增长，农业产量也成倍增长，而农业人口却从占总人口的70%下降到36%，单位面积的劳动力投入也在降低。因此使农村产生大量剩余产品和剩余劳动力，为工业革命创造了条件。实际上，在16世纪之前，英国农业已取得长足进步，如英国史学家希尔顿所指出的那样，农产总量的增长先于国际贸易的增长，农业生产力是国内外贸易的基础，也是工业发展的基础。意大利学者雷纳多·赞盖里指出，近代资本主义经济发展以农业为基础，同时也受到源于农业的社会财富积累的制约，16世纪和17世纪前半期修道院的土地世俗化，使地产摆脱了教会和旧式封建主的束缚，导致农业技术的进步，继而引发农业革命。多数历史学家认为，从经济观点上讲，英国最先发展资本主义几乎完全在于它的农业，在于它成功地发展了经营性农业（侯建新，2006）。

从16世纪早期开始，人口的增长引起了基本食品价格的通货膨胀，真实工资水平实际下降，经济的增长速度难以满足人口增加所产生的就业需求，食品生产也跟不上消费需求。小农场主需要去市场出卖劳动力，以补充自己生产之不足，但是大农场主通常可以生产出有销路的盈余产品，雇佣劳力，利润也不断增加。全国人口在17世纪中叶稳定下来，小农场主消失了，取而代之的是雇佣工薪劳力的大农场主。由此引发了经济规模化，专业化生产有了更大的机会，于是食品价格也开始下降。

英国农业革命发生在16世纪至19世纪，是农业生产方式发生巨大变革的过程，包括圈地运动、四轮作、机械化和良种培育等，致使农业生产效率大大提高。英国农民创造了当时世界上最高的劳动生产率（只有荷兰农民与之相当）、农产商品率和储蓄率。英国农民成为当时世界上生活最好、最有尊严的农民，他们先后获得了自由迁徙权、个人财产遗嘱权、受教育的权利、自由劳动的权利等，他们的子弟可以出任圣职，可以在牛津、剑桥那样的名校就读，而他们本人则普遍参与地方公共事务，常常是地方法庭陪审团的重要成员。在这样的基础上，出现了一批富裕农民（称之为自耕农或约曼Yeoman），英国自耕农阶级崛起，并成为英国资本主义的兴起初期经济发展的主要力量。16世纪英国农场经营面积超过200英亩（1英亩约为0.405公顷）的占经营总面积的53%，超过500英亩的占15%，已经达到相当规模。他们是"充满抱负的、进取心强烈的小农业资本家，他们决心利用每一个机会来增加自己的利润"。自耕农在自己的土地上（包括承租领主的自营地）实行资本主义农场式经营，规模不断扩大，引发了一轮又一轮的农业技术进步，增加了土地的实际价值，推动再生产不断扩大。自耕农是英国早期经济发展的中坚力量（侯建新，2006）。

二、贸易与移民

15世纪末，地理大发现开拓了世界市场，极大地刺激了贸易、商业、航海业和工业的发展；商业资本作用日益突出，逐渐促成欧洲各国国内市场的统一和世界市场的形成，推动各国对外贸易的发展。16世纪开始的重商主义从观念到制度对贸易的发展起到了推波助澜的作用。英国王室进入帝国商业的时间要晚于西班牙和葡萄牙，在贸易利益方面也落后于荷兰。从16世纪晚期开始，英国的海外贸易得到更多的重视和投资，同时不时地获得王室的支持。在内战期间，英格兰的殖民地很少，也不太有兴趣往国外发展，1643年的新英格兰殖民地只有15000个英国人居住。但是在空位时期（Interregnum，1640—1660），克伦威尔当上护国公后，对国外的对手采取强硬手段，控制了大西洋的财富。根据一系列的《航海法案》，所有大不列颠的国外前哨基地，都禁止国外贸易，只有英国船舰能与英国殖民地进行商业贸易。所有的货物都要由英国海港卖出，尤其是伦敦。1660年复辟后，查理二世并没有停止复辟时期的贸易政策，国王重申了《航海法案》，保留了克伦威尔时代的政策。

1650年后，帝国海军的迅速扩张也为英国航船提供了保护。到17世纪后期，外国商人更愿意用英国商船进行地中海贸易，因为英国商船可以获得更好的保护。同时，帝国海军对海运系统的保护，增加了帝国体系范围内殖民贸易的数量（Hornstein，1991）。英国是一个岛国，如果不对外开放，吸引国外的移民、技术和资金，则很难得到快速发展。英国的早期发展和最初崛起，也得益于外来因素的促进和推动。从11世纪到18世纪，外来移民进入英国有四次高潮，从中世纪的犹太人、意大利商人、汉萨商人、佛兰德尔织工移民，到近代早期的尼德兰宗教难民、法国胡格诺教徒、德国工匠、荷兰商人等，他们为英国带来了技术、资金和各行各业的人才。例如，16世纪，伦敦至少有一半的大酿酒厂由德国及荷兰酿酒师主持。德国资本参与建立了一些矿山公司和金属压延厂，经营铜锌矿开采和铜锌合金炼造。在德比郡高地的采矿法规中，许多条款仿效德国萨克森地区，掌握主要技术的师傅基本上是德国人。16世纪至18世纪，外来移民及其资本和技术对英国经济发展的贡献日渐显著，当时的英国政府和民间社会都有所认识。总体而言，政府采取了积极开放的态度，民间也从有些抵触到宽容和接受，外来移民在手工业、农业和商业等领域做出了重要贡献（刘景华，2010）。

三、工业革命与城市化

工业革命发生之前，农业革命、手工工场、城市化和外国技术、资金及人员的引进的发生与发展为工业革命奠定了基础，其中包括人口增长、技术创新、城市居民的消费需求和就业需求、国际贸易、政治体制和能源系统。比如，高工资与廉价的能源供应导致英国企业对采用新技术和新机器设备有强烈需求（艾伦，2012）。这些因素为工业革命的发生提供了有利条件。

手工工场最早出现在14世纪的意大利，早期主要集中在纺织、采矿、冶金等领域。手工工场在英国得到大力发展。与手工作坊相比，手工工场不仅表现在生产规模、技术分工上的进步，更重要的是手工工场已是资本主义性质的生产组织形式，手工工场的做法令工序易于管理，原料也能更有效地分配，工人之间的合作更有效率。例如采用手工工场的生产方式，在一个半世纪内，英国的采煤行业的煤产量增加了15倍。通过手工工场可以使已经发展起来的商业资本直接变成工业资本，从而成为以雇佣劳动为基础的新生产方式的先驱（Dobb，1954）。英国手工工场的生产方式在1840年前后被以机器生产为主的工厂所取代，进入以蒸汽动力为特征的大机器生产阶段。

煤炭的使用在英国特别突出，为手工工场提供能源，后来成为工厂的主要能源。例如，1610年前后，煤已用于玻璃生产；17世纪40年代，焦炭用于烘干麦芽，在酿酒行业中被广泛使用；17世纪80年代，煤成为冶炼铅、锌、铜等金属的燃料。英国1700年的煤炭产量为250万至300万吨，估计是整个世界其他地方煤产量总和的五倍。1800年，英国的煤炭年产量为1500万吨左右，而当时整个欧洲大陆的煤炭年产量也不会超过300万吨（里格利 等，2006）。

英国是世界上最早进入工业时代城市化的国家，英国的农业革命和圈地运动一方面提供了大量的农产品以支持人口的增长，另一方面又分流出大量农业剩余劳动力，为手工工场提供劳动力。城市化为工业生产提供劳动力，从英国发展的实际情况看，城市化的发展是更多的工业化需求造成的，当然，城市化本身也产生经济需求，刺激经济增长，工业化与城市化相互促进。自16世纪中叶以来，英国在经济上出现了长期的、较快的发展，与其他欧洲国家相比优势明显，而这与英国在这一时期的城市化程度显著高于其他欧洲国家是完全一致的。研究表明，当把人口规模为5000人及以上的居民定居地算作城市，欧洲整体的城市化水平在1600年时为12.9%，1800年上升到13.8%。但是，如果把英国排除在外，1800年的城市化水平竟然有所下降。18世纪下半期，英国城市增长明显，而欧洲其他地方的增长缓慢。结果，仅英国一地的增长份额就占了这个时期欧洲全部城市增长的70%左右，而英国的人口在欧洲总人口中所占的比率只有8%。所以，从1600年到1800年，欧洲城市化的发展实际上主要是英国做出的贡献，如果不算英国，欧洲大陆在1800年的城市化水平比1600年时没高出多少（Bairoch，1988）。

从英国发展历史来看，经济、政治与文化的变化是交织在一起的，商业无论是过去还是现在，从来都不是在真空中发展起来的。尤其是工业化之前一个民族的政治架构是商业发展的决定性因素。商业需要的政治环境是一个具有凝聚力的政治实体和稳定的政治秩序。英国是一个一直以国王为核心的国家，并提供着经济发展必要的秩序。直到17世纪中叶，国王与议会，国教与清教之间发生了一场激烈的冲突，但这场冲突最终在1688年的光荣革命中得到了解决，这使得英国的商业得到了更好的发展机会（陈晓律 等，2009）。

四、市场经济制度及相关制度的确立

英国在工业革命之前较快发展的原因是多方面的，市场经济及相关制度的确立发挥了极其重要的作用。英国的公司制度开始于16世纪，英国的重商主义政策鼓励包括公司在内的工商业的发展。从1553年到1680年，英国先后成立了49家公司，包括1600年成立的著名的东印度公司。东印度公司还作为早期股份公司的典型代表，对股份公司制度的建立发挥了重要作用。该公司从创建到1617年，入股人数由原来的100人上升到954人，全部股金从原来的68373英镑猛增到162万英镑，到1708年资本总额是创建时的50倍（袁春兰，2005）[75-76]。1695年，英国已经成立了约150家股份公司（诺斯　等，2009）。

最早的专利权制度出现在15世纪的威尼斯，现代专利制度则诞生在英国。1632年英国议会颁布的《垄断法》，对发明人给予切实有效的保护，它初步具备了现代专利法的基本要素，为欧美许多国家所效仿。专利制度通过行业垄断，对技术发明给予了有效的鼓励，在英国涌现出一大批发明家，发明新型蒸汽机的瓦特就是其中的佼佼者。

1694年，英国国王威廉三世和议会为对法国的战争筹款，成立英格兰银行并由它通过发行和公共认购股票筹集120万英镑的资金，推动了证券的发行。随着股票和证券的不断增加和自由转让交易规模的日益增大，1697年，股票持有者制定了第一个交易规章以约束股票发行的数额和经纪人的不正当行为。1773年股票认购俱乐部更名为"股票交易所"，股票交易从咖啡馆搬到了专门的交易机构。此外，保险业在英国的发展也越来越促进商业活动的开展。

到1700年，英国发展了一套包含在普通法中的有效的所有权法，用专利法保护知识的私有权，排除了要素和产品在市场资源配置中的障碍。可以说，英国的制度框架为经济增长提供了一个适宜的环境和条件（诺斯　等，2009）。通过保护和刺激工程师和企业家的积极性与创造性，促成了两者的结合，从而直接推动了经济的发展。

第三节　新教与英国的崛起

韦伯和马克思都承认社会有三个层面，一是物质生产、经济层面，二是政治、法律的制度层面，三是精神、宗教文化、意识形态层面。与马克思不同的是，韦伯一直强调制度的重要性和宗教的重要性。制度决定经济，而宗教、文化决定制度。制度的发展与变迁在很大程度上可以由宗教、文化原因来解释。然而，宗教与意识形态的变革从来都不孤立于社会文化之外，因此，分析英国的宗教改革与清教伦理在英国现代化过程中的渊源与影响尤为重要。

一、英国宗教改革

有三股潮流对16世纪的宗教动乱产生了作用。第一股是出身低微的劳苦大众，希望从本地的教士中找到代言，以便表达对教会的不满；第二股是出现在欧洲和英国城市中的中产阶级，他们构成了一个文化水平较高、眼界宽广的阶层，希望能管理自己的宗教事务；第三股力量就是国王和诸侯统治者，长期以来，他们与教会在财产、税收、司法和政治影响等问题上一直存在争端（帕尔默　等，2010）。在英国，后两股力量得到汇聚，完成了英国宗教改革。

1529年，亨利八世为了再婚断绝了与罗马教廷的关系，同时也开始推行宗教改革。1534年国会通过了《至尊法》，宣布英国国王是"英国教会和教士的保卫者和唯一的最高元首"（王权优于教权）。同时，亨利还在这一时期剥夺了大量修道院拥有的地产，充实了玫瑰战争中遭到削弱的英国土地贵族们。到了伊丽莎白时期（1558—1603），英国人以其特有的方式逐渐变成了新教徒。新教在英国是国教，其存在与教义由世俗力量决定，即由君主通过议会来行使权力。全体臣民必须皈依国教，主教和大主教保存了中世纪延续下来的上院的政治席位，英国的新教达成了政教合一。一直到1560年，新教的主要教义得到了英国乃至整个欧洲的肯定。基督教世界已经瓦解，变成一种纯然不可捉摸的理想了，取而代之的是一个由各自分离的教会、邦国和国家所构成的世界（帕尔默　等，2010）。

英国的国教（Anglican）属于新教，英语代替拉丁语成为礼拜仪式的语言，没有圣徒崇拜，教士可以结婚，教义较为宽泛模糊。英国国教也称为圣公教，1563年颁布《公祷书》和《三十九条信纲》，规定英国国教的教义，以《圣经》为信仰的唯一原则，否认教皇的权力。在英国的国教地位确定后，各地区的教会首领、重要的政治人物皈依国教，因此国教的大多数信徒在贵族和上流社会。

清教徒（Puritan）是加尔文教义的推崇者。法国神学家约翰·加尔文在1536年用拉丁文出版了《基督教原理》。与马丁·路德的"与君主为盟"不同，加尔文向人的理性本身进行呼吁，认为人如果能够坚持过圣徒般的生活，经受考验战胜诱惑，就可以在内心感到自己属于上帝的选民。因此，加尔文教持预定论以及上帝万能论的观点，而不是宿命论和驯服论，认为只要不懈努力，并站在全能的上帝一边定会最终获得永恒的胜利。加尔文教建立了选举教务评议会的机构，倾向民主的教会管理方式，因此很多加尔文教的成员是不喜欢王权的贵族。

那么清教徒都由哪些人构成呢？欧洲16世纪经历了一次商业革命，随着人口的增长与价格的长期逐步上升，形成了缓慢的通货膨胀。16世纪的英国，农产品价格上涨了近四倍，这使得商业企业大大获利，农场主也不断地购买贫农的土地，同时产生了一批富裕的自耕农。英国的中产阶级也因此人数增多，他们开始在政府中供职，获得一定的社会地位。教士来自各个阶级，但大多数来自中产阶级家庭。在新教国家，教士可以结婚，他们的子女是中产阶级重要的组成部分。这些受清教影响的勤奋刻苦的教徒，从事着最能为公共福利做贡献的职业（默顿，2007）[101]，认为《圣经》无意取代理性或任何一门科学，因为后者是独立有效赞扬上帝的手段。英国的清教徒勤奋而开明，形成了一股改革之风。

17世纪的英国内战是新教两个派别——英国国教与清教之间的冲突，而冲突体现在以国王为首的国教和由一些清教徒组成的议会。英国古老的议会在反对国王的战斗中节节取胜，并能够产生一种可行的政体，使得政府与国王受到议会的约束。1629年，国王与议会因征收船税问题僵持不下，议会被查理一世中断了11年，直到1640年，议会开会很快通过了废除主教的议案，以改革英国国教。1642年，国王与议会公然开战。克伦威尔领导的议会军将查理一世推上了断头台，宣布成立大不列颠共和国。

1660年，由于议会军溃不成军，查理二世复辟，但其做法却有意与其父亲相反，延续了很多空位时期的政策。议会通过了与土地所有权相关的一系列法案，土地所有权变得与现代的私有财产相似。土地所有者真正成了有产者，由于其清教徒入世的思想，这些贵族更愿意向国家纳税。1651年通过的《航海法》继续得到实施，英国的商船负责运送所有来往于英国及其殖民地的货物，英国的商业、海运和制造业者的收入迅猛增加，贵族与中产阶级的利益被更好地保护起来。

尽管在查理二世复辟后，清教徒仍然人数众多，但查理二世限制非国教者的权力，如禁止非国教者在国教的体系下教书、学习。很多中产阶级希望将子女送到牛津大学或剑桥大学培养，但这在复辟后已经变得不可能了。

1688年，詹姆斯二世表现出了极强的天主教倾向，这引发了公众对教皇制度的反对，威胁了国教与议会的地位。1688年光荣革命后，国教会深受加尔文教影响，逐渐变成资产阶级化的教会。此后，英国议会通过了宽容法案（Act of toleration），使英国成为首个将宗教信仰自由以法律文本的形式列入国家官方政策而不是皇家政策的国家。

二、新教与资本主义

在英国，新教给人们的日常事务和物质繁荣抹上了一层正当的宗教光辉，促进信仰新教的英格兰取得了经济上的成功。宗教对于西方独特的富强之路有着重要的影响，如戈德斯通所说，西方宗教与东方宗教在总体上是完全不同的：西方宗教更积极，更加关注自然的改造，因而促使其信徒不断探险、索取，追求物质方面的进步；东方宗教相对而言更加消极，强调顺应规律，与自然和谐相处，并且疏于传播他们的信仰，使得信徒逐渐形成超然的、神秘的、内敛的态度，从而导致了大量文艺作品以及道德争论的产生，东方宗教因此对增加产出水平、促进物质水平进步没有什么作用（戈德斯通，2010）。马克斯·韦伯也在《新教伦理和资本主义精神》中指出加尔文派的伦理观念和资本主义精神之间的一种选择性亲和关系。加尔文派的教义学和神学实践中更是包含了很多可以促进资本主义精神发展的因素，从客观上推动了资本主义以及整个西方文明的发展过程。韦伯发现，现代资本主义意义上的职业观念与新教伦理之间关系极为密切。一般而言，宗教都存在着不同程度上的禁欲，新教的禁欲主义体现为"入世"的特征，主张信徒必须在尘世生活中恪尽职守，以证明自己是上帝救赎的对象。正是在这种基础之上，"一种特殊的资产阶级的经济伦理形成了。资产阶级商人意识到自己实实在在受到上帝的祝福。……此外宗教禁欲主义的力量还给他们提供了有节制的、态度认真、工作异常勤勉的劳动者，他们对待自己的工作如同对待上帝赐予的毕生目标（韦伯，1987）[138-139]。"这样，虔诚的宗教信仰与资本主义的商业营利意识可以无冲突且十分融洽地结合在一起，形成了所谓的资本主义精神（韦伯，1987）[46]。韦伯最终得出的结论是，现代资本主义精神乃至全部现代文化的一个根本要素，即以天职思想为基础的合理性行为，产生于基督教禁欲主义（韦伯，1987）[47]。施莱弗尔等人的经验研究表明，凡是新教文明占优势的国家，它的政治秩序、经济表现就好，比如说英国、美国、加拿大、澳大利亚等（杨小凯，2004）。今天所说的新教占优势的这些地区，都是从英国那个早期只有几百万人口的小岛，经过四五百年发展起来的。

新教改革阻止了可能建立起来的沉闷的欧洲帝国。宗教改革使得西欧分裂为两大对抗性的宗教阵营：以荷兰、英格兰、瑞典、勃兰登堡为代表的新教阵营和以法国为代表的天主教阵营。这些国家在对抗中形成了一种平衡，正是这种平衡导致了现代意义上的民族国家的产生。持有不同信仰的国家产生了不同的政治体制、社会结构和经济组织形式。

清教运动被看作是一种资产阶级运动，又被看作是意识形态的斗争与转换、关于国家政权形式和政治特性的斗争。复辟之后，斯图亚特将所有空位时期的法条都废除。复辟时期反对共和主义、反对民主——这些政治倾向对大学也产生了影响（韦伯，1987）[3]。

三、清教与自然哲学

基督教有着创世的教义，认为自然与人都是上帝的杰作，因此，创世存在着可理解性（斯图尔特，2007）[67]。这使得基督教徒们在与自然的关系中占据了一个可以凭借理性去理解自然的逻辑起点和认知制高点。这一点被很多历史学家认为是西方基督教世界产生现代科学的起点。

宗教改革运动于16世纪与科学革命几乎同时爆发，它是中世纪以来一系列根深蒂固的矛盾的激化和各方面社会条件的成熟共同作用的结果。宗教改革的爆发动摇了罗马天主教会的神权政治，确立了新教在基督教会与世俗世界中的权威和地位。从中衍生出的新教思想与文化内涵中所强调的自由、务实、尚知，在无心之间为近代科学的兴起和发展营造了一种宽松有利的社会氛围，比如新教对《圣经》解释权的重新界定，就否定了天主教所规定的仅以教会权威的阐释来理解《圣经》的专断制度，而认为每个教徒当有权利在圣灵的引导下依据自己的信仰对经文内容做出诠释，这无疑为科学活动探索有关"违背"《圣经》教义的自然现实提供了极大的理性宽容与行为便利。

在英国，清教在科学的崛起上究竟起到了怎样的作用，仍然是一个很难回答的问题，但我们完全能够在历史中找到一些事实。比如英国皇家学会的前身——哈特莱博圈子（Hartlib Circle）便是以新教为准则，汇聚众多自然哲学家形成的通信与交流网络。那么清教伦理的精神又是如何影响科学活动的呢？

默顿总结了清教伦理的几个精神气质："颂扬上帝"是存在的目的；勤奋与刻苦是颂扬上帝的一种方法；神佑理性，因为人被上帝所选中而拥有理性，理性具有一种严峻的权威性。正因此，科学成为通向某种宗教目标的手段。

新教伦理渗透在科学领域中，并在科学家对待科学工作的态度上打上了不可磨灭的印记。清教推崇颂扬上帝，而赞颂自然界的伟大创造者的第一步便是了解"上帝的壮观和人性之善"（Boyle，1664）[22]。
世俗活动和科学成就反映了上帝的辉煌，增进了人性至善。关于自
然的实验研究，是促使人们崇拜上帝的一种最有效的手段（默顿，
2007）[124]。清教精神的第二个主导信念就是把社会福利，即为多数人
的善行指定为一个必须牢记在心的目标。科学的这种改善人类的物质
条件的力量，除了本身的纯属世俗的价值以外，在耶稣基督的救世福
音教义来看，是一种善的力量。波义耳在他的临终遗嘱中反映出这种
态度，他祝愿皇家学会会员"在其值得称赞的致力于发现上帝杰作的
真实本性的工作中，取得快乐成功；祝愿他们以及其他所有自然真理
的研究者们热诚地用他们的成就去颂扬那伟大的自然创造者，并造福
于人类"（默顿，2007）[127]。像在培根那里一样，实验科学在波义耳
看来，本身就是一项宗教事业（Burtt，1927）[188]。

　　清教主义价值观中的各方基本要素似乎构成了一个系统化、
连贯性的作用链，它们相互论证、相互引导，在这过程中，功利主
义和理性主义被提升至一个较高的情感关怀度，而与之密切关联的
另一文化形态——科学随之得到了发展。功利主义讲求能够带来一
定社会效果的、对现世有利的、可操作性的实践效应，而与这种要
求契合最好并且能在最大限度上对其开展应用性指导的工具便是科
学，这就为推进科学发展提供了宗教教义性质的理论支持。此外，
这一时期对理性主义的强调则区别于中世纪纯粹思辨的高度化理
性，它是立足于经验主义基础上的理性，是经验与理性的结合。当
然，与中世纪的神学发展要求类似的是，两者都表现出了对理性的
吁求，虽然理性化的程度不同，但都认为对理性的运用有助于对神
学问题和上帝的理解，其心理情感基础是一致的。这又会像中世纪
晚期理性神学与自然哲学最终交融在一起那样，产生宗教与科学的

碰触，新教的理性主义逐渐向科学迈进。

于是，在功利主义的现实价值及实践意义和理性主义的实际效用的共同刺激下，镶嵌于清教文化体系中的教育事业得到了鼓励与拓展，这充分体现了清教徒对教育的渴求。此时教育发展的一个显著特点便是课程的设置，承载着对理性的偏爱和对经验的重视，数学与物理学占据了学科的主导性地位，从某种意义上可看作是对中世纪经院式教学中单纯的理性分析与弗朗西斯·培根所建立的经验主义的补充与中和，而这种整合较为全面地反映了近代早期科学发展的内在特性，这也是特定历史条件下宗教运动与科学活动彼此汇合的结果体现。在教育发展过程中，伴随着数学与物理学取得的长足进步，相关科学领域内收获的成就也越发丰硕。

第四节　知识传统与科学的兴起

一、自然哲学传统

在中世纪前，宗教和传统一直是了解和指导自然界的信条。诺曼征服后，欧洲的宗教与自然哲学传统被带入了英国，牛津大学与剑桥大学的建立体现了英国对欧洲传统的传承。但由于英国在宗教、文化上与欧洲大陆的疏远，英国发展出一条以光学与磁学为脉络的重视经验与理性的科学传统。新教的兴起和传播严重地削弱了天主教廷以及与教义紧密联系的哲学和科学著作的影响力，也促使哲学家们去寻找可靠的知识基础。因此，在1650年后，出现了两种主要的认识论范式：理性主义与经验主义。

美国著名史学家查尔斯·哈斯金斯在《12世纪的文艺复兴》一书中指出："像历史上的所有伟大时期一样，中世纪既具连续性又具变化性的特征……在中世纪也有多次知识的复兴，其影响并没有被后来的岁月所淹没，也同样具有人们熟知的15世纪的大变动所具有的特性（哈斯金斯，2006）[1-3]。"在英国，12—13世纪是学者辈出的时代，产生了索尔兹伯里的约翰（John of Salisbury，1125—1180）、格罗斯泰特（Robert Grosseteste，1168—1253）、罗杰·培根（Roger Bacon，1214—1292）等一批对自然哲学思想做出重要贡献的学者。

格罗斯泰特于1213年担任牛津大学的校长，提出了与亚里士多德体系不同的自然哲学基本观念：自然界真理只能够从众多的个别实际现象的观察中获得，但要借此归纳出普遍真理再反过来推断个别现象，则必须依赖数学方始为功（陈方正，2009）。格罗斯泰特融合了亚里士多德与柏拉图两种相反的精神，提出了实验与理论并重，被克伦比誉为17世纪科学观的起源（Crombie，1953）。格罗斯泰特对于光学的研究［《论光》（*De Luce*）］探讨了彩虹的成因，通过反复观察与数学语言计算了光的反射与折射，与传统的光学研究不同。同时，他培养了一批向往科学与实验哲学的弟子，其中最著名的为罗杰·培根。

英国早期理性主义者活动的一大特点是，并不想否认宗教在社会生活中的作用，而只是力图将其按照理性的模式进行改造。罗杰·培根便是英国理性精神的典型代表，他认为理性的方法是实验方法，神学武断的教义在逻辑上讲不通，但在宗教上说则是真实的。这种折中的妥协是一种"势力范围"划分的尝试，它表明理性已经进入基督教徒的生活中，理性在英国已经成为人类处理世俗事物时的合法助手。而这种理性观念逐渐发展为"所有真理都必须得到证明"，不通过检验就不会有确切的知识，从而使经验与实验的重要性逐渐显现出来。

中世纪晚期到文艺复兴时期，哥白尼引领了欧洲的天文学革命，古希腊科学开始复兴，数学传统被重拾，新柏拉图主义复兴，科学革命在意大利出现。在英国，数学哲学家们的工作也在不断推进。托马斯·哈里奥特（Thomas Harriot，1560—1621）被称作英国的伽利略，他在剑桥受教育，在这里他不仅接受了英国的经验主义思想，并且学习了数学，成为英国代数学学派的奠基人。哈里奥特认同哥白尼的世界观，他能够制作望远镜，1609年第一次描绘出了他使用望远镜观测月球的图片，早于伽利略4个月；1610年，他又开始了对于太阳黑子的观测，并计算了太阳自转周期；他在《使用分析学》（*Artis Analyticae Praxis*）中讨论了一次、二次、三次和四次方程的处理以及给定根方程的建立方法等问题，并提出了碰撞定理（Theory of Collisions）。哈里奥特的研究影响了同时期的很多天文学家（如开普勒）和数学家。齐尔塞尔认为现代科学的两个传统，自然哲学的理性传统与工程、实用数学的应用传统在现代以前是相互分隔的。上层社会的学者保留着逻辑训练的传统，实验、定量的方法是属于平民技工的。科学诞生之时，便是技术与实验方法的发展终于克服社会偏见，被学者接受之时（Zilsel，2000）[935-949]。现代力学的发展便体现了这一融合，哈里奥特成为结合实用数学家与自然哲学家的典型代表（虽然他自己否认这一点）。哈里奥特的工作通过书信与学术群体在英国自然哲学家之间传播，对17世纪初英国的自然哲学活动产生了重要的影响。

英国的宗教改革之前，虽然罗马教廷的控制已不存在，但是伴随着自然哲学的发展，一个问题油然而生：当产生冲突时，究竟是理性还是信仰该充当最后的仲裁？弗朗西斯·培根（1561—1626）带着对经院哲学的强烈不满，离开恪守亚里士多德传统的大学，在这一问题上提出了自己革命性的见解。他强调了知识不是来自上帝或者先哲的书籍，而是来自人类自身的实践经历。"人类获得力量的途径和获得知识的途径是密切联系着的，二者之间没有差别（培根，1984）。"培根提出认识的归纳法，他认为感觉是可靠的，是一切知识的源泉。科学的目的是用新发明和新发现来改善人类生活，在所有能够给予人类利益的事物中，没有什么比发现新技艺和新商品更重要的了。培根在《新工具》《新大西岛》中明确提出了一种归纳法的经验主义哲学方法，应将目光放在伟大的自然界，并勾勒出一个乌托邦式的所罗门宫，极大地影响了英国的自然哲学研究。

不可否认的是，17世纪的英国，自然哲学家群体的确在很大程度上受到了培根的影响，在牛顿之前的英国著名自然哲学家，吉尔伯特（William Gilbert，1544—1603），雷（John Ray，1578—1657），哈维（William Harvey，1578—1657）是其中最为著名的代表，他们的工作与培根提倡的研究方法不谋而合。

吉尔伯特一生以行医为业，但却以一本《论磁》（*De Magnete*，1600）奠定了他在磁学研究领域的地位。在这部著作中，吉尔伯特首先提及诸多关于磁的神秘传说，比如大蒜使磁石失去磁性，钻石可使铁磁化等等，随后利用实验对这些现象进行了验证。书中总共记录了吉尔伯特所进行的五百多个实验，他的关于磁现象的所有结论，都是基于这些实验。

从时间上来看，吉尔伯特的研究比培根更早，当培根开始发表关于科学方法的论文时，吉尔伯特的磁学研究已经基本完成。从这一点可以看出，培根提倡的实验主义哲学在英国是有传统的，并且在他之前就有学者按照这一传统在进行调查和研究，培根只是经验主义和实验主义哲学的综合者。这种经验主义的传统，不仅影响着英国学者们的研究方法，甚至还影响到他们选择研究领域。哈维在1628年发表《心血运动论》，他发现血液是借由心脏运输到身体各部分的，这项划时代的新发现是综合了无数实验的结果，与传统的医学常识背道而行。

洛克（John Locke，1632—1704）也是经验主义哲学的重要思想家，他认为知识只与观念有关，而观念来自经验。在洛克看来，心灵类似一张白板，没有任何印记，由于我们的身体对外部环境的感觉和对自身内部心理活动的反省而获得了直觉印象，之后变成观念。心灵通过反思观念之间的关系而产生了人类的知识。因而，一切知识的源泉都是经验，真理只源于对自己经验的思考（耿岩，2014）。

在科学革命之前，所有的主要文明都通过观察、宗教、启示或是数学逻辑等方法来获得知识，实验方法的使用极大地增强了人们认识自然的能力。经验主义的思潮鼓励自然哲学家们通过实验，使用科学仪器（望远镜、气压计、真空泵）来捕捉那些普通感官无法感知的信息。由于英国的重商主义政策和较为宽松的宗教管制，很多来自低地国家的商贩，尤其是透镜的磨制者来到了英国。他们带来了娴熟的磨制技术，并有自营的生意，到了17世纪，很多实验家能够很容易地买到上好的镜片，进行光学实验（Roheds，2006）。同时，由于很多从事自然哲学研究的人也将其作为一种创造新技术或者工具的手段，英国的科学很早便具有一种实用主义的态度。比如皇家学会的创立者之一雷恩就曾说，他学到的数学不只可以用来厘清自然规律，也可以用来创造新技术，作为寻找定律的辅助工具。在早期的摸索阶段，追求新知与开发技术是密不可分的，雷恩在这种"混合式数学"上展现了超凡的本领，从天文学仪器到各种形式的工具和发明，都得心应手。

英国的经验主义自然哲学传统在英格兰哺育了一批新兴的中产阶级，他们以自然哲学为自己的爱好，甚至复辟的查理二世都是实验爱好者。这批具有探索精神的现代哲学家通过科学社团、科研机构、大学等方式，有效地组织起来。

二、工匠传统

英国有着尊重工程师与工匠的传统，2012年奥运会的开幕式上，英国莎士比亚戏剧演员扮演了工程师布鲁内尔（Isambard Brunel，1806—1859）[①]，他作为民族精神的代表在开场时登上舞台，朗诵着莎士比亚的《暴风雨》，宣扬英国的工业革命对人类文明的重要影响。对这一问题，"默顿命题"认为是17世纪的工匠传统和培根所提倡的实验科学有力地推动了近代科学变革，并使科学更具实用价值。

因此，工匠传统在英国早期的科学发展中，甚至此后的工业革命中发挥着重要的作用。那么英国的工匠传统的源流有哪些？哪些因素推动了工匠技艺的进步？手工业如何影响了16、17世纪英国的科学发展？

1. 盎格鲁－撒克逊的技术传统

早在公元7世纪，英国人就开始形成自己民族手工艺的传统，并且是以自己民族为主线创造了手工艺的传统。中世纪的英国人称金属工艺者为史密斯，如铜匠史密斯或金匠史密斯，这一传统来自撒克逊人。早期有一些锤制的作品来自埃及，后来在希伯来的文本中也有记录。金质的手工艺品反映了英国早期手工艺在印度等地的广泛传播。

---

① 布鲁内尔，一位英国机械与土木工程师。他建造了许多桥梁、船坞和大西部铁路，以及包括第一艘螺旋桨驱动的跨大西洋的轮船在内的一系列蒸汽船和众多重要的桥梁以及隧道，他的设计彻底改变了公共交通和现代工程。

早期手工艺的传播还与教父圣·帕奇科对所有匠人的祈祷有关，这是英国手工艺运动崇尚中世纪宗教信仰的最早的历史根源。1350年，英国发现的最早的用金属浇铸的墓碑之一，上面有精美的十字架，还有祷文：保佑琼柯林的灵魂。中世纪的手工艺者常常受到行会和志同道合者们的保护（佩奇，1921）[2]。

　　盎格鲁－撒克逊人在中世纪早期还以宝石加工工艺的精湛而著称。这一时期，盎格鲁－撒克逊人、伊朗人和凯尔特人的宝石已经有金银丝线和镶嵌等各种各样的装饰。各种圆形或环状的装饰品在这一时期业已出现。以这些饰物为基础，不断扩展到镌刻、雕刻、纺织等手工艺的各个领域和门类。可见，由古至今，作为英格兰人主要来源的盎格鲁－撒克逊人和凯尔特人都具有手工艺的悠久历史，并形成自己的伟大传统（于文杰　等，2008）[126-135]。

　　2. 贸易、移民与技术转移

　　11世纪诺曼征服后，英国的对外贸易多由外国商人从事，他们从世界各地带来了丝绸、香料、沥青、红酒，同时随着手工业者来到英国，一些技艺也被传播了进来。

　　英国趁着英法百年战争与欧洲宗教改革，吸引了很多匠人西渡英格兰。羊毛纺织技术就是重要的案例。13世纪，英国的羊毛是意大利和弗兰德尔毛纺业不可或缺的原料，由于技术原因，这时候的出口还主要为羊毛制品的原材料，1273年羊毛出口为32743袋（汤普逊，1996）[358]。14世纪，来自尼德兰的职工为了躲避战争，大批移居伦敦、约克、曼彻斯特等城市，带来了新呢布毛纺技术。从此，英国转变羊毛出口的战略，纺织技术使得毛呢成为更受欢迎、利润更丰厚的外贸产品。在新呢布的带动下，相关的辅助性手工业也兴旺起来（Gwynn，1985）[63-63]。英国逐渐从一个羊毛出口国变成了羊毛进口国，这是一个极具历史意义的转变。

欧洲贸易的开放还带来了其他种类的技术移民。15世纪，低地国家首先在欧洲制造出有针眼的针，这时候英格兰的针还是一种粗糙的铁片碾压而成的。由于欧洲局势动荡，一些制针匠移民到了英格兰，带来了制针的新技艺。先用锤子将方形小钢棒锻造成圆柱形，再将钢棒穿过抽丝烙铁的孔，反复加热、抽拉、切割，然后压制针头，冲出针孔，硬化、抛光，最后再磨制尖锐的针尖（王斌，2008）。这一复杂的金属加工过程包含的技术细节与隐性知识（Tacit Knowledge）都跟随着工匠传播、引进到英国，并融合到此后英国的冶金、锻造等技术之中。

1440年开始，英国政府开始向外来人口征税，由此首次获得了比较详细的移民分布情况。这时全部外来移民达16000人，占总人口的1%，多切人（弗兰德尔人、荷兰人、德国人和不拉奔人）从事手工业，包括织布、制革、酿酒、制衣、玻璃制造等，法国人从事建筑业等，地中海地区的人则多数从医（Nicolson，1974）[22-25]。

16世纪亨利八世在位期间，特别鼓励有技术的工匠移民到英国安家，如来自法国、德国和低地国家的军械工匠、枪炮工匠、盔甲工匠。他还积极雇用外来的应用数学家、仪器制作工、测量师等，使其中许多人成为永久移民。在他统治时期的外国移民还有荷兰织毯工、弗兰德尔织工、法国和低地国家的玻璃工等，他们通常居住在修道院附近的自由场所，可以避开城市当局的司法管理。由于数量日增，结果导致了1523年法令限制外来工匠人数，1529年法令限制他们的活动，规范其与社会工会的关系。1540年，英国通过了加强与外来移民永久居住权相关的法律，这些法令推动越来越多的外国工匠移居英国，只要按照1529年法令宣誓效忠，付出相应的费用就可以拥有永久居住权（刘景华，2010）。伊丽莎白时期，外来移民为英国带来许多新工业、新技术。如他们给英国带来了制陶、雕刻玻璃和印刷等技术，为伊普斯维奇带来了帆布制造业等（Rowse，1951）[145]。

外国移民对英国手工业等生产发展的作用有多大？19世纪的移民史家伯恩曾作了相当广泛的统计，认为移民的贡献主要体现在下述各部门；刘景华在《外来因素与英国崛起》一书中也讨论了这一问题，笔者据此制作表1-1（刘景华，2010）[210]。

表1-1　外国移民对英国手工业发展的影响

技术	来源
玻璃制造技术	最初外国移民是16世纪后期的法国人和意大利人。1575年，伊丽莎白赐予威尼斯人詹姆斯·韦塞林制作威尼斯式玻璃的特许权，他很快在格林尼治建立了一座玻璃工厂。伊丽莎白曾以一纸为期21年的专利书赐予低地国家移民建造玻璃熔炉与相关建筑，要求玻璃质量达到法国、柏林的水准。同时，女王禁止其他人生产与进口玻璃，专利拥有者向女王付费，并教授技术给英国人。
纺织	从爱德华三世起，英国人开始从弗兰德尔进口毡帽，爱德华六世颁布法令，将这一由难民带来的技术行业限制在诺里寄郡。17世纪，荷兰织机（Dutch loom）由移民引入伦敦，大大提高了生产效率，虽然因影响就业引起了一片反对声，但到17世纪60年代时，它已经被发展中的纺织城市曼彻斯特采用。1750年，曼彻斯特已拥有1500台荷兰织机，全部以水力带动。
针饰	制针技术是英国人向尼德兰人学习而来。1564年，伦敦的制针匠向女王申诉，要求限制制针进口，因为其工艺已经通过向外来工匠学习达到进口水平。
排水和供水	雇用荷兰人和瓦隆人参与沼泽排水工作。伊丽莎白时代，采纳了意大利工程师建议，进行沼泽排水，并授权德国人丹尼尔·红赛特尔进行矿井排水。1582年，建立伦敦桥的供水工程。同年，获得永久居住权的彼得·莫里斯制作了可以将泰晤士河水通过铅管送到伦敦桥北岸的教堂塔尖的机械，通过泰晤士街等直到伦敦最高处。

续表

技术	来源
造纸	肯特郡是英国最早的造纸之地。16世纪之前英国的纸张又黄又粗糙，后来女王的首饰匠——德国师傅斯皮尔曼在肯特郡造纸，改良了造纸技术。

3. 工匠传统与实验哲学

发达的实验哲学与各种仪器制造的贸易之间关系错综复杂。如果没有越来越多、越精细的装备制造厂，那么早期现代欧洲的实验哲学进步就不可能发生。无论是简单的三棱镜，还是伽利略的望远镜，甚至是波义耳的空气泵，都极大地依赖科学仪器以及使用仪器的能力。从17世纪开始，仪器工匠们便开始开发逐渐升温的科学仪器市场，并试图与皇家学会取得联系。

尽管哲学家与手工艺者生活在不同的世界中，有着不同的习惯，对于物质生产的态度不同，但手工艺者也需要展示的场所，需要吸引一定程度的赞助，因此，科学仪器是连接哲学家、手工艺者与赞助人的稳固链条（于文杰　等，2008）[126-135]。早期的皇家学会对于科学仪器的兴趣和需求不断膨胀。望远镜与显微镜不仅打开了人们观察新世界的大门，同时也使得自然哲学家越来越依赖仪器制造者。贝内特的研究发现，皇家学会与仪器制造者之间的复杂关系至少包括两个方面：工匠的商店具有联系自然知识与社会的作用，而社会则具有一个同业公会（Livery Company）的某些特征（Bennett，2003）[370-395]。早期的工匠没有属于自己的行会，因此贸易与政策都不倾向他们，他们只能加入一些并不十分相关的行会。即使1629年英国望远镜制造公司成立，1631年钟表公司成立，这些工匠仍然只能加入其他行会。同时，实验哲学带领仪器工人们走向新的市场。结果，原有的以航海导航技术为主的仪器贸易转变为新的器件和新的市场。正是由于17至18世纪观察与实验新工具的出现，一些供观看的课程开始流行，并且对后来的启蒙运动产生影响。

三、组织化的科学：从三贤士到皇家学会

在16、17世纪的英国，自然哲学家大都有紧密的联系，在一些特殊的问题上合作，共享研究方法或是理论假设。最早的自然哲学家群体是17世纪初数学家与自然哲学家组成的三人小组——三贤士（The earl of Nothumberland's three Magi）（Shirley，2013）。前文提到的哈里奥特是重要成员，还包括华纳（Walter Warner，1563—1643）和休（Robert Hues，1553—1632），他们在数学、原子论以及炼金术上都有共同的兴趣。卡文迪许（William Cavendish，1731—1810）在维尔贝克（Welbeck Abbey）成立了松散的自然哲学家组织，包括霍布斯（Thomas Hobbes，1588—1679）、佩恩（Robert Payne，1596—1651）等一些自然哲学家参与，他们都对混合数学（mixed mathematics）尤其是光学感兴趣。1640年，一群年轻的医师，被哈维（William Harvey，1578—1657）的解剖学所吸引，在牛津附近一起做起了研究。还有被波义耳称之为"无形学院"（Invisible College）的不定期的聚会，形成了以威尔金斯（Jonathan Wilkins，1614—1672）、沃利斯（John Wallis，1616—1703）、伊夫林（John Evelyn，1620—1706）等人为主的一个学者群体。无形学院也可以被看作是皇家学会的前身，因为之后成立的皇家学会，创立者也主要是这一批学者，而且早期的皇家学会仍延续着无形学院的活动（罗兴波，2012）。

这些松散的学术组织之前也有相互联系，霍布斯就曾经与很多类似的小组通信，交流思想和实验的进展。同时，早期的英国哲学家

通过一些教士与笛卡尔（Descartes）、贾森迪（Gassendi）等欧洲大陆的学者之间相互沟通。尽管与那些哲学家保持着一定的联系，但是英国依旧保持着特殊的实验哲学与经验主义属性。英国的自然哲学家们的炼金术、生理学方面的知识保护他们免于受到严格的机械论哲学影响，而后者则是笛卡尔主义生长的根源。英国拥有培根主义的巨大光环，并接受了从意大利传入的新柏拉图主义——把数学作为一种自然哲学的研究方法，这两块科学最坚实的基石都在英国铺就。这一时期的自然哲学家们的研究对后世，比如对牛顿等人的研究产生了巨大的影响。吉尔伯特在16世纪末发展了"磁力哲学"（Magnetical Philosophy），用复杂的实验方法来证明地球是巨大的磁石，和其他磁石一样，地球具有旋转并保持旋转的轴心的能力。磁力哲学理论在17世纪一直影响着物理学家们。牛顿便是在与其他自然哲学家的书信中了解到了磁力哲学，将其从笛卡尔的行星运动假设中解放出来，才着手解释约束离心的力并发现了行星运动的规律。磁力哲学在牛顿手中转变为后来的万有引力定律。

最重要、最具影响力的自然哲学家的合作小组当属皇家学会，但是，皇家学会却不仅仅是三人研究小组的扩大版本，它不是一个偶发的、具有相似思想和意识的自然哲学家的小圈子，而是特意打造而成的一个包容不同传统的思想家的社团，并希望推动自然哲学改革（Henry，1992）[178-210]。为数不多的自然哲学家引发了这次革命，他们赞同培根的想法，认为完成伟大复兴（Great Instauration）的路径必然是科学之路，并拒绝笛卡尔认为的"人类难以通过艺术家的手，或是人类的工作完成完美的工作"（Hunter，1989）[99-116]。

皇家学会起源于两个分别诞生在伦敦和剑桥的小的科学社团，它们都推崇实验主义，其中不乏哈维的解剖学小组的成员及磁力哲学群体的自然哲学家们。直到波义耳将培根主义带入这两个群体中，培根的改革自然哲学的思想开始受到大家的重视。培根对自然哲学的追求不仅仅是发展文艺复兴时期的强调道德责任的人文主义这么简单。培根改革自然哲学的想法源自哈特莱伯①（Hartlib Circle）等人，他将这种自然哲学的改革上升到社会、教育以及宗教改革的需求之上。同时，波义耳参加了无形学院，无形学院的成员们都对实验化学感兴趣，同时认为知识应该有益于人类。培根的想法和他的哲学，在空位时期，影响着人们对自然哲学的认识。因此，当皇家学会在1660年成立（王朝复辟的年度，查理二世颁布皇家特许状）的时候，其成员很快发展出培根哲学以支持学会，甚至所做的研究计划多冠以培根主义（Baconian）之名。

皇家学会的培根主义哲学的特征是强调并坚持收集和构建事实，承诺拒绝沉溺于不成熟的推理性理论（Speculative Theorizing）。我们对17世纪英国的理解必须在一个合适的语境中进行，这种语境不仅仅是思想、实验层面的，还有其所处的微社会（microsociology）。科学家得到的经验结论不仅来自物理世界，同时也来自心灵世界、社会世界。科学家不仅仅是科学家，更重要的是其社会人的属性，他们生活在一个更广阔的社会文化域中。

皇家学会的创始人本着专业和声望两个原则，遴选出第一批会员，共40人。学会的活动也很快引起查理二世的注意。雷恩的家族信奉英国国教，复辟后也成为英国国教的领袖，因此雷恩也得以在国王面前表现其非凡的科学才能。他代表了英国国教和正统的新哲学革命

---

① 哈特莱伯与苏格兰牧师杜里一起工作。杜里是英国内战时期重要的知识分子，他将一些新教徒聚集在一起。

性观念的结合，因此能够让这个新的知识体系既有传统，又有革命的动力。他喜欢追求实际的和有利润的实验，也经常研究出具有较强视觉效果的实验，在原本社会上稀有的研究中看起来卓越出色。同时，艾弗林出版的《成立图书馆的建议》第一次将学会称为"皇家学会"。他出版了关于伦敦城市规划的书——《防烟》，引起了查理二世的关注。艾弗林成为皇家建筑师，对伦敦的道路规划、污水工程等献计献策，新哲学不只是学院或实验室的论战，也应用到了解决日常的社会问题之中。

从第一次聚会、讨论开始，皇家学会就被预设为实验的场所，每个星期都要求特定的会员示范成果，以教育或娱乐其他人。学会鼓励会员把自己的想法和实验带来展示。学会明显地分为两派人士：一是主要的实验者，如瓦德汉学院的成员、鉴赏家艾弗林；另一派则是来看热闹的贵族和上流社会的人士（贺利思，2012）。

然而，如果实验没有哲学理论做后盾，就只不过是游戏而已，这些思想赋予各种探索以意义。当时许多思想家都在读笛卡尔的《方法论》，采用演绎法，先提出假设然后再设计实验来证实。但是牛津瓦德汉学院的学者们却不以为然，因为刚经过了战争，体会到教条与理论的可怕，雷恩和他的同伴都希望能够有一种新办法，可以避免所有假设，只从眼前的事实与客观的材料得到结论。他们崇尚提倡归纳法的培根，认为应该先有实验再有理论。1662年，皇家学会获得了国王的第一张许可执照，被赋予了伦敦市法人团体的特权。在诏书中，国王宣称自己是学会的创立者和赞助人，学会的名字改成"以实验促进自然知识之皇家学会"，会训为"除非科学实证，勿轻信人言"（莱昂斯，1990）。

胡克（Robert Hooke，1635—1703）是皇家学会培根精神的最佳代言人。由于学会的实验活动太过随意，1662年学会提议胡克作为永久实验管理员来管理组织学会的实验活动。胡克在学会一年的工资为80英镑，这使他成为全世界第一位职业科学研究员。这期间，海事科学和航海是整个学会都十分希望探索的领域，也是英国最重要的课题。英国的财富来自大海，而了解海事法和海事机械的发明不只有应用价值，更有经济效益。

皇家学会的许可证允许其不经官方的审查，自由出书立传。学会所出的第一本书是1664年艾弗林的《林木志》（*Sylva*，1664）。这本书一炮而红，不仅奠定了艾弗林当代首要园艺评论家的地位，同时也在所有的尖端领域打响了皇家学会的名声，让它不仅是测量空气重量、海洋深度的中心，而且也是具有真正重要实用价值的机构。

学会印刷的第二本书是胡克的《显微镜制图》（*Micrographia*，1665）。这本书用壮观的视觉效果传递了新哲学的中心思想——培根的实验哲学。胡克认为，科学是发现真理和知识最重要的一环。自然科学太久以来被当成是知识智慧与幻想的产物，这样的观念必须要用"真实、机械、实验哲学"来取代。胡克对物质的研究从人工物品开始，观察人工物是为了显示其不精确，借以比较自然的复杂之美，提升人工物的水平。胡克插图中的苍蝇的复眼等微观世界为读者开启了一个新世界，而胡克也通过自己的努力，在王朝复辟后，在新时代找到了属于自己的自然哲学实验家的角色。

从总体上看，与意大利的资助制不同，英国的上层社会热爱科学，将其视为一种高雅的爱好，同时这种爱好与自然哲学家的旨趣、国家的文化变革相互促进、相得益彰，产生了一批对新科学有重要贡献的科学家。科学活动逐渐变得组织化、建制化，这些都为未来英国科学的崛起打下了基础。英国奠基于理性的未来从此展开，科学与有用的知识成为此后国家复兴的支撑。

第五节　小结：实现英国现代化的有利因素

本章中，我们希望能够以一条主线把相关资料都组织起来，使得第一章起到展示英国工业革命前的社会状况、背景和工业革命起因及其来龙去脉的作用。当然这条主线应该是客观存在的，而非主观臆想出来的。我们认为这条主线就是英国工业革命前后这段历史所昭示出来的社会进步总趋势，尽管有起伏曲折，但是社会进步总趋势是显而易见的。

综合考虑学术界有关社会进步标准的主要观点，并结合对工业革命前后历史发展的理解，我们提出社会进步集中体现在两个方面：一是人尽其才，就是社会进步以人为核心，社会发展的各种成就只有落实到人的发展和人的价值实现上才能够真正体现为社会进步。社会进步涵盖现代化进程，在15—16世纪虽然尚未发生现代化，但是社会进步却早已发生。人尽其才还反映出人与人、人与社会关系的发展水平，正如马克思所说的理想社会是"把每一个人都有完全的自由发展作为根本原则的高级社会形态"。二是物尽其用，是指人生存于自然界和社会，对自然和社会资源的合理利用是人类文明生存、发展的基础，反映出人驾驭环境、利用资源的水平，反映出人与自然关系的发展水平。人尽其才、物尽其用的结果之一是形成规模经济，这是促发工业革命的关键。

就英国工业革命前后这段历史而言，是各个方面的因素促成了人尽其才（人力资源较为充分利用）、物尽其用（自然与社会资源较为充分利用），因此导致英国的崛起，也可以较好地解释英国崛起过程中各个主要因素的关系。英国在16—19世纪的迅速崛起，原因是多方面的，经过农业革命、宗教改革、教育革命以及民族国家、宪政体制、市场经济制度、产权制度、专利制度等的确立与运行，很好地实现了人尽其才和物尽其用，并且把两者有效地组织起来实现国家现代化。通过自然资源利用和人力资源利用的进程可以把英国工业革命前后的各主要事件纳入以社会进步为主线统领的分析框架与叙述流程。物尽其用就是对自然资源的充分利用，包括对自然界的认识、对自然资源的利用而相应发展出来的技术体系、科学体系、市场体系和国家体系，形成规模经济。比如，农业革命，是通过四轮作、机械化和良种培育等提高土地资源的利用率，蒸汽机提高了煤炭资源的有效利用，煤炭等得天独厚的自然资源支撑起英国经济长达两三个世纪的快速发展和不断扩张。物尽其用还包括对本国的国家机器的充分利用，对国际上各种有形资源和无形资源的充分利用，英国在这方面极为擅长，包括政府动用海军开辟海上通路和海外市场，确保棉花等原料供应和产品的外销，建立了空前强大的日不落帝国；人尽其才是对人力资源的充分利用，人才作用充分发挥。从农民到市民到精英等社会各界人士的积极性和创造性得到史无前例的充分调动与激发，在满足人的各个层次的需要方面发展到人类文明的新阶段。例如，农业革命使得英国农民获得自由迁徙权、个人财产遗嘱权、受教育的权利、自由劳动的权利，宪政体制的建立在保障自由和人权方面让英国走在了世界的前列，开启了政治现代化。如内森·罗森堡和小伯泽尔所指出的"一个不受政治和宗教控制的、有高度自主性的经济领域和商人阶级的出现"就是人尽其才的一个结果。以法治为核心的政治现代化的重要性在于，它给社会持续稳定地提供激发人们积极性、创造性的秩序与回报保障，可以有效积累人力资本、自由迁徙与自主使用个人人力资本，而非人治社会中人力资本的依附固化，因"站错队""跟错人"而前功尽弃、积累作废；政治现代化能够遏制社会最坏的状况，就是遏制贪腐与专制。可以说，以法治为核心的政治现代化，是人类迄今为止最有效的扬善抑恶系统。

本研究的主线是英国如何通过科技革命、工业革命与现代化实现大国崛起的，最终的考虑是把影响英国崛起的原因分为暂时的促发性因素（某时期发挥作用）和长期的持续性因素（长期发挥作用），前者包括地理环境与资源优势、宗教、高工资等；后者包括知识传统、自由传统、法治传统、制度建设和现代国家等。这种区分可以加深对英国崛起的认识，更重要的是能够通过分析英国情况而推广到其他国家和地区，因为促发性因素可能具有区域性和时间性，而持续性因素的适应性更广，甚至具有普适性。促发性因素与持续性因素有些类似于协同学中的快变量与慢变量，按照协同学的原理，系统发展起支配作用的是慢变量，而不是快变量。当然，人类历史发展的复杂性不允许我们照搬协同论中的结论，具体问题具体分析才是科学研究应有的态度。当然，要完全实现上述研究目标并非易事，这也是一项探索性的研究工作。

第二章
科学革命与牛顿

第一节　科学的总体情况：自然哲学家
与工程师

　　17世纪早期，在英国社会，神学、语言学等人文学科比科学更受到重视，直到17世纪中期，科学变得日益重要起来，上流社会以爱好科学为时尚。例如，查理二世本人就对化学和航海颇感兴趣，鲁玻特王子称赞自然哲学事业并躬亲这类活动，一些贵族开始研究科学问题。人们开始认为，一个"有文化的绅士"忽视科学的魅力是近乎反常的事情。虽然这些显贵名流的兴趣对科学发展所做的直接贡献微乎其微，但是这对提升科学探究的社会地位，却具有十分重要的意义（默顿，2007）[59]。

　　16、17世纪在欧洲发生的科学革命是对古希腊和中世纪科学的一场深刻变革，由天文学、力学、化学和生理学的重大突破汇聚而成。

一、关于天文学

波兰科学家尼古拉·哥白尼（Nicolaus Copernicus，1473—1543）于1543年发表《天体运行论》这部巨著，推翻了统治人类思想1800多年的地心说，确立了日心地动说。哥白尼通过发现行星的不规则运动和它们与地球距离的变化，证明地球并不是它们运动的唯一中心。哥白尼断言，不是太阳绕地球转，而是地球绕太阳转。太阳是静止的，它的运动是地球运动的反映；同理可以解释恒星的东升西落；而行星的环状运行，乃是行星本身运动和地球运动的联合结果。哥白尼大胆宣告："太阳是宇宙的中心。"（陈自悟，1980）[31-32]

作为现代科学先驱的哥白尼，确认地球不是宇宙中心，而是行星之一，从而掀起天文学的一场革命。哥白尼革命不仅是天文学史上划时代的大事，而且也是与宗教神学的一次重要抗争，从此自然科学走上独立于中世纪神学的发展道路。意大利自然哲学家乔尔丹诺·布鲁诺（Giordano Bruno，1548—1600）赞同哥白尼学说，积极宣传，并进一步提出宇宙无限的新宇宙观，是西方思想史上的一个重要人物。布鲁诺的离经叛道激怒了罗马教廷，他于1600年被宗教裁判所判为"异端"，烧死在罗马鲜花广场。

丹麦天文学家第谷·布拉赫（Tycho Brahe，1546—1601）研究了精密天文学的大多数问题。他测定的大多数重要的天文学常数达到了前所未有的精确度。他的工作在他死后结出了极其丰硕的成果。由于他的勤勉、专注以及他的仪器和方法精良，他也曾做出了若干重要的天文发现（沃尔夫，1997）[138]。他最早对仙后座中的那颗新星进行了观测，发现这颗新星相对周围的恒星没有明显的周日变化（视差），而如果它像月球一样离我们很近的话，情况就不会如此，它也没有像行星那样的自身运动。他从而得出结论说，这颗新星肯定位于恒星区域。而按照当时公认的亚里士多德宇宙学，恒星区域里不可能发生物理变化。第谷后来对彗星也引出了一个与此相似的结论。他对这种天体进行了一系列观察，这项工作开始于对1577年大彗星的观察，他证明了彗星没有显示明显的昼日视差，因而肯定比月球遥远得多（沃尔夫，1985）[138-139]。后来受丹麦国王腓特烈二世的邀请，在汶岛建造天堡观象台，经过20年的观测，第谷发现了许多新的天文现象。第谷曾提出一种介于地心说和日心说之间的宇宙结构体系，他认为所有行星都绕太阳运动，而太阳率领众行星绕地球运动。第谷所做的观测精度之高，是他同时代的人望尘莫及的。第谷编制的一部恒星表相当准确，至今仍然有使用价值。

意大利物理学家和天文学家伽利略（Galileo Galilei，1564—1642）被誉为近代科学之父，他在科学实验的基础上融汇贯通了数学、物理学和天文学三门知识，改变了人类对物质运动和宇宙的认识。伽利略从实验中总结出自由落体定律、惯性定律和伽利略相对性原理等，从而推翻了亚里士多德物理学的许多臆断，奠定了经典力学的基础，反驳了托勒密的地心体系，有力地支持了哥白尼的日心学说。他以系统的实验和观察推翻了纯属思辨传统的自然观，开创了以实验事实为根据并具有严密逻辑体系的近代科学。伽利略率先倡导数学与实验相结合的研究方法，这种研究方法是他在科学上取得伟大成就的源泉，也是他对近代科学的最重要贡献（解俊民，1987）。1632年，伽利略出版了他的划时代巨著《关于托勒密和哥白尼两大世界体系的对话》（以下简称《对话》）。《对话》一开头是批评亚里士多德的下述学说：天体与地球在性质和组成上完全不同，天永远不变。新星和太阳黑子的出现被引用来作为反对的证据。望远镜可以看到的月球上的山脉驳斥了亚里士多德认为月球是完美天球的观点（沃尔夫，1985）[35]。英国著名科学专栏作家布赖恩·阿普尔亚德在其《理解现在——科学与现代人的灵魂》一书中指出："1609年，伽利略使用一架望远镜观看月亮。这一时刻对世界的意义如此重大，以至人们将它与耶稣的诞生相提并论。"因为此前的科学是建立在推理基础上的科学，此后的科学是建立在观察和实验基础上的现代科学（韦斯特福尔，1999）。

在伽利略对哥白尼理论所做的最重大的贡献之中，包括他驳斥了反对日心说的两个主要理由，即没有恒星视差和地上物体垂直坠落。《对话》引用惯性定律驳斥了前一个论点。惯性定律是伽利略所做出的在整个科学史上最重要的发现之一。从一座高塔上坠落的一块石头将落在塔的脚下，因为石头本身与塔用同样速度一起向东运动。从静止或者航行的船只的桅杆顶上跌落的一块石头，在这两种情况下都落在桅杆脚下（值得指出，第谷·布拉赫在他的《天文学书信》中曾否认这一点）。如果在船只航行的情况下，石头的坠落有微小的偏离，这种偏离是空气的阻力所引起的。因为相对航船来说，空气处于静止；而在船只处于静止的情况下，桅杆、石头和空气三者同等地共有地球的自转运动，因此石头坠落时所通过的空气在这种情况下将不影响其坠落方向。第二个论点也遭到反驳，《对话》指出，由于地球围绕其轴的转动比较缓慢，所以离心力远小于引力，这样，物体便不受地球自转的影响而仍留在其表面（沃尔夫，1985）[41-42]。

德国天文学家、数学家约翰内斯·开普勒（Johannes Kepler，1571—1630）发现了行星运动的三大定律，分别是轨道定律、面积定律和周期定律。这三大定律可分别描述为：所有行星分别是在大小不同的椭圆轨道上运行；在同样的时间里行星向径在轨道平面上所扫过的面积相等；行星公转周期的平方与它同太阳距离的立方成正比。这三大定律最终使他赢得了"天空立法者"的美名。从最初开始从事研究起，激励开普勒的信念是，上帝按照某种先存的和谐创造了世界，而这种和谐的某些表现可以在行星轨道的数目与大小以及行星沿这些轨道的运动中追踪到。这种自然观也许和当时意大利大学里毕达哥拉斯主义的复兴不无联系，而行星循轨运动曾激励过哥白尼（沃尔夫，1985）[147-148]。同时开普勒对光学、数学也做出了重要的贡献，他是现代实验光学的奠基人。

牛顿从1666年开始研究太阳和行星在引力作用下如何运动的问题。他依据万有引力定律从理论上推导了开普勒第一定律。牛顿还依据万有引力定律，求得了开普勒第二、第三定律的准确公式。牛顿对行星运动规律的理论证明，使哥白尼的日心地动说体系得以建立在稳固的理论基础上，科学的太阳系概念由此建立，经典宇宙学由此形成。

万有引力定律的发现是17世纪自然科学最伟大的成果之一。利用万有引力定律，既可解释天地间从星星到地面物体已知的运动现象，又可预言未知天体的运动规律（李良，1994）[26]。它将地面物体运动的规律和天体运动的规律统一起来。万有引力定律发现以后，人们可以解释许多以前不能解释的现象，如潮汐现象、地球的形状、木星的卫星，并发现了许多行星，如1781年英国业余天文学家赫歇耳（W. Hersehel）用他自制的10英尺望远镜观察天空，发现了一颗没有尾的彗星，即天王星。这一发现鼓舞着许多人用同样的方法去寻找更远的第九颗行星，1930年美国的汤博（G. W. Tombaugh）发现了冥王星。这些发现表明，牛顿万有引力定律在太阳系范围内绝对正确（楚珏辉，1985）[20]。

二、关于力学

在古希腊时代和中世纪，指导人们认知自然界物体运动现象的一直是亚里士多德的物理学理论。第一个向这种传统发起有效冲击的是伽利略的运动理论。伽利略通过实验否证了亚里士多德的理论，他发现重物体从塔上落下时，比轻物体稍早着地，他认为这种微小的差别是由于空气阻力以及重物体和轻物体克服阻力的能力造成的。他推断，在理想的情况下，如真空中，它们将同时落地。如果说开普勒揭示了天上行星运动的力学规律，那么伽利略则揭示了地上物体运动的力学规律。伽利略于16世纪90年代早期撰写了《论运动》一书，从1624年起开始撰写《关于托勒密和哥白尼两大世界体系的对话》，总结他一系列新的科学发现，并于1632年出版；1638年又出版了《两种新科学的对话》。此外，法国科学家笛卡尔在机械论哲学和惯性原理，荷兰物理学家惠更斯在单摆运动和物体碰撞的研究方面都做出了自己的贡献。

伽利略对力学的划时代贡献主要在于创立了动力学，也就是运动物体的科学。阿基米德、列奥那多·达·芬奇等人也做出了贡献。伽利略对于自由落体定律、摆和抛射体的运动的研究，树立了科学地把定量实验与数学论证相结合的典范。它至今仍是从事精密科学研究的有效方法（沃尔夫，1985）[47]。

近代力学革命最终由英国科学家牛顿所完成。牛顿的主要工作之一是用万有引力的概念将天文学革命与力学革命结合起来。牛顿于1687年出版了他的划时代巨著《自然哲学之数学原理》。除了上述研究成果之外，他还发展了动力学的基本概念（质量、动量、力），整理了力学的原理（牛顿运动三定律），发展了曲线运动的定律、摆的分析、受压迫的表面运动的本质，论述了怎样去处理在不断变化的力场中粒子的运动。牛顿指出了分析波运动的方法，他探讨了在各种对抗媒质中物体的运动方式，论述了彗星的轨迹和运动以及大海中潮汐的生成原因。经过许多人的共同努力，经典力学的大厦最终在牛顿手中竣工（沃尔夫，1985）[48]。

三、关于化学

瑞士化学家和医生帕拉塞尔苏斯（Paracelsus，1493—1541）的学说极具叛逆性，在16、17世纪很有影响。他的知识十分庞杂，包含炼金术、冶金、制药等，他提出用"汞、硫、盐三要素"理论来描述一切东西，他认为创世是一个化学过程，造物不过是一个"化学的凝练、分离、纯化与结合的过程"，自然是用化学术语描述的，因此化学是理解自然的钥匙（周雁翎，1991）。帕拉塞尔苏斯可被视为近代化学的先驱。英国化学家罗伯特·波义耳（Robert Boyle，1627—1691）于1661年出版的《怀疑派化学家》标志着近代化学的开端。在书中，他批判了亚里士多德的"四元素"理论和帕拉塞尔苏斯的"汞、硫、盐三要素"理论，并于1666年在其《形式和质料的起源》一书中提出了"微粒理论"。他认为，构成自然界的材料是细小致密、用物理方法不可分割的粒子；粒子结合成更大的粒子团，粒子团往往作为基本单位参加各种化学反应；粒子团的大小和形状决定了物质的物理性质。这样，波义耳就把自然界的物质都看作是由微粒组成的，微粒之间的机械运动则导致物体的宏观运动以及物理性质的变化（沃尔夫，1985）[385-390]。与其他化学家相比，波义耳更多地以机械论的观点来解释化学现象，以严密的逻辑和必要的实验来检验自己的思想（周嘉华　等，1998）[145]。后来，牛顿进一步认为粒子之间存在着引力。波义耳和牛顿这种将古原子论发展了的微粒观念在当时已为人们普遍接受。至此，关于自然界物质最终由什么组成的问题，便从帕拉塞尔苏斯的三元素说，发展到波义耳和牛顿的微粒论，最后完全取代了亚里士多德四元素说的传统观念，实现了在这个问题上的革命性更替。波义耳一开始就主张不应当把化学视为一种制造贵重金属或者药物的经验技艺，而应当看作是一门科学、自然哲学的一个分支（沃尔夫，1985）[386]。马克思、恩格斯也赞成这一观点，认为"波义耳把化学确立为科学"。

从1655年开始，玻义耳雇用英国博物学家、发明家罗伯特·胡克为研究助手，帮助他研制抽气机。1662年，胡克被任命为皇家学会的实验管理员，翌年当选为会员。从1662年直到1703年去世，胡克在皇家学会做了大量实验。他既是技艺精湛的实验家，又是学识极为渊博的思想家（沃尔夫，1985）[391]。

化学成为英国的实验哲学与机械论哲学融合的完美产物。化学研究中不可避免的经验属性引导着英国的思想者得出了既能在笛卡尔主义下得以解释，又能在机械论哲学下得以解释的结论。因此，英国的实验哲学是一个混合体，这一哲学接受物质的基本粒子具有特殊的化学属性，同时它是一种机械论的哲学（Mechanical Philosophy）。

四、关于生理学

生理学也是16、17世纪在欧洲发生的科学革命的重要内容之一。古希腊之后到14世纪之前，古罗马名医克劳迪亚斯·盖伦（Claudius Galenus，129—199）的学说主导着西方人对人体生理现象的解释和思考。盖伦认为，大自然（或造物主）所做的一切都有其目的，人体的结构完满对应于它的功能，尽善尽美到都不可能再有改进。他采用了柏拉图（Plato，427BC—347BC）的灵魂三分说，认为三分灵魂分别位于大脑、胸部和腹腔内。盖伦还将柏拉图确定的灵魂三种功能与伊雷西斯垂都斯（Erasistratus，约304BC—250BC）确定的三种基本生理学功能结合起来，提出了生理学的三份组成框架——大脑、心脏和肝脏，并且强调三者不是完全独立而是相互联系的：大脑是神经的源头，心脏是动脉的源头，将维持生命的动脉血输送到人体的所有部分，肝脏是静脉的源头，用静脉血为身体供应营养。在这种结构中，盖伦认为静脉血要通过将心脏的右心室与左心室分开的室间隔膜上的微孔（戴维林德伯格，2001）[133—134]。16世纪之后，由于解剖学的发展，人们开始对心室中具有带孔洞的隔膜结构这一说法提出质疑。比利时医学家安德烈·维萨里（Andreas Vesaliua，1514—1564）于1543年在其《论人体结构》一书中最先对此提出质疑和挑战。维萨里生于布鲁塞尔，曾在布鲁塞尔、卢万、巴黎和帕多瓦等大学求学。他于1537年任帕多瓦大学的解剖学教师。维萨里打破当时的惯例，亲自给学生展示和解剖人体的各个部分并指出同盖伦著作相矛盾的地方。1543年，维萨里发表了他的伟大著作《论人体结构》，这部书遭到了非议。这部和哥白尼的革命性著作同年发表的书也是一部划时代的著作，因为它对人们的世界观的冲击不大，所以得到较快的传播和接受。该书论述的程序基本上仍沿袭传统的做法，主要思想基本上也是传统思想。这部著作的独创之处主要是最后一章，介绍了他的活体解剖方法。维萨里用的方法和器械都是新颖的、划时代的，许多方法在很大程度上仍是现代解剖技术的基础。此外，他在解剖学的细节方面也有许多发现，纠正了几百个过去的错误（沃尔夫，1985）[469—470]。

　　维萨里的工作还包括对动脉血液的形成进行新的解释。血液循环的工作是由英国生理学家威廉·哈维完成的。威廉·哈维生于福克斯通，在剑桥大学受教育。1597年，他到帕多瓦大学学医，当时伽利略在那里任教。1602年，哈维离开大学定居伦敦开业行医，弗兰西斯·培根是他的客户。1607年，哈维被选为皇家医学院院士。1615年任皇家医学院的解剖学讲师。1616年哈维在学院讲授课程中已经提出了他的血液循环理论的大纲，直到1628年他的不朽之作《心血运动论》才出版发行。在该书中哈维提出了著名的血液循环学说，1649年他又出版了这本书的补充版《论血液循环》（沃尔夫，1985）[473]。《心血运动论》通过大量的解剖学实践，批驳了盖伦的许多错误观点，例如，脉搏和呼吸的目的都是吸入元气，以保证血液的通风散热。哈维指出心脏排出、动脉接受的是血液而不是所谓的元气，并且动脉和静脉里流动着的同样是血液。该书被誉为生理学历史上最重要的著作，其意义并不在于临床应用，而在于它是历史上第一次对人体生理过程进行了科学的说明和解释，它标志着现代生理学的开始。正如恩格斯所评价的："哈维由于发现了血液循环而把生理学（人体生理学和动物生理学）确立为科学。"维萨里和哈维的开创性工作，使得生理学成为16、17世纪的科学革命的一个重要组成部分，成为开启现代科学的重要一步。

五、发明家与工程师

在17世纪，科学与技术的关系开始变得紧密。查尔斯·辛格等主编的《技术史》认为技术是一种经验性的实践，而科学则是对发生在这一实践过程中的基本原理的系统研究，强调它们之间的紧密结合非常重要。16和17世纪，工程技术从纯粹的经验主义朝着以数学和应用科学为基础的方向转变。达·芬奇在有关动力学问题的精密分析方面取得了重大进展，在17世纪的一些伟大人物，尤其是伽利略、惠更斯和牛顿的努力下，达·芬奇所开创的工作（后来）达到了很高的水平。有时候科学工作与工程中的一些实际问题会紧密地联系起来。伽利略、托里拆利和帕斯卡对真空的分析都直接受到了抽吸泵广泛应用的启发，他们的成果直接导致了对蒸汽和常压蒸汽机的研究（辛格 等，2004）[238-239]。

英国是发生科学革命和工业革命的国度，也是发明大国。梁立明和陈立新对美国出版的权威技术史年表进行统计分析，发现古代世界的技术中心在中国，12世纪末，中国才逐渐失去了世界技术中心的位置。13、14世纪，世界技术处于无中心的飘摇之中，处于东西方技术交流融合之际，处于寻找下一个中心的嬗变之时。15世纪，意大利最早开始了文艺复兴，各类技术发明不断涌现，一跃成为世界的技术中心，一直持续到16世纪。17世纪，英国的采矿、炼铁等工业开始兴起，在材料、工具与设备领域涌现出很多技术成果，于是，英国取代意大利成为世界的技术中心。具体的结论是：世界技术发展过程中存在世界技术中心转移现象。世界技术中心及世界技术兴隆期分别如下：埃及，3800BC—1200BC；两河流域，3700BC—1700BC，1200BC—1000BC；希腊，700BC—300BC；罗马，200BC—500；中国，300BC—1100；意大利，1400—1600；英国，1600—1873；法国，1764—1793；德国，1894—1903；美国，1794—1993（梁立明 等，2005）。彭福扬、王树仁根据赵红州主编的《大科学年表》提供的数据进行统计分析，得出了技术活动中心转移的规律：意大利，1540—1609年；英国，1610—1869年；德国，1870—1909年；美国，从1910年至今（彭福扬 等，1997）[30-32]。也就是说，英国在17世纪至19世纪二百多年的时间里是世界技术中心。工业革命时代，在技术门类上，交通、通讯、工具与设备领域的成果最多，各占该技术阶段成果的17%左右。在地域上，该阶段的技术成果主要分布在英、法、德、美四国。仅英国就占了该阶段世界技术成果总数的近40%。四国之外的其他国家共约占该阶段成果的10%，可见技术成果高度集中（梁立明　等，2005）。

为了进一步分析发明家的整体情况，确认工业启蒙运动的存在，罗伯特·艾伦汇集了17—18世纪的79位重要的发明家的资料，资料选自辛格（Singer）多卷本巨著《技术史》和莫凯尔所著的《财富的杠杆》（*Lever of Riches*）及芒图（Mantoux）所著的《18世纪的工业革命》（*Industrial Revolution in the Eighteenth Century*）。之所以没有再向后延续到19世纪上半叶，是因为罗伯特·艾伦考虑了技术发展演变具有"路径依赖"性质。较早登场的发明成果应该具有更强的开创性，18世纪问世的那些宏观性发明成果及其后续的改良性成果在19世纪相当长的时间里继续支撑英国经济持续发展。可见"工业启蒙运动"这种提法具有可信性（艾伦，2012）[377]。

表2-1按照不同的行业分类展示了这79位重要发明家的分布情况。分布显示，在蒸汽机制造业、纺织业及丝织业、冶金业这三个变革最为显著的工业行业中发明家人数众多，在陶瓷加工业、机器制造业、化学工业等技术变革并不特别突出的行业中，也出现了一批出色的发明家。此外，在钟表制造业、仪器设备制造业、远洋航海业这三个当时的"高科技"行业中，同样不乏重要的发明家（艾伦，2012）[37-379]。

表2-1　重要发明家所属行业分类统计表（艾伦，2012）[379]

	宏观性发明家（发明大腕儿）	二流、三流发明家	合计
陶瓷加工业	1	11	12
化学工业	0	10	10

续表

	宏观性发明家（发明大腕儿）	二流、三流发明家	合计
钟表制造业	0	8	8
仪器设备制造业	0	3	3
机器制造业	1	12	13
冶金业	2	8	10
远洋航海业	0	2	2
蒸汽机制造业	2	6	8
纺织业及丝织业	4	9	13
总计	10	69	79

　　按发明家登场的时间次序划分成几个时段。其中9位出生于1650年以前，18位出生于17世纪后半叶，38位出生于18世纪上半叶，14位出生于1750年之后。从17世纪后期到18世纪上半叶，各类发明活动的酝酿和进行在时段分布上显得较为均匀。而在1750年以后，发明成果出现的速度明显加快，表现为专利申请数量大幅增加。当然，这可能是由于18世纪后半叶的发明家们更倾向于申请专利保护之故（艾伦，2012）[379]。

　　在宏观性发明家中，瓦特、斯米顿、韦奇伍德三人一直同当时研究水平处于领先地位的科学家们保持着密切的联系，他们的发明成就显然受到科学的影响和帮助。对79位发明家的总体情况进行考察，发现有49位曾借助实验方法来检验、修正或改进他们的发明成果，有些发明家甚至非常倚重实验活动所得的结论。在79位重要发明家当中，虽然只有大约一半人与当时的科学界人士或启蒙运动时期的科学机构有往来，但几乎所有的发明家都曾借助实验来进一步改进其技术发明的性能。因为那个时期的发明家往往借助于历书上刊登的科学常识、旁听各类科技讲座来学习，参加开明的宗教布道活动也可以汲取到有益的知识，从而使他们了解并逐渐接受了以牛顿学说为理论依据的科学知识体系（Jacob，1997）[99-115]。

英国不仅有为数众多的发明家，还拥有大量的具有高水平技能的工程师和技术工人，他们或许没有发明家的创见，但是他们可以读懂发明家的技术蓝图，理解公差、润滑、张力、扭矩等现实中的技术问题，拥有关于铁、木材、皮革及其他材料品质的丰富经验（Mokyr，2008）[64-119]。大量具备较高科技知识素养的人力资本，在工业革命中发挥了不可忽视的重要作用。

第二节　大学与皇家学会

在西方，中世纪的教育与宗教关系紧密，15—16世纪资本主义的产生与社会经济的发展，使得教会对教育的垄断不断被冲破。英国教育的近代化是从教育的世俗化开始的，这一过程开始于15世纪。1570年，赫·吉伯特就构想了国家教育改革纲领，提出了建立包括数学、医学、军事和法律在内的学术总体机构的计划。这个方案虽然没有实施，但对英国后来的教育发展提供了有意义的设想（谢天冰，1998）。

众所周知，中世纪的大学主要培养服务于教会的神职人员，大学是教会的附属机构。但是到了16、17世纪，上层社会的子弟进入大学，其中许多人毕业后并不准备进入教会。宗教改革家拉蒂默指出：

"现在学院的学生全是出身名门的人，但他们的父亲并不想让他们成为牧师，这使得承担祷告之职的人员匮乏。"（Curtis，1959）[69]这种情况说明，这时学生的职业取向开始发生明显的变化。理查德·泰勒对剑桥大学四所学院学生情况进行统计发现，1590—1640年，这四所学院共培养7039人，其中264人拥有政治职务，41.3%的人接受圣职，47.5%的人留在学院继续深造，从事学术研究；281人进入世俗职业界成为医生、律师、教师或进入非国教学院任教（O'Day，1982）[95]。可见，这一时期的毕业生就业日益多元化，加强了大学与社会的联系（刘贵华，2011）[342]。

16、17世纪的英国教育的一大特点是双轨模式。贵族士绅及中间阶级，其子弟多数进入公学（Public School）和文法学校（Grammar School），部分学生毕业后可到牛津和剑桥两所大学继续深造，这构成了英国的上层教育。而一般平民子弟只能进入初级学校，这则属于英国的下层教育。公学和文法学校大致相当于中学，公学实际上是私立学校，无论是公学还是文法学校，其主要课程都是文法、逻辑、修辞、算术、天文、几何、音乐，其优秀学生可以继续进入牛津和剑桥大学学习。文法学校在许多方面与公学一致，不过在师资、规模、教学质量及学生前途上都不如公学，一般是走读而不是像公学那样住读。文法学校的数量要远多于公学，从17世纪末到18世纪，英格兰和威尔士有600—700所文法学校（李远本，2006）。

由于王权的加强，王权也通过对大学的资助来加强对大学的控制，这一时期英国的大学逐渐"通过调整来适应一个更加世俗化的社会"（Lehmberg，2002）。进入大学的学生大多来自贵族阶层或新兴的乡绅（Gentry）、上层的约曼及富有的城市市民家庭。在当时牛津大学四个学院的入学考试注册中，33%的学生出身于贵族士绅家庭，

22%的学生是教士的儿子，16%的学生是富裕商人的儿子，还有15%是约曼农的儿子（许洁明，2004）。据统计，在1584年，英国议会中有48%的议员在牛津、剑桥和法律协会接受过高等教育，1640—1642年，这个数字达到了70%（Lehmberg，2002）。总之，接受过上层教育的毕业生一般进入国家部门和教会，学校越好，地位也就越高。当然，作为下层教育的初级学校，也就是中等教育，在英国也发挥着举足轻重的作用。伊丽莎白时代，乡村教育空前繁荣，所建立的学校比这个王国以前所有时代建立的都多。发达国家与不发达国家的真正区别主要并不在于一小批文化贵族的存在，而在于教育要在全体人民中更广泛地普及（李远本，2006）。需要提及的是，产业革命和经济繁荣，掩盖了英国教育的衰落。直到19世纪初，英国仍然仅有牛津、剑桥两所大学，教育观念、培养目标、课程设置远离时代的需要。从1809年开始，《爱丁堡评论》《教育季刊》等杂志发表文章，对牛津、剑桥进行批评。到19世纪中叶，这两所大学仍无大的改观，这都制约了英国的教育与科学的发展（辛彦怀 等，2004）[32]。

著名学者贝尔纳指出："在17和18世纪，科学有了很大的发展，但并不是由于它在教育中占有重要的地位才有了发展，而恰恰是在它毫无地位的情况下发展起来的。在19世纪中叶以前，所有伟大的科学家就其科学知识而言都是自学出来的，尽管有波义耳、牛顿的先例，科学并没有在较老的大学里生根（贝尔纳，1982）[120]。"

据记载，1764年被任命为剑桥大学化学教授的沃森（Richard Watson）"对化学一无所知，从未阅读过这门学科的只言片语，更未做过任何实验"，后来在1771年他用剑桥大学的化学讲座教授职位交换钦定的神学讲座职位，并占据了34年之久（徐辉 等，1993）[134]。

1596年，根据伦敦富商格雷沙姆（Thomas Gresham，1519—

1579）爵士的遗嘱，以其丰厚遗产创办的"格雷沙姆学院"，以提供咨询和举办讲座的形式开始讲授科学技术知识，主要包括天文学、数学、医学、地理和"技艺"等课程，直接服务于社会。对于开设数学和天文学课程，默顿认为，"肯定是出于'航海的实践需要'"。同时该学院还允许伦敦市民免费听课，规定该学院不由教会掌管，而由伦敦的商业公司、市长和市议员们掌管。该学院不但是100多年里英格兰的科学活动中心，也是英国最早传授"新科学"的主要地方，还是英国皇家学会最早的会址。

1635年，弗·基纳斯顿提出关于建立教授近代科学的学院的建议，当时还遭到牛津和剑桥的反对（谢天冰，1998），但是到了17世纪中叶，牛津大学、剑桥大学开始普及自然科学教育。牛顿，作为一个"跨世纪人才"，在剑桥大学三一学院求学期间就学习过不少的科学技术知识，包括数学、物理学、天文学、光学，特别是还听过非常器重牛顿、精于数学和光学的"卢卡斯教授"（Lucasian Professor）巴罗（L. Barrow，1630—1677）主讲的希腊文、哲学和数学等课程。可以说是剑桥大学三一学院的科学讲座引导牛顿进入科学研究的大门。1664年，牛顿成为巴罗教授的研究助手和公费生；1669年10月，牛顿接替巴罗任卢卡斯教授，一直到1701年。英国能够在1660年成为世界科学技术活动的中心（1660—1730），与英国社会当时形成的追求革新的潮流，大批英国医生、牧师、商人纷纷到欧洲大陆留学，以及英国大学大力发展自然科学教育是密不可分的。英国皇家学会的成立和英国大学教育注入自然科学的内容，以及教育的普及为英国工业革命的兴起与发展奠定了科技知识和科技人才的基础（廖廷弼，2007）。

1649—1653年为五年共和时期，新军首领奥立弗·克伦威尔（后来是护国公）于1651—1657年亲自兼任牛津大学校长。他试图用清教徒思想改造牛津大学，但效果不大。1660年查理二世复辟，牛津大学恢复了正常教学生活。以沃德姆学院新院长约翰·威尔金斯及其年轻的学生克里斯托弗·雷恩（1632—1723）为中心，形成了一个锐意进取的科学家集团，对学术贡献很大。当时在他们周围，还有波义耳，发明无限大符号的几何学家约翰·沃利斯，天文学家塞思·沃德、劳伦斯·鲁克，科学家兼文体学家托马斯·斯普拉特，经济学家威廉·佩蒂，年轻的实验科学家罗伯特·胡克等。这些学者成为1660年正式成立的皇家学会的第一批核心成员（裘克安，1986）[39]。

　　总的说来，在17世纪，科学研究的中心还不是在大学，而是在学术社团，英国皇家学会就是其中最杰出的代表。英国皇家学会的全称是伦敦皇家自然知识促进学会（The Royal Society of London for Improving Natural Knowledge），简称皇家学会（Royal Society），是英国资助科学发展的组织，成立于1660年，并于1662年、1663年、1669年领到皇家的各种特许证。该学会的宗旨是促进自然科学的发展，它是世界上历史最长而又从未中断过的科学学会，在英国起着国家科学院的作用。

　　英国皇家学会创始人很早就意识到会员中英国科学家人数极少，如果没有得到某些形式的资助，是不能使他们理想中的学会得以实现的。但不论是国王还是政府都没有准备为学会提供资助，唯一可选择的是允许有财产和有声望的人及那些在其他知识领域享有盛名的学者加入学会。因此，学会成立时有两类成员：一类是由那些愿意继续保持学会奠基者的传统，全力促进自然哲学中某些方面的发展，力争使这一领域的知识得以飞跃发展的人组成；另一类是由那些对历史、文学、艺术、考古学乃至旅行感兴趣的人和政府官员、外交官组成。学会的科学威望的提高正是依赖了前一种人的知识与魄力。斯普拉特把后一种人的财富看成是学会长年需要的财政资助的来源。这两种人在知识上和社会地位上几乎毫无相似之处，所以，没有打算要成立一个活动内容类似法兰西学院或巴黎科学院那样的机构。

在这两类人当中，非科学家会员比科学家会员增加更快，不久，便以两倍的数字占了优势。这种情况持续至1820年，由于学会里非科学家会员占了三分之二，因此，一个半世纪以来，学会的科学活动受到了严重的阻碍。实际上，正是学会中最杰出的科学家们以自己的天才和勤奋所进行的研究，才使学会得以建立它的声誉与威望。即使他们在每年的理事会里只占少数，学会的声誉与威望却依然有增无减（莱昂斯，1990）[1-4]。

一般认为，伦敦皇家学会的成立是为了实现培根的理想：建立一个群体研究的科学机构，用观察实验作为主要的研究方法来获得确切的知识，以造福于整个人类。实际上，皇家学会成立时只是希望能够继续进行"无形学院"时期的聚会和讨论，而并未明确规定学会以后的运作方式。从学会的实验员罗伯特·胡克起草于1663年的一份文件中，我们可以看到他对皇家学会工作任务的理解：

"通过实验来促进自然知识，以及所有有用的技艺、制造业、机械操作、动力装置和发明创造（不受神学、形而上学、道德、政治、文法、修辞或逻辑的干涉）。尝试重新发现那些目前已失传的，可能被重新发掘的技艺和发明。检查古今著名学者的发明，记录或奉行的所有关于自然、数学和力学的体系、理论、原理、假说、组成要素、历史和实验，以便总结出一套完整可靠的哲学体系，以阐述自然或人工引起的所有现象，并对各种事物的原因提出一套合理解释（莱昂斯，1990）。"

与此同时，学会将不采纳由古今任何哲学家提出或提到过的关于自然哲学原理的假设、体系或学说；对所有的观点进行质疑和细查，不采用也不坚持这些观点，直到经过成熟的辩论，并且有明晰的证据支持为止，这些证据主要由合理的实验推论而来，而此类实验的真理已被明确地证明。

皇家学会延续了先前在牛津大学和格雷沙姆学院的科学活动，其主要成员也与牛津大学保持联系。著名物理学家和天文学家胡克从1662年至1703年担任了皇家学会第一任实验员。著名化学家和物理学家波义耳于1680年当选为皇家学会主席。皇家学会创建人之一的雷恩从1661年至1673年仍然在牛津大学担任天文学教授。皇家学会早期的科学活动仍是继承培根的传统——关注实验及其运用。雷恩在《皇家学会章程》中说："我们发现有用的技术和科学是文明社会和自由政体的基础。……我们只有增加可以促进我国臣民的舒适、富有和健康的有用发明，才能有效地发展自然实验哲学，特别是其中同增进贸易有关的部分。这项工作最好由有资格研究此种学问的发明天才和有学问的人组成一个社团来进行。他们将以此事作为自己的主要工作和研究内容，并组成拥有一切正当特权和豁免权的正式学会（贝尔纳，1982）。"

皇家学会创办之初就形成了一个惯例，即把具体的研究任务分配给会员个人或小组，并要求他们及时汇报研究成果。学会鼓励会员开展新实验，如用化合方法生产颜料、测量空气的密度、定量比较不同金属丝的硬度、通过焙烧锑检验其质量是否增加等。因此早期皇家学会的会议都是会员发表演说、演示实验、展示各种稀奇的东西，并进行热烈讨论。"他们把研究的网撒得太宽，因此丧失了统一地长期集中研究一组有限的问题所带来的好处。所以，应当说，这个年轻学会对发展科学的真正意义，与其说在于它对科学知识的积累做出了共同贡献，还不如说在于它对它所聚集的那些杰出人物产生了激奋性的影响……"皇家学会是一个打破了宗派界限的组织，它不涉足神学和政治，清教徒、保皇派、非国教徒和国教徒一起讨论感兴趣的问题和交流各自的研究心得。他们在天文、物理、化学、解剖学、医学、生物学等方面进行了大量实验研究，发布的研究报告对航海业、矿业、酿酒业、羊毛制造业等具有一定价值。1665年皇家学会创办了《哲学会刊》，刊登会员的研究成果，报道最新科学成就，开展学术争鸣，促进了科学的繁荣。皇家学会成为英国近代科学的摇篮，据统计，1662至1730年皇家学会集中了全世界36%以上的杰出科学家，产生了占世界40%的科研成果，著名科学家牛顿、波义耳、胡克、哈雷等皆云集于此（王健　等，2013）。

通过对伦敦皇家学会早期（1660—1687）历史的研究发现，该学会的科学研究纲领在1670年代发生了从培根纲领到牛顿纲领的转变。对1645—1700年的英国科学成就进行统计，共有科学成果88项，在这些成果中，1660年以前的仅占15项，平均每年1项，1660—1700年有73项，平均每年接近2项。而在这所有的88项成果中，与伦敦皇家学会无关的成果仅有8项，不足10%，而其他的90%以上的成果，均与伦敦皇家学会会员有关，他们这批会员，也恰恰正是17世纪伦敦皇家学会中最为活跃的一部分会员。从这些统计分析可以看出，伦敦皇家学会在推动17世纪英国的科学进步方面，起到非常关键的作用，并且，伦敦皇家学会会员也是当时最主要的英国科学推动者。也就是说，在17世纪，伦敦皇家学会是最能代表英国的科学研究团体（罗兴波，2011）[101-105]。因此，无论从科学成果的数量还是从研究范式的转变，都能说明皇家学会在英国科学事业中的举足轻重的地位。

第三节　牛顿：站在巨人肩上的巨人

艾萨克·牛顿（Isaac Newton，1643—1727）是科学史上的伟人，是站在巨人肩上的巨人。如果综合考虑创造力、历史作用与影响力，毫无疑问，牛顿是人类历史上迄今为止最伟大的科学家。牛顿于1643年1月4日出生于英国英格兰东密德兰林肯郡的沃尔斯索普庄园的一个中等农户家里。他是遗腹子和早产儿，新生的牛顿十分瘦小，幼年时期身体孱弱。当牛顿3岁时，他的母亲改嫁而把牛顿托付给了他的外祖母。在12岁那年，牛顿被送进格兰瑟姆的文科中学念书，他不仅聪明好学，而且心灵手巧，擅长制作机械玩具和机械模型。

1656年，他的继父去世，牛顿被叫回家来帮助操持农庄。但是因为他对农活既无兴趣也不擅长，不久就又被送回格兰瑟姆的学校。后来在他舅父威廉·艾斯库的推荐下，他进入剑桥大学学习，1661年牛顿进入三一学院。他基本上依靠自修，系统学习了那个时代的全部数学和光学，这几年他默默无闻。1665—1666年，为了躲避瘟疫，他大部分时间住在沃尔斯索普，其间他发现了二项式定理，发明了流数法，开始关于颜色的实验，并向建立万有引力定律迈出了开始的几步。1667年他回到剑桥之后，当选为三一学院的研究员。翌年他获得文学硕士学位。1669年牛顿接替伊萨克·巴罗就任数学卢卡斯教授。在这段时间里，他还制造了反射望远镜，发现了太阳光的合成性质，并于1672年初将这一发现报告给英国皇家学会，此前他已当选为皇家学会会员。

1687年牛顿的《自然哲学的数学原理》（以下简称《原理》）一书出版，在英国的影响可以说是一场风暴，赢得许多著名学者的称赞，例如伟大的政治思想家约翰·洛克认定牛顿是当时的知识巨人之一，在他的传世名作《人类理解论》（1690）的前言中充满敬慕地提到了牛顿。甚至几乎从一开始，《原理》就成为自然哲学家们信奉的宗教。《原理》在欧洲大陆也随即产生巨大影响，1688年春夏，欧洲大陆最有影响的三种评介刊物都发表了有关《原理》的评论，它们是荷兰的《图书世界》、法国的《学者之刊》和德国的《资料汇编》。牛顿当选为法国科学院的八名外籍院士之一（韦斯特福尔，1999）[201-202　249-250]。牛顿因此成为当时最著名的科学家。

1687年，牛顿作为剑桥大学的两名代表之一到国会就剑桥大学的特权问题与詹姆斯二世辩论，此后，牛顿日渐增多地参与公共事务和社会生活。1689年，牛顿代表剑桥大学当选为国会议员。1695年，他被任命为造币厂督办，他在这个新的岗位上恪尽职守，解决了当时银币成色降低的难题。1699年，被任命为造币厂厂长，他担任这个职位直到去世。1701年，他辞去了三一学院研究员和卢卡斯教授的职位。1703年，牛顿当选为皇家学会会长，并连选连任，直到去世。1705年，安妮女王授封牛顿为爵士，他是第二个被授勋的英国科学家，第一个是弗兰西斯·培根。1727年，牛顿在主持一次皇家学会的会议时突然病倒，两周以后，3月31日在伦敦去世，享年85岁。牛顿被安葬于威斯敏斯特教堂，成为英国历史上第一个获得国葬的自然科学家（沃尔夫，1997）[161-164]。

关于牛顿，我们应从两大方面来把握，一是牛顿何以出现，二是牛顿的历史作用与影响。成就牛顿有三大因素，一是个人天赋，可以说牛顿是天才中的天才，举一个例子就能说明。最速降线问题是一个数学难题，最早由伽利略提出。1696年6月瑞士数学家约翰·伯努利（Johann Bernoulli，1667—1748）再次就最速降线问题向全欧洲的数学家提出挑战。该问题的简明表达是在连接已知两点的无限多的曲线中，选择一条曲线，如果用一根细管或细槽代替这条曲线，把一个小球放入细管或细槽中，放手让它滚动，那么，小球将以最短的时间从一点滚向另一点。约翰·伯努利还特意把这个问题抄了一份，亲自装进信封，寄往英国。这一年，牛顿已经53岁，正在忙于英国造币厂的事务，而且正如他自己所承认的那样，他的头脑已不似20年前全盛时期那样机敏了，但是牛顿仍然只用几个小时就解决了这个困扰欧洲数学家的难题。当时牛顿与他的外甥女凯瑟琳·康迪特一起住在伦敦。凯瑟琳记述了这样的故事：1697年的一天，收到伯努利寄来的问题时，牛顿爵士正在造币厂里忙着改铸新币的工作，很晚才精疲力尽地回到家里。但是，直到解出这道难题，他才上床休息，这时，正是凌晨四点钟。挑战期限截止，约翰·伯努利一共收到了五份答案，包括他自己的答案和莱布尼茨的答案和他的哥哥雅各布等寄来的答案，其中一份答案的信封上盖着英国的邮戳，约翰打开后，发现答案虽然是匿名的，但却完全正确。他感叹道："从他的利爪我就认出了这头狮子。"（吴佩萱，2006）

第二是站在巨人的肩上。学术传统与学术环境至关重要，科学家是离不开学术传统的。如陈方正所说，西方科学有一个大传统，它表现在两个方面：首先，这一传统并非是一堆孤立的观念、学说、发明、技术、人物的集合，而是从某些共同问题和观念所衍生出来的一整套理论、观察、论证、方法，它们互相结合，成为具有发展潜力与方向的有机体系，在此体系下又产生不同流派。其次，这一传统有强大的延续性：它不但在某些时期内蓬勃发展，而且经过移植或者长期中断之后，仍然能够凭借之前的观念、理论，而重新萌芽、滋长。公元前6世纪至3世纪是这一传统的诞生时期，在此期间古希腊宗教、神话以及埃及、巴比伦远古科学传统通过融合、蜕变而产生了多个相互关联、影响的不同流派，包括自然哲学、毕达哥拉斯学派、柏拉图哲学、严格证明的数学、亚里士多德科学，以及本书未曾论及的医学等等。它们的目标、观念、取向各异，但都以理性探究为基础，形式上着重论证、问难和竞争，而且从柏拉图开始留下了许多相当详细的典籍。需要强调的是，这一传统所产生的思想、方法、发现、价值取向，构成了西方文明最早也最根本的内核部分，其影响一直延续到两千年后的哥白尼、第谷、伽利略、开普勒与牛顿（陈方正，2009）[1-34]。从学术环境上讲，牛顿不仅继承先人的工作，而且与同时代的科学家的交流、竞争也是成功的必要条件。他与惠更斯、胡克、约翰·沃利斯、雷恩等科学家的交流、争论、碰撞，得到了学术共同体的支持。

第三是站在时代的舞台上。经济社会的需要对科学发展有重要的促进作用，即使是在小科学时代。苏联学者赫森的论文比较充分地反映了这种情况。所以牛顿不仅站在巨人肩上，而且同时也站在时代的舞台上。赫森认为，科学发展的主流是由科学家所处时代的社会经济和技术的需要决定的。他在《牛顿时期的经济学、物理学与技术》一文中详细考察了这一时期的经济技术需要，包括交流方面。赫森认为，牛顿时代的人们对物理学兴趣的基本倾向就是如下这些问题：1）简单力学；2）自由落体运动及抛射物体轨迹问题；3）液体静力学和空气静力学原理及大气压力泵、物体通过耐介质运动的问题；4）潮汐理论、天体力学问题。赫森指出："把运输技术、交流方式、工业及战争需求所产生的物理学问题与这一系列基本主题相比较，便会清楚地发现这些物理学问题基本取决于这些技术需求。""把这一时期的主要技术和物理学问题与主流物理学方案进行比较，我们得出这样的结论：物理学方案主要由经济和技术任务所决定，这些任务被正在兴起的资产阶级推到前沿。"

赫森考察了牛顿《原理》的主要内容，与上面的考察相综合，得出结论："《原理》的核心在于我们分析的这些技术问题。牛顿是那个时代物理学和技术问题的核心人物，这些都是那个时代的兴趣所在。《原理》内容展示了这一时期诸多物理学主题产生于经济和技术需要……所有这些问题都是力学问题，显而易见，牛顿的主要工作是对地球上和天空中物体的一个力学研究。"（赫森，2008）

下面我们探讨牛顿的历史作用与影响。

一、牛顿与科学革命

科恩认为，牛顿的科学成就并不像人们通常所说的那样，只是实现了一种"综合"，而是一场"革命"，是标志近代精确科学诞生的革命。他肯定不是将哥白尼、开普勒、伽利略、笛卡尔、胡克和惠更斯的理论凑成一个大杂烩。相反，他谨慎地选择一些思想（概念、定理、定义、法则、定律和假设），并且变革它们，赋予它们中的每一个以对他有用的新的形式。而这一革命的特征就是体现在《原理》一书中的牛顿风格（Newtonian Style）。概括地说，科恩是这样论述牛顿风格的：其第一步是对自然现象的简单化、理想化，建立一个与物理世界某些特点相一致的数学构筑。利用数学技巧可推演出某些结论，然后把这些结论应用于可观察到的物理世界。在数学推论和根据经验得到的定律、法则之间进行比较和对照，使原来的数学构筑得到修正，或者说形成了新的第一步，并依次导致新的第二步。如此反复交替进行第一步和第二步，就会形成一种与自然界的复杂性非常接近的数学构筑。第三步，利用前两步所得到的结果，以数学的精确性来演示自然界的运行过程，构建牛顿的"宇宙体系"。粗略地说，第一步和第二步相当于牛顿《原理》一书的第一编和第二编，第三步则相当于《原理》的第三编。牛顿曾有一句名言："如果说我所见的比笛卡尔远一点，那就是因为我是站在巨人肩上的缘故。"（科恩，1999）[4]

二、科学革命的特点

科学革命的特征从内部和外部两方面来体现。在科学内部方面包括目标、方法、结果。培根和笛卡尔都认为新科学有这样一个目的：科学研究的成果应该改善人类在地球上的生活条件，包括农业、医药、航海和运输、通讯、战争、制造业、采矿等。17世纪的许多科学家坚持一个旧有的观点，认为寻求对自然的科学认识是为了发展人的神圣智慧和能力所构成的理解力。从传统角度来说，科学过去一直是为宗教事业服务的。但新科学的一个革命性的特点是增加了实用的目的，即通过科学改善当时当地的日常生活。寻求科学真理的一个真正目的必然对提高人类的物质生活水平起作用。这种信念在16世纪和17世纪一直在发展，以后越来越强烈而广泛地传播，构成了新科学本身及其特点（科恩，1999）[5]。

在科学外部方面是17世纪科学团体的出现。许多人由于有某些共同的目标和方法而聚集在一起，致力于探求关于自然和人的外部世界的新知识，这些新知识应该与从直接实验和可控观察得来的经验一致，并且是可检验的。这样的科学团体的特点使科学研究者结成了长期的正式社团组织，这样的社团主要遵循国家制定的方针，在不同程度上由国家资助或支持。这些社团的主要目标是改善关于"自然的知识"，而实现这一目标的一个途径是彼此交流，因此，在

17世纪出现了科学和学术杂志。这些杂志常常是由科学社团主办的，包括伦敦皇家学会的《哲学学报》（*Philosophical Transactions*）、《博学者杂志》（*Journal des Scavans*）和莱比锡的《老师学报》（*Actaeruditorum*）。新科学的另一个明显特征是研究机构的建立，如格林威治皇家天文台。牛顿的科学生涯从各方面显示了新科学和科学社团的这些特色。他依靠皇家天文学家约翰·弗拉姆斯蒂德（John Flamsteed），获取木星在会合点附近可能使土星轨道摄动的观察证据，而后（尤其在17世纪90年代）又需要从格林威治天文台那里取得月亮位置的资料，来检验和发展他关于月亮的理论。他最早的科学出版物是关于光和颜色的著名论文，发表在《哲学学报》上。他的《原理》是由皇家学会正式出版的。1703年起他担任了皇家学会的会长，直到1727年逝世。皇家学会在牛顿的科学生涯中具有重要的影响（科恩，1999）[4-5]。可见牛顿科学成就的取得，与科学社团、研究机构、科学刊物等密不可分。

整体而言，如陈方正概括的，17世纪现代科学革命，亦即牛顿革命，是个三层次的立体结构：在结构底层的是系统的实验哲学，或曰现代科学方法；在此基础之上的是哲学、方法的模范，亦即高度精确和具有普遍性的牛顿（亦即今日所谓"古典"）力学系统，包括纯粹建立在此基础上的原理；在结构最高层则是根据这些原理和数学计算所得到的对实际世界之精确了解，以及从虚构世界逐步逼近现实世界的策略与方法。该立体结构对于以后两个世纪的科学发展，包括化学、电学、磁学、光学、热力学等等的出现，都起到了巨大的示范和推动作用（陈方正，2009）[591-592]。

在今日，牛顿理所当然地被视为17世纪科学革命主将和现代科学的开创者，科学与宗教之分道扬镳，上帝之被摈除于自然哲学以外，都是从《原理》开始的。然而，这恐怕是牛顿自己最意料不到，也最不愿意见到的结果，因为他是以古代伟大传统的继承者、复兴者自居，而从来没有想到自己实际上会成为叛逆者。这种说法至少有三层意义：一是在宗教上，他不但虔诚信奉基督教，而且要以自然规律颂扬上主之大能，甚至要回归古代真正的一神教传统；二是在自然哲学上，他深信"本始智慧"，因此认为自己的发现只不过是恢复毕达哥拉斯传统；最后，在数学上，他服膺古典几何学，《原理》就是发扬此严谨方法的典范。可是，在这三大目标上他都事与愿违：《原理》事实上颠覆了基督教权威，导致"自然神学"和启蒙运动之出现，以及此后科学与宗教之对立；毕达哥拉斯传统在17世纪之初已经由于卡索邦的发现和梅森的论战受到沉重打击，牛顿的"本始智慧"向往，其实开始便已经是明日黄花；至于他所倡导的几何论证方式，亦即"综合法"，也只是由于英国人的推崇而昙花一现，被微积分学所完全取代。因此，牛顿心目中的继承与复兴其实都成为叛逆，他在科学上的巨大成功正是他在终极理念上的彻底失败，两者是同一事物的两面。倘若这位科学伟人身后有知，自己毕生事业的长远意义竟然如此吊诡，恐怕在震惊和失落之余也不免感到啼笑皆非吧。当然，在这个问题上牛顿并非完全孤独：两个半世纪之后，另一位科学伟人爱因斯坦在量子问题上也遭遇了大致相同的命运。这样看来，所谓造化弄人，似乎伟人所需要承受的作弄就更为巨大（陈方正，2009）[595-596]。

第四节　小结：牛顿科学革命及其与工业革命的关系

　　《自然哲学的数学原理》彻底改变了西方自然哲学。这不仅仅是因为它清晰严谨的论证，或者它的计算与观测结果惊人地相符合，而更因为它的结构和思想，也就是它在书名中所宣称的"哲学"：这是西方科学传统所从未出现过的，将数学、观测与思想三者紧密、有系统地结合起来的崭新哲学。它不再像是从亚里士多德到笛卡儿那样，止于对某些现象的个别解释和猜测，而是提供了切实和全面理解大自然的一整套观念、方法和架构。《原理》所具体展示的辉煌成果，以及精确验证的天体力学系统，正是这种哲学所体现的无懈可击的典范（陈方正，2009）[589-590]。

　　爱因斯坦指出：牛顿成就的重要性，并不限于为实际力学科学创造了一个可用的和逻辑上令人满意的基础，而是直到19世纪末，它一直是理论物理学领域中每一个工作者的纲领（爱因斯坦，2010）[225]。牛顿对自己的科学研究方法概述如下："在自然科学里，应该像在数学里一样，在研究困难的事物时，总是应当先用分析的方法，然后才用综合的方法。这种分析方法包括做实验和观察，用归纳法做出普遍结论，并且不使这些结论遭到异议，除非这些异议来自实验或者其他可靠的真理方面。因为在实验哲学中是不应该考虑什么假说的。虽然用归纳法来从实验和观察中进行论证不能算是普遍的结论，但它是事物的本性所许可的最好的论证方法，并且随着归纳的愈为普遍，这种论证看来也愈为有力。用这样的分析方法，我们就可以从复合物论证到它们的成分，从运动到产生运动的力。一般地说，从结果到原因，从特殊原因到普遍原因，一直论证到最普遍的原因为止。这就是分析的方法。而综合的方法则假定原因已经找到，并且把它们定为原理，再用这些原理去解释由它们发生的现象并证明这些解释的正确性（赛耶，1974）[212]。"

科茨在为牛顿《原理》一书的第二版所作的序中也讲到，像牛顿这样的科学家"是用双重方法，也就是用综合法和分析法来进行工作的。从一些特选的现象，经过分析，他们导出了自然界的各种力，以及这些力所遵循的比较简单的规律，再经过综合来说明其他事物的构造，这是研究哲学时最好的方法，也就是我们的著名作者所乐于采用的胜于其他方法的方法，并且他认为这也就是唯一值得去运用，并用来点缀他的杰出著作的方法"（赛耶，1974）[141]。

一般认为牛顿的科学方法有三个特点。

一是分析与综合等科学方法的集大成。郭贵春对牛顿的科学方法结构进行了概括，认为其根本特点在于通过经验归纳和科学解释程序，把观察和实验、普遍定律的确立以及事实验证这三个环节结成完整的链条，使分析与综合在科学研究的具体过程中统一起来。牛顿赋予分析和综合以丰富的内容，容纳了观察方法、实验方法、归纳方法、理想化方法、公理化方法等各种科学研究的具体方法，还概括了整个科学研究的过程，形成一个以分析和综合为构架，以实验和归纳为核心，并包容其他方法的系统的结构整体。这是科学史上第一次科学方法的集大成和综合运用，使科学研究的有序程度发生了飞跃（郭贵春，1984）。

二是数学方法融会贯通。牛顿的数学方法继承伽利略的思想，伽利略曾说：数学是上帝用来书写宇宙的文字。伽利略的历史功绩是突破了亚里士多德的描述物体运动的清规戒律，用可以测量的距离、时间、速度等物理量取代"动力因""目的因"等四因说，并继而用数学符号来表示这些物理量来描述物体运动的规律（陈方正，2009）[548-557]。牛顿则把包括天地各种情况在内的运动用物理量和数学给表达出来，牛顿指出：由于古人认为在研究自然事物时力学最为重要，而今人则舍弃其实体形状和隐蔽性质而力图以数学定律说明自然现象，因此我在本书中也致力于用数学来探讨有关的哲学问题（赛耶，1974）[10]。牛顿把自己的代表作称为《自然哲学的数学原理》，足见数学方法对于他进行科学研究的重要意义。牛顿不仅重视数学方法的运用，更重要的是他还发明了微积分（流数法），建立了表达因果定律的数学方法，将天上和地下的一切宏观物体运动的规律用数学方法揭示和统一起来，从而实现了伟大的创造性综合（郭贵春，1984）。爱因斯坦对牛顿的评价是："在人类历史上，能够结合物理实验、数学理论、机械发明成为科学艺术的人，只有一位，那就是牛顿。"

当然，牛顿的科学方法也有其历史局限性。正如爱因斯坦也坦率地指出牛顿方法是"适用于科学幼年时代的以归纳为主的方法"（爱因斯坦，2010）[262]，牛顿在运用以经验归纳为主导性质的科学方法时会不可避免地遇到其方法本身所不可逾越的障碍，从而导致矛盾。正如恩斯特·马赫所指出过的，绝对空间的结论并不是从水桶实验的结果中得出的，水的形变与相对于绝对空间的加速度无关，而与相对于恒星的加速度有关。他批评说：任何人都不应当把经验的原理推广到超越经验的范围。事实上这种推广是没有意义的，因为没有一个人具有利用它的必要知识（Mach et al.，1919）[229]。显然这是中肯的批评（郭贵春，1984）。罗斯托在他的经济成长阶段论中，特别强调了牛顿是传统社会与现代社会的一个历史分水岭。牛顿以前的科技发明是零星的，之后人们却是有计划、有目的地使用科学技术（尹保云，2001）[187-189]。

一、牛顿对哲学与社会思潮的影响

牛顿的历史地位与影响是无与伦比的。以赛亚·柏林对牛顿的影响作了总结："牛顿思想的冲击是巨大的……启蒙运动的整个纲领，尤其是在法国，是有意识地以牛顿的原理和方法为基础的……"牛顿力学体系的相关理念，如宇宙由理性法则所掌控以及理论需要通过实验来支撑，成为英国启蒙思想的重要组成部分。牛顿在社会科学中的影响同样是巨大的，正如经济学诺贝尔奖获得者萨缪尔森所指出的那样："亚当·斯密最伟大的贡献在于他在经济学的社会世界中抓住了牛顿在天空的物质世界中所观察到的东西，即自行调节的自然秩序。"亚当·斯密自诩为"社会科学的牛顿"，他要在社会科学的研究中实现牛顿般的成就。他认为，社会科学研究工作不能从任何预设的观念出发，必须对社会自身进行经验的、实证的研究，以社会原因来解释社会现象（Dominiczak，2012）[655]。

将英国诞生的科学文化移植到法国的关键人物，就是被誉为启蒙运动旗手的伏尔泰。1726—1729年，伏尔泰因为宣传自然神论思想而避居英国。在此期间，他深切认识到英国思想和制度的优越性，并在回国后出版了轰动整个思想界的《哲学通信》。这部著作又名《英国书信集》，它采用书信体的方式，来宣传英国在自然哲学、宗教宽容、思想自由和宪政民主方面所取得的伟大成就。在伏尔泰的20余封书信中，有4封专门介绍牛顿理论，3封介绍洛克学说，1封介绍培根思想；牛顿和洛克被伏尔泰誉为人类历史上最伟大的两位人物。

"如果我们要想更好地理解牛顿体系对18世纪早期英国的意义，我们必须认识到：牛顿的追随者将他的自然哲学扩展为一种社会运动，这种社会运动正处于当时斯图亚特王朝晚期及英国汉诺威王朝早期这一大的政治背景之中（Stewart，1986）[192]。"

随着牛顿社会声誉的不断增长，他的手稿及私人物品同时具有了象征性和商业价值。一些收藏家推高了所谓正宗牛顿遗物的价格，或是通过将之捐赠给重要机构而获得社会声誉（Fara，2000）[408]。

例如，早期作为礼物送给三一学院的一绺牛顿的头发，加速了人们对于牛顿遗物的渴求。至1815年，牛顿头发的价值已经三倍于查理一世时期。牛顿纪念品的扩展和流通，类似于那些中世纪圣徒的遗物，其神圣意义使它们成为一种非常有价值的商品而被购买、交换甚至盗取（Fara，2000）[409]。

启蒙思想家运用理性批判传统习俗，孕育了众多社会变革，其中最显著的是美国的建立。在推崇理性制衡的政治思想的引导下，美国的开国先驱们需要建立一个"平衡的政府"。18世纪的自然科学给予这个政治理念以新的支持。"牛顿的科学工作在当时的思想界占了主导地位，机械比喻很自然地涌现在人们的思维之中"，约翰·亚当斯希望"政府可以'按自然的简单原理树立起来'"，而麦迪逊"完全用牛顿式的语言说，在组建这样的'自然'政府时，必须'使各组成部分形成一种相互关系，以此互为制约，各司其职'"（霍夫施塔特，2010）。在美国实现权力制衡的政治实践中，牛顿式科学的理性精神及其机械隐喻做出了莫大的贡献。

在哲学思想界，牛顿的影响也是巨大的。李泽厚认为，真正决定康德哲学的是牛顿和卢梭，"最为重要的是，真正决定康德哲学，使其具有积极内容的，并不是唯理论和经验论这些哲学派别，也不是任何哲学家……牛顿和卢梭才是真正影响康德的两个最有力量的人（李泽厚，1999）。"

　　总之，牛顿科学革命在科学领域乃至社会领域产生了巨大的影响。它培植了求实和崇尚理性的科学精神，更新了人们的观念，增强了人的主体意识，确立了科学研究方法论，确立了形而上学的机械唯物主义自然观，促进了科学社团和科研机构的建立，推动了其他学科的发展，开创了现代科学，为即将到来的启蒙运动、资产阶级革命和工业革命创造了条件。

二、科学革命对工业革命的影响

　　科学革命对工业革命的影响也是科学革命遗产的一个重要部分。从20世纪60年代开始，不少学者对于科学发现对技术进步产生的影响进行了研究，结果多数历史学家认为两者之间的关联并不紧密。罗伯特·艾伦却指出这些观点偏离了历史的真相，实际情况是工业革命时期的重要技术进步在本质上都是依托此前科学研究成果的指引才得以实现的。霍尔（Hall）就是认定科学发现对技术进步没有多少用处的代表性人物，之所以得出这个结论，原因是他将研究时段锁定在了1760—1830年。罗伯特·艾伦指出，这显然不妥。霍尔认为热力学理论对于瓦特发明分离式冷凝器没有起多大作用，若单就这一点而言，霍尔确实没有错，霍尔的错误在于：推动工业革命取得巨大成就的那些科学发现大多出现在1700年之前，而非1760年之后（艾伦，2012）[10]。

　　罗伯特·艾伦的分析是：这期间最为重要的科学成就是对气压现象做出了正确的解释，发现空气是有重量的，而通过对高温水蒸气加以冷凝就可以获得真空状态。这些认识上的进步得益于一批17世纪的科学精英，包括伽利略、托里拆利、罗伯特·波义耳、罗伯特·胡克、克里斯蒂安·惠更斯和丹尼斯·帕潘等。其中有代表性的两项成果就是托马斯·萨弗里（Thomas Savery）于1698年发明的蒸气抽水泵和托马斯·纽卡门（Thomas Newcomen）于1712年发明的蒸汽机。这是技术奇迹，也是科学研究成果最早运用于指导工业生产技术创新的典型范例（艾伦，2012）[10]。科学家有效提高计时装置精度的成就，也促成了若干项新发明、新技术的出现（艾伦，2012）[371]。

17世纪的物理学成就是发明蒸汽机的不可或缺的前提条件，但这并不意味着有了这些条件蒸汽机就一定能横空出世。蒸汽机率先在英国问世的原因在于拥有廉价而充裕的煤矿资源的英国对煤矿排水技术有迫切需要，加上英国的高工资使得节约人力有利可图，因此只有英国能够并且愿意承受科学发现转化为实用技术的昂贵成本（艾伦，2012）[10-11]。

科学革命不仅在知识存量上支持工业革命的技术进步，在观念层面上，科学革命也发挥了不可或缺的作用。韦伯指出：技术层面的进步不会无故产生，需要有一个前提，那就是科学态度一定要战胜迷信思想，将其扫出历史舞台。韦伯认为在"前现代"时期，人们无法正确理解自然界发生的变化，总将其归结为超自然的力量——神仙、魂灵、妖魔——作祟的结果。以雅各布（Jacob）为代表的一批科技史学者认为是科学革命改造了大众文化，从整体上改变社会文化氛围来间接驱动工业革命持续推进。"每当人类为奇妙的自然现象找到一种全新的科学解释之后，就会有一类新型机械工业随之出现，此后科学知识的推广和运用往往还会促进此类工业迅速成长，这一点尤为重要（艾伦，2012）[17]。"

莫凯尔在其代表作《启蒙性质的经济：1700—1850年间的英国

经济史》中提出了科学革命和启蒙运动相结合产生了"工业启蒙运动"，它是启蒙运动的一个组成部分，其含义可表述为："随着人类对自然界的认识日渐深入，所获取的知识也就越来越多。当这些知识被用来指导和改进生产实践以后，各类产品的产量就会持续增加，经济发展的速度也会随之加快。"新知识对于技术进步而言至关重要，换句话来说，工业启蒙运动乃是科学革命向纵深方向推进所产生的一个必然结果，这完全符合逻辑推导规律（艾伦，2012）[371]。

"工业启蒙运动之所以能够取得如此伟大的成就，是因为在那些有影响力的大人物身后还隐藏着数量庞大、角色庞杂的各类小人物，包括科学读物的撰稿人、补锅匠、工程师、宣讲员以及实验科学家等等。这些小人物当然不可能与约瑟夫·普雷斯特利（Joseph Ptiestley）、约翰·道尔顿（John Dalton）、米凯尔·法拉第（Michael Faraday）等大科学家相提并论，但他们可以'踩着这些巨人的肩膀'继续向上攀登。"在18世纪的英国，现场聆听各类科技讲座已是民众司空见惯的消遣，讲述牛顿等其他自然科学家故事的通俗读物也颇为流行。这些都潜移默化地影响着和改变着公众的世界观，注定会对技术的改良产生有益的影响（艾伦，2012）[374]。

相关论文表明：18世纪下半叶英国的各类工匠具有惊人的理论知识，甚至最普通的风车木匠，通常也是一个相当棒的数学家，能够计算出机器的速率、能量和功率。

英国在技术发明方面群星璀璨，与整个市场经济环境、专利制度、高工资水平导致的高教育水平有关，同时也与科学革命导致的社会的知识存量多有密切关系。关于科学革命、科学进步与技术发明的关系的认识，大致经历了这样一个过程：早期的研究者多认为技术发明主要是发明家依靠个人灵感和经验，在创造欲、经济利益、专利制度的驱动下进行发明创造。例如兰德斯（David Landes）认为，科学对于早期英国的技术进步没有影响。大多数研究者主要强调工匠在英国早期工业革命中的影响力，持此类观点的人认为："18世纪及19世纪早期工业革命的现代技术开端，几乎完全不用归功于科学，一切技术成果都是工艺发明的结果（Hall，1964）[219]。""直至18世纪末期19世纪初期，英国的创新主要由没有受过正规教育的工匠来完成，他们的发明主要是基于学徒及在职时期的训练。一些主要的问题，如海上经度的测量，主要是通过相对没有受过教育的工匠，而非通过抽象的或正式的科学观测来解决（Khan，2007）。"

随着研究的深入，科学与技术的关系也被逐渐揭示出来。例如，麦肯德里克（Neil McKendrick）认为，"（技术进步）主要的动力来自经济需求，而不是科学诱导。确实，在动力因素层次体系中，科学的位置并不高，但这并不意味着它不能够成为一个独立的变量，其潜能通过更具主导性的变量释放出来，在推进工业成功和经济进步的道路上，科学扮演着一个必要却不充分的角色（Mckendrick，1973）[319]。"

莫凯尔和罗伯特·艾伦对17—18世纪的英国发明家进行了深入的分析，得出一些有价值的结论，揭示出科学革命、科学进步对技术发明及工业革命的重要影响。莫凯尔将不同类成果区分为宏观性发明成果和微观性改良成果。那些做出宏观性发明成果的发明家们堪称推动经济增长的主力。在工业革命期间，总共只有10位做出宏观性发明创造的发明大师，罗伯特·艾伦也反复斟酌，同意是这10人，他们是：乔赛亚·韦奇伍德、约翰·斯米顿、托马斯·纽卡门、詹姆斯·瓦特、亚伯拉罕·达比一世、亨利·科特（Henry Cort）、詹姆斯·哈格里夫斯、理查德·阿克莱特、萨缪尔·克隆普顿和埃德蒙德·卡特莱特。他们分别在陶瓷烧制技术、蒸汽机、棉纺织机械、冶铁技术、民用工程设计等领域取得了关键性的技术突破，英国经济正是凭借这些重大突破而大踏步向前迈进。莫凯尔认为正是这些"屈指可数的发明大师"在推动历史发展方面发挥了极为重要的作用。正如莫凯尔所说："我们无法将这一系列技术变革过程总结为一个最具典型性的案例……一般小发明家……做出的贡献相对次要一些，少数几位发明大腕儿是推动历史向前发展的主力。"当然，一项重大发明成果从酝酿到改良完备需要经历一个漫长的过程，仅凭为数不多的发明大师是无法完成的，需要一大批二、三流发明家的前赴后继，对宏观性发明成果持续进行微观性改良与完善，以提高其工作效率或拓宽其应用领域，从而使工业革命取得如此巨大的成功（艾伦，2012）[372]。

如上文所提及的，为了确认工业启蒙运动的存在，罗伯特·艾伦汇集了17—18世纪的79位重要的发明家的资料，进行详细分析以证明"工业启蒙运动"这种提法具有可信性（艾伦，2012）[377]。在宏观性发明家中，瓦特、斯米顿、韦奇伍德三人一直同当时研究水平处于领先地位的科学家们保持着密切的联系。斯米顿和韦奇伍德后来还加入了英国皇家学会，都曾在英国皇家学会年会上宣读过自己的论文，显然有不少机会得到科学家的启发和帮助。韦奇伍德和瓦特两人早就是伯明翰月亮协会的成员。瓦特成年以后，同科学家约瑟夫·布莱克往来密切，两人经常在一起研究讨论具体的技术问题，后来还结为生意上的合作伙伴。这三人都在文法学校接受过正规的教育和培训（艾伦，2012）[380]。

将科学视为实用发明的前提，其根源来自培根。培根认为，要想有效地发挥作用就必须理解其原因。"要想控制自然必须遵循自然规律"，培根的这句格言也是瓦特性格的一种体现，这就是瓦特认识到他必须发现隐藏在事物表面之下的规则。他认识到要想制造一台高效的蒸汽机，就必须发现蒸汽动力产生的原因……因此一旦他发现纽科门蒸汽机中蒸汽动力的浪费源自活塞的再加热，他便制造一个单独的冷凝器，从而使其效率提高了四倍（Gustafson，2012）。

牛顿力学对瓦特的影响由来已久，早在18世纪20年代，牛顿力学已经被瓦特家族所知晓，当时，瓦特的一个叔叔，是一位科学和数学讲师。确实，早期英国工业化的一个突出的特征便是科学、工程学与企业家精神之间的关联性。有些情况下某一个人会同时具备这三种素质……工程师和企业家身份之间互换，辅之以力学常用词汇，使得工业创新成为可能（Jacob，2000）[286]。

斯米顿的工作是实验科学方法的一个显著的例子，说明科学是如何被用来阐释工程问题（Pacey，1998）[208]。佩西认为，"斯米顿非常清楚地看到，他关于自己的准则与实验方法之间的比较问题，涉及了牛顿在其天文学中关于理论和观察的比较这一同样的方法论问题"（Pacey，1998）[209]。

瓦特和韦奇伍德之间的公开信说明了他们对科学的认识。他们相信，科学的创造力应用于工业，将是人类进步的关键。只有那些掌握科学和商业的人，才能真正理解两者的紧密联系，并保护基于这些发明所带来的进步和利益。他们将科学理解为我们称之为工程（Engineering）的东西，它是力学和化学的综合，适于在工业中应用。

埃德蒙德·卡特莱特通过参加启蒙运动时期的专门协会来拓宽自己的信息来源渠道，卡特莱特日后还在牛津大学玛格德琳学院（Magdalen College）进一步深造，后来加入了艺术协会（Society of Arts）和农业委员会（Board of Agriculture），从中获益匪浅。托马斯·纽卡门也有渠道了解科学知识和得到科学家的帮助。在17世纪，物理学取得了多项重大突破，其中就包括对大气压力存在的认识和对真空状态的形成机理及特性的科学解释。1705—1712年，纽卡门在达特茅斯研制蒸汽机期间，与科学家萨弗里结识，经常沟通信息、交流情报，作为发明家的纽卡门会得到科学家萨弗里的指点和帮助，甚至可以推测纽卡门极有可能从萨弗里那里获知有关帕潘早年设计的那款原型蒸汽机的核心技术（艾伦，2012）[380-381]。

对前文（本书第58页）提到的全部79位发明家的总体情况进行考察，在大多数发明家的经历中可以找到与启蒙运动相关联的证据（艾伦，2012）[384-385]。艾伦从《英国名人传记辞典》（*Dictionary of National Biography*）及其他一些资料中考察出相关发明成果问世全过程的细节描述，整理结果如表2-2所示。在79位重要发明家当中，有49位曾借助实验方法来检验、修正或改进他们的发明成果，有些发明家甚至非常倚重实验活动所得的结论。那些列入"无法确定者"一栏的发明家是因为有关发明过程在文献资料中记述得过于简略，只能推定这些发明家应该开展过相应的实验活动，否则难以取得如此非凡的成就（艾伦，2012）[396]。

表2-2　发明家是否借助实验来推动研发进程按所属行业分类统计表

（艾伦，2012）[397]

	借助实验者	不借助实验者	无法确定者
钟表制造业	2	0	6
仪器设备制造业	2	0	1
机器制造业	9	0	4
远洋航海业	1	1	0
蒸汽机制造业	7	1	0
陶瓷加工业	5	0	7
化学工业	7	0	3

续表

	借助实验者	不借助实验者	无法确定者
冶金业	6	0	4
纺织业及丝织业	10	1	2
总计	49	3	27

在79位重要发明家当中，只有大约一半人与当时的科学界人士或启蒙运动时期的科学机构有往来，但几乎所有的发明家都曾借助实验来进一步改进其技术发明的性能。可以说，发明的过程若不伴以反复实验来纠正错误就无法最终得出令人满意的新成果、新工艺。那个时期的发明家学习科学知识，从而使他们逐渐接受了以牛顿学说为理论依据的科学知识体系（Jacob，1997）[99-115]。

通过科学如何影响发明家和工程师，可以具体说明科学革命与工业革命的关系。科学在17—18世纪的英国已经比较广泛地渗透到社会生活之中，而且科学家享有较高的社会地位。这从工业革命主将瓦特下面的这番言论中可以得到印证："我如何一次次地和父亲说，现在这架机器是如何依据我们所期待的结果来运转的……如果我不能跻身于那一小群被视为科学家的群体之中的话，我将几乎不被世人所知。"这段话是瓦特在获得发明专利后的1783年发表的，这时他已经用他的蒸汽机专利赚得盆满钵满了（Jacob，2000）[286-287]。

发明家、工程师普遍受到科学知识存量的影响，在宏观上也有所体现。科学中心与技术中心的先后关系可以视为这种宏观上的反映。如梁立明、陈立新的统计工作表明，英国作为世界技术中心的时间为1600—1873年（梁立明　等，2005），汤浅光朝的研究工作显示，英国作为世界科学中心的时间是1660—1730年（汤浅光朝，1979）。虽然多种原因促成英国作为世界技术中心出现的时间较早，但是能够在与西方主要国家激烈竞争中维持世界技术中心近三个世纪的时间，英国的科学革命与世界科学中心地位的作用是不容忽视的。

罗伯特·艾伦指出英国的工业革命是英国在成功应对17—18世纪登场的一系列全球化经济挑战之后，自然产生的一种结果。他论证了英国与同期的欧亚其他国家（或地区）相比，在很多方面占有优势，包括这一时期英国人的工资水平普遍较高，各类资本也很充裕，特别是作为能源的煤炭价格非常低廉。因此导致工业革命期间诞生的蒸汽机、机械棉纺织设备以及用煤代替木材作为燃料的焦炉冶铁技术等几项标志性发明成果都是最先在英国登场。这是因为唯有在英国独特的社会经济环境里，这些新机械、新技术的运用才有利可图，而其他国家（或地区）则不具备这些条件。实际上，早在工业革命发生之前，英国特有的以高工资为主要特征的经济模式，已经能够推动工业生产规模的持续扩大，其根源就在于拥有较高收入水平的民众有条件接受适当的学校教育和相关的学徒培训，进而有知识和技能改进工业生产方式、扩大工业生产规模。19世纪以后，很大程度上是由于英国的工程师将此前登场的新发明、新技术加以改良，大幅降低其运转成本，才使更大范围的工业革命扩展到世界各地（艾伦，2012）。从知识存量及其应用的角度也许更容易看出科学革命对工业革命的影响：科学革命增加了整个社会的知识存量，科学知识通过正式教育与非正式教育，通过书本、讲座等多种方式在社会上传播，发明家与工程师，无论是否受过正规的科学教育，无论是否与科学家有过接触，他们都是聪明人和有心人，在知识水涨船高的社会中，受益于科学知识、科学方法、科学思维的滋养和帮助是肯定的。这些都促使形成数量庞大的具有较高科技知识素养的人力资本。因此可以说，没有科学革命，就不可能有大规模的发明创造活动；没有科学革命，就不可能有大规模的技术改革活动，也就没有工业革命。如果从知识增长决定论的角度看（刘益东，2007）[21-22]，在16—17世纪，科学知识的逻辑性、系统性、自我支持、自我增强性在知识增长中占据核心地位。在这个意义上巴特菲尔德对科学革命地位的高度肯定是有道理的，他说："科学革命……使基督教兴起以来的一切事物相形见绌，它将文艺复兴和宗教改革运动降格为中世纪基督教世界体系中的内部更迭（巴特菲尔德，1988）[166]。"

第三章

工业革命与现代化

工业革命是现代社会赖以形成的前提条件，是一般政治革命不可比拟的巨大变革，其影响涉及人类社会生活的各个方面。工业革命的产生和工业化进程是现代化进程的一个重要环节和时段，有着复杂的起因、过程及社会文化后果，是科学、技术与社会、文化发生复杂共生、共变的历史进程。英国工业革命对于英国现代化和世界现代化都起到了巨大的推动作用。

18世纪中叶开始的英国工业革命，在技术革命的推动下，大量采用机器生产，从棉纺织业逐步发展到采掘、冶金、机器制造和运输部门。到19世纪30年代末，机器大工业在英国占了绝对优势，使其首先完成了工业革命，成为第一个工业强国。第一次工业革命不仅推动了生产力的巨大进步，也引起了生产关系的深刻变革，改变了人类的生存方式，使整个社会的面貌为之一新。以大机器生产、组织严密的工厂体系、产业工人的大军和世界性的商业市场为标志的大工业，开始取代以手工劳动为基础的工场手工业。从这次工业革命的整个过程来看，机械化开端于纺织业，但其普遍发展却是通过冶金工业的发展来实现的。煤铁工业在第一次工业革命中起到了物质基础的作用。

在工业革命的推动下，人类社会开始了由传统农业社会向近代工业社会的历史性跃进，形成了世界现代化的第一次浪潮。从时间和地域来看，第一次现代化浪潮大致始于18世纪后期，终于19世纪中叶，始于英国，逐渐向欧洲大陆和北美大陆扩散，并辐射到世界其他地区。第一次现代化浪潮彻底改变了旧的社会结构和世界格局。技术革命和工业革命促使社会分工具备了超越国家界限、发展成为国际分工的条件，从而导致了国际分工的产业化和世界市场的形成，为整个现代世界经济体系的形成准备了物质基础。

第一节 走向繁荣：1750年前后的 经济、社会与文化

发生在18世纪60年代的英国工业革命并非偶然，它是英国社会政治、经济、生产技术以及科学研究发展的必然结果。英国工业革命的主要表现是大机器工业代替手工业，机器工厂代替手工工场。这次革命完成的重要标志是工厂制度的最终确立。英国工业革命使英国社会结构和生产关系发生重大改变，生产力迅速提高。那么，为什么工业

革命能首先在英国发生，而不是在其他国家呢？这主要是因为当时英国在经济、社会与文化方面已经为工业革命做了重要的准备。

一、人口的增长与高工资现象

从英国资产阶级革命到18世纪初，英格兰和威尔士的人口增长长期处于停滞状态。从18世纪初起，人口才开始缓慢增长。在1701—1751年期间，英格兰和威尔士的人口增长了5%，从大约582万人增加到大约614万人。从18世纪80年代到19世纪20年代，年增长率达到了1.45%（王章辉，1986）[11-18]。

18世纪英国经济最具诱人魅力的特征之一就是劳动力的工资水平很高。与18世纪欧洲大陆大多数国家的劳动者及同时期亚洲劳工的苦难处境相比，英国工人阶级的处境已算比较优越了。正如英国作家丹尼尔·笛福（Daniel Defoe）写的："在英国从事制造业生产的那些工人经常可以吃到肉，喝上糖水，他们的住宿条件相当不错，日常伙食标准也很高，这些都是令欧洲其他国家的穷苦劳动者望尘莫及的；干同样的活，英国工人的薪酬水平比其他国家的工人高，这样一来他们就有实力花更多的钱去品尝美味佳肴，穿高档服饰，这些景象令外国人艳羡不已（Allen，2009）。"

英国的高工资水平刺激能够节省劳力的新发明、新技术首先在这里遍地开花。罗伯特·艾伦分析了英国的高工资经济模式（艾伦，2012）[51]。他认为，如果按照当时的汇率水平进行折算，英国人的工资水平居世界最高等级之列。相对于英国人在购买日用消费品时的开销而言，他们的工资也显得很高。也就是说，同其他很多国家的工人相比，英国工人凭他们的工资可以购买到数量更多的商品。由此可见，英国工人的生活水平要比其他国家的人优越。在英国，劳动力的工资在全部投入的各项生产要素总成本中，所占的比例比其他国家更大。劳动力的工资水平（劳动力的价格）与能源（煤炭）价格的比值，也相对较大。劳动力的工资在生产成本中所占比例大，以及工资水平与煤炭价格的比值大两个因素发挥了尤为独特的作用，促使发明家绞尽脑汁去开发以燃煤装置作为动力源的机械化生产技术，来降低相对昂贵的雇工成本。

因圈地运动而加速了的农民的无产阶级化及其向城市和工业区的移民是英国工业革命劳动力的重要来源之一。18、19世纪，英国议会通过4763件有关圈地的法案，共批准圈占269万公顷共耕地和公有地，见图3-1。议会圈地的法令标题多如下："规定位于……教区中的敞田和公田、草地和牧场以及公有和荒芜土地的分割、分配和围圈的条例（芒图，1983）[111]。"

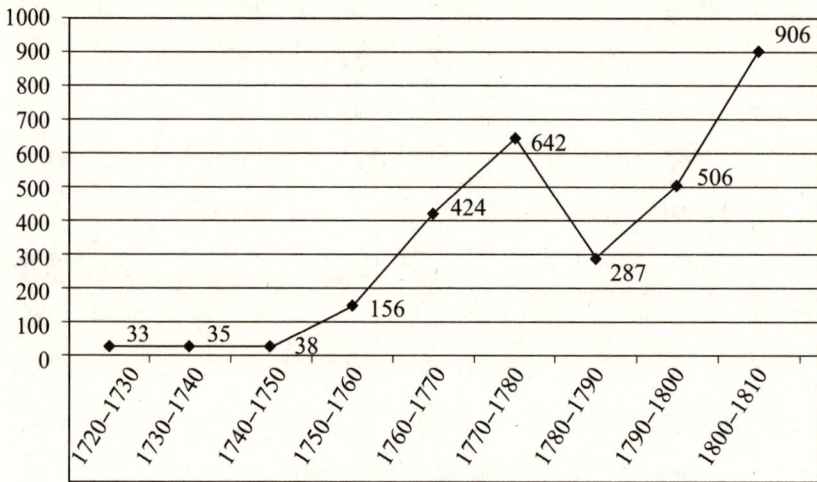

图3-1　18世纪圈地运动的法令数量（芒图，1983）[111]

这种圈地过程一直延续到19世纪后半叶。大批农民被剥夺了生产资料，背井离乡，成为流浪者，他们变成了一无所有的出卖劳动力的雇佣劳动者。在圈地运动的基础上，英国农村涌现出许多资本主义生产方式的大农场，在城市中出现了大批廉价的雇佣劳动者，为发展资本主义提供了大批自由劳动力。

在人口增长的同时，英格兰启蒙运动和苏格兰启蒙运动都在进行。科学革命带来了价值观与方法论的转变。科学上升到与神学同等的智力等级的顶峰。从事科学研究可以展示上帝的荣耀，也可以增进人类福祉。科学研究所依赖的实验与理性的方法逐渐成为被广泛接受的方法论原则。18世纪是科学革命和光荣革命的蓝图得以应用的时期。洛克认为，人民受理智的自然法则支配，而不是受专制的统治准则或独裁者的各种念头支配。人类社会是以私有财产为基础的，自然和理智的法则规定了人们不得侵犯他人的财产。洛克在政治上主张个人自由，在经济上主张私人财产不受侵犯的观点成为资本主义的信条，为鼓励人民利用财产来追求幸福，保护财产契约关系，积极发展生产力提供了有力的思想保障。

二、煤炭使有机物经济逐渐转变为矿物经济

16世纪70年代，英国国内的用煤量剧增。到17世纪，煤炭已经成为英国重要的燃料来源，很多工业中都使用煤炭。1738年，有一份请愿书请求议会采取措施禁止煤价过分上涨，这份请愿书上有"玻璃制造人、啤酒酿造人、酿酒人、制糖人、肥皂制造人、铁匠、染匠、制砖匠、烧制石灰人、铸造人、布匹印染人"的签名，从这份名单可以看到煤炭使用的广泛（芒图，1983）[226]。伊丽莎白女王在位期间的16世纪，议会的调查委员会发现大片的森林已经严重地衰减和损毁了。这种木材的短缺不仅意味着燃料的短缺，还威胁着每个人的家庭生活和几乎每种工业的运转，也预示着许多重要的建筑材料即将匮乏，以及与皇家海军密切相关的造船业将面临危险。18世纪初，冶炼铁矿石的唯一燃料是木炭，正因为如此，高炉都设在离森林比较近的地方。钢铁工业的发展使得许多森林逐渐消亡。在伊丽莎白时期，为了保护

森林，政府曾经颁布过好几项法令限定某些郡里炼铁厂的数目，并禁止在伦敦周围22英里内开设炼铁厂（芒图，1983）[224]。人们普遍认为，正是炼铁厂将所有的树木都吞掉了，以至于缺少造船和取暖所需的木材。燃料稀少使金属的生产成本提高，英国冶金工业面临的这种困境正是由煤炭代替木炭来解决的。

在工业革命到来之前，煤炭已经成为主要的燃料。英国1700年煤产量大约是1550年产量的10倍。煤已经成为城市家庭中必不可少的燃料。英国的工业也靠煤来提供动力。1700年英国煤产量约为300万吨，大部分供应国内，煤产量已经是世界其他国家煤产量总和的大约5倍。1750—1755年英国煤炭年产量为423万吨。到1750年，采煤业在英国和西欧成为一种发展良好的产业，在英格兰东北部海岸，其发展水平已达到顶点。我们可从表3-1中看到英国的煤炭产量增长情况。

表3-1　英国煤炭产量（百万吨/年）

年份	1700	1750	1800	1830	1850	1870	1994
产量	3	5	15	30	60	110	31

煤含有或多或少的硫化物，在燃烧时它就释放出来，铁矿石在含硫化合物的作用下就会变质，影响铁的品质，这种铁容易破碎，不能用锤来加工。怎样用煤炭来生产优质的铁呢？最终解决这一问题的是科尔布鲁克的达比，达比成功地将煤炭变为焦炭。他的成功，部分是由于科尔布鲁克附近的地表发现的煤含硫量很低。

使用焦炭代替木炭来炼铁，有许多好处。首先，焦炭来自煤炭，英国有丰富的煤炭资源，因此焦炭价格相对便宜，在这一点上，木炭则截然相反，对木炭的需求会很快消耗完森林。其次，焦炭不大容易碎裂，可以更多地装入熔炉，而没有被压碎之后堵塞气流的危险。因此就可以使用更大的熔炉以提高产量。而熔炉高度的增加使得矿石能与炽热的燃料保持更长时间的接触。第三，焦炭在熔炉里能够接受较强劲的鼓风，从而会增强还原作用，这样生产的铁水在熔炼过程中更具有流动性，流动性的提高使得金属可以流进铸模内更为狭小的通道，从而制造出更为精巧的铸件（辛格　等，2004）[67]。焦炭比起木炭不太容易燃烧，因此必须配备更为强劲的鼓风装置。在瓦特的蒸汽机应用于机械鼓风风箱之后，蒸汽动力代替了水力成为鼓风装置的动力，焦炭最终彻底战胜了木炭（辛格　等，2004）[69]。

　　所有这些技术革新产生的影响均反映在炼焦炉数目的增加上。在1760年有不超过17座炼焦炉在生产运行，在随后15年间增加了14座；到了1790年，在英国106座鼓风炉中有81座采用焦炭生产（辛格　等，2004）[70]。在煤炭代替木炭的过程中，炼铁业对植物原料的依赖大大减少，我们可以从表3-2中看到这种替代的进程。

表3-2　炼铁业中矿物燃料对植物燃料的替代（生产每千吨铁的燃料消耗）
（哈巴库克，2002）[423]

国家 燃料 年份	法国		普鲁士		比利时	
	焦炭或者混合燃料	木炭	焦炭或者混合燃料	木炭	焦炭或者混合燃料	木炭
1825	5	194	—	—	—	—
1830	31	194	—	—	—	—
1840	82	321	—	—	—	—
1850	176	230	33	99	131	13.3
1860	582	316	299	96	315	5.3
1870	1088	90	1086	69	563	1.8
1880	1670	55	2021	32	—	—

　　煤炭的利用使人们得以超越生物学的限制并且使劳动生产率极大提高。煤炭已经成为工业的"面包"（哈巴库克，2002）[310]。甚至在1824年，卡诺（Sadi Carnot）就一语中的："掠夺英国的煤和铁便是掠夺英国的蒸汽机，便是夺去英国的财富之源，破坏英国的繁荣，摧毁那个庞大的帝国（辛格　等，2004）[113]。"

　　英国经济长久、持续发展的原因，可以归于英国有丰富的煤炭资源，并且较早和较大规模地开发和利用。英国在工业革命期间，大量地使用了煤炭。蒸汽机需要煤，金属冶炼需要煤，尤其是炼铁，煤炭的消耗量极大。如果没有大量的煤炭供应，工业革命就不能迅速大规模地发展起来。煤炭解除了有机物经济增长的限制。如同食品对于人类一样，煤炭是工业发展的必要条件。有了充足的煤炭，不一定会产生工业革命，但是，如果没有煤炭，工业革命就不会发生。如果没有足够的煤炭作为支撑，从有机物经济转型为以矿物能源为基础的工业经济是无法实现的。

　　煤炭的重要意义不在于它突然使经济增长率或个人劳动生产率水平出现明显的加速，而在于它突破了一个有机物经济增长的障碍，否则，这个障碍会慢慢地制约经济的增长。有机物经济让位于以矿藏能源为基础的能源集约型经济，使得经济增长的总量和人均产量的增长率都大大高于以前。在英国，这些事情发生在19世纪中叶。正是因为有了一系列的技术进步，从而使这种经济的成功转型得到实现（里格利，2006）[75]。如果没有煤炭工业，任何现代工业都是不可想象的。煤炭是工业的粮食，没有它工业就要停顿，铁路运输业就要陷于无法恢复的瘫痪状态，世界各国的大工业就要崩溃、瓦解，回到原始野蛮状态。由此可见，煤炭是实现工业革命的必要条件。作为近代世界最重要的能源，煤炭不但是工业革命的引擎——蒸汽机的动力燃料，而且也是近代大规模工业的基础——冶金工业的重要燃料，它还尤其是后来的煤炭化工和火力发电不可缺少的原料和燃料。

煤与铁的结合使得冶金业突破了燃料的瓶颈，从此之后，煤与铁结成不可分割的姻缘，给英国的冶金业开辟了一条康庄大道。由于英国独特的资源优势和有利的运输条件，炼铁业从一个高成本工业部门成为效率最高的工业部门，生铁产量急剧增加。1750年时，英国的生铁进口量还是本国生铁产量的两倍，但到1814年，英国的生铁出口量就达到其进口量的5倍以上。生铁产量从1740年的17350吨剧增到1825年的581367吨（辛格 等，2004）[307]。

三、交通运输业：收费公路与"运河狂热"

在前工业时期，英国的陆路、水路和海路形成了一个互为补充、缺一不可的三位一体式交通运输网络。经过不断地改造和发展，英国的交通运输业取得了重大成就，为英国的经济起飞打下了坚实的基础。

为了促进交通的发展，英国政府在1740—1760年间就为修筑和维护道路颁发了400多项法令，其中最主要的就是：允许私营道路信托投资公司承包修筑公路和运河；议会通过私人法案，规定用征收通行税来设立信托公司（罗松山 等，2002）。1730年以前，只成立了少数收税道路信托公司，面对客流量迅速增加以及主要消费中心之间的道路负担越来越繁重，尽管收费的信托公司不总是受欢迎，但却是一个很好的解决办法。有一个分级缜密的通行费征收制度作为保障，可以把在地方上筹集的大量资金用于道路维护和养护。

1730—1770年的40年，是商业化信托公司的全盛时期。在工业革命前夕，英国收费公路的发展速度是惊人的，到1750年，大约有

500条收费公路，大部分主干线成了收费公路。列维认为："乔治三世统治时期，在1763年（巴黎和会后）收费公路已经延伸到王国的所有区域。"在前工业时期，英国道路系统的变化是巨大的，收费公路取得了卓越的成就（张卫良，2004）。1720年，从伦敦前往约克、曼彻斯特和埃克塞特等郡府需要远远不止3天时间，而到了1780年，24小时左右即可抵达（Langford，2000）[33]。

道路系统的改革和完善使运输成本和运输价格逐渐下降，马赛厄斯（Peter Mathias）说："可以肯定，在1660年以后这个世纪里收费道路的运费下降了约一半；但速度和周期更多地依靠顾客来计算，这些优势计算起来更困难（Mathias，1983）[104]。"道路系统的完善对于商品运输能力、商品流通速度以及商业效率和扩张力具有非常积极的意义。在那个时代，英国人自傲地说："在一个国家的内地交通方面，人们从未见过任何革命能够比得上英国在几年时间内所实现的那种革命。谷物、煤炭、各种货物的运输，几乎只需以前所用的马匹的半数。商业旅行快了一倍以上。农业进步与商业进步并肩前进。一切都呈现繁荣的样子，我们的一切出产都增加了价值。作为这个大运动的枢纽的东西就是我们道路的改革（芒图，1983）[90]。"英国收费公路的建设为道路改革开了先河，为英国迅速工业化建立了一个良好的公路网络（张卫良，2004）。

与陆路运输相比较，英国的水路运输似乎更有优势。作为岛国的英国有一个便利的航行环境，四周环海，内陆又有众多的河流。在英国没有一个地点离海远于70英里，离通航的水域几乎不超过30英里。在英国比较发达的工业地区，运河比较稠密，如在米德兰地区，塞文河和特伦特河的河流系统把水运带到了米德兰的工业地区。塞文河可通航上溯到什罗普郡，特伦特河能通航进入斯塔福特郡，那里的煤矿非常接近水路。1772年，运河首次通过伯明翰，伯明翰很快成为一个水路的核心。英国通过泰晤士河、塞文河、亨伯河和默西河使各大港口连接起来，运河穿越奔宁山脉，使伦敦和米德兰地区及北部地区直接相联系。英国可通航河道从1600—1660年的685英里增加到1700年的大约960英里，经过改造，到1724年，大约有1160英里长的英格兰河流适合航运，除了山区，英格兰和威尔士的大部分地区可以直接通航的水路在15英里之内（张卫良，2004）。

到1767年，运河项目已经遍及英国。根据科尔特的说法，在伯明翰运河开通和煤炭价格竞争开始之后，原来在伯明翰煤炭的销售价格为13先令1吨，现在降到了7先令6便士或者更低（Court，1938）[179]。

运河的优越性非常明显。特伦特–默西运河建成之后，斯塔福特的陶器、塞文河上的生铁、伯明翰的熟铁和熟铜都在运河上流通着。狭窄和割裂的国内市场终于毫无阻碍地彼此连通起来。1771年，伊拉斯谟·达尔文（Erasmus Darwin）曾给韦奇伍德（Josiah Wedgwood）写了几封信，讨论自己出资建造一个由大干线运河到利奇菲尔德的小规模运河项目（Schofield，1963）[42]。1767—1773年，瓦特被雇用参加苏格兰的各种运河项目。1770年，博尔顿（Matthew Boulton）和斯莫尔（William Small）"计划使用瓦特设计的'循环式发动机'运转运河船，并且使用他的往复式泵发动机"给运河水闸供水。1773年4月3日，斯莫尔写信给瓦特，说他和达尔文正在尝试说服考文垂运河公司（Coventry Canal Company）雇用瓦特作为他们的工程师（Schofield，1963）[43]。一直到1816年，"运河狂热"才结束。

河流改造为英国大工业的发展开拓了前景，运河时代的到来无疑是运输部门的真正革命。英国改造河流的直接动力来自商品交换的需求，无论从发起人还是实施人来看，大多数是工商业者。在前工业时期，英国的水路运输比陆路运输更有优势，是英国内陆运输的一种重要方式。

英国的陆路、水路和海路形成了一个互为补充、缺一不可的三位一体式交通运输网络，为英国的经济起飞打下了坚实的基础。

四、纺织业的技术革新链

"需要是发明之母"，这句名言为18世纪英国纺织机器的发明和应用所证实。如果一个国家的社会经济发展并不需要机器，那么任何天才的发明也是无济于事的。技术问题首先是实用问题，最初的发明总是带有经验和实用性质，社会经济的迫切需要才推动人们积极地从事创造发明，所以"发明史不仅是发明家的历史，也是集体经验的历史，因为集体经验逐渐解决集体需要所提出的问题"（芒图，1983）[160]。殖民地的棉花种植和进口带来了技术改进的需求。随着棉花原产地从西印度群岛向美国奴隶种植园的转移，英国的原棉进口量大幅增加，进口原棉从1783—1787年的1600万磅（1磅约等于0.45千克）到1787—1792年的2900万磅，1800年进一步达到5600万磅。19世纪的一位历史学家贝恩斯（Edward Baines）说："人类在借助科学技术手段利用各种自然动力的过程中，逐渐获得了主宰地位，棉纺织工厂的动力配置模式就堪称最具代表性的一个经典范例，即便依据现代标准来重新审视当年棉纺织技术的变迁轨迹，也依然会令人挑大拇指称赞。棉纺织行业在这一时期集中应用了诸多重要的前沿技术手段和最新发明成果，这些新技术和新发明除了极少数由外国人主持研制外，绝大多数都是靠英国人发挥自身独有的创造天赋取得的，这样一种评价想必会令每一个英国人都感到满意（艾伦，2012）[79]。"

从工业革命到现在的历史学家和当代经济史家普遍认为，棉纺织工业在工业革命中占有重要地位。棉纺织工业是英国工业革命的先驱。工业革命的号角首先在棉纺织工业响起。英国棉纺织工业是一种新兴的工业，不受旧的行会规章限制，封建残余很少或根本没有，政府有关限制条例也鞭长莫及。棉纺织工业可以自由地雇用工人、应用机器和制造各种各样的产品，除了竞争和个人利害以外，别无其他的控制，因此，容易采用新技术。

到18世纪50年代，英国生产的棉布虽已开始对外输出，但它的总值没有超过46000镑。当时，棉纺织工业仍然落后于毛纺织工业。棉纺工业比起宏伟的毛纺工业仍还又小又弱。然而，行将改变这个工业，其后又要改变一切纺织工业的一连串发明已经开始了。改变纺织工业的最早的发明物，而且应被视为一切其他发明物的开端的那一个，就是旧织机的简单改良，也就是凯伊（John Kay）在1733年发明的飞梭。飞梭是一种织布的器械，它改变了过去织工们用双手相互穿梭的织布方法。采用飞梭以后，织工们只要用两脚交替踏板，飞梭就会自动地左右穿梭织成布匹，工作效率提高了一倍。

飞梭这项发明产生了连锁反应。一个工业中的各个工序，像是一个整体相互依赖并服从同一节奏的行动，只要将某一项技术的工序改变一点，就会打破共同的节奏。也可以说这个系统产生了不平衡。只要这些变得不平衡的动作没有恢复原状，整体就仍然不稳定而易于变动，变动渐渐合乎规律并使新的生产节奏产生出来（管佩韦，1989）。纺纱和织布两个工序之间长期脱节的严重情况迫切需要改进纺纱技术。棉纺工业应用机器具有非常有利的条件，棉花的黏合性大而弹性小，容易搓捻和拉长而纺成连续不断的纱。同在1733年，木匠怀亚特（John Wyatt）和一位法国亡命者的儿子保尔（Lewis Paul）合作发明了一架纺纱机，这架机器可以不用人的手指操作而纺出棉纱。1765年，兰开郡布拉克本的织工兼工匠哈格里夫斯（James Hargreaves）在织工因缺乏棉纱而经常停工的情况下，改进了前人的纺纱机，发明了一种手摇纺纱机"珍妮机"，又称多轴纺纱机。他改装纺锤，增加它的数目。开始时只装有8个纺锤，后来增加到16个，到1784年更增至120个纺锤同时工作，于是棉纱产量大幅度增加，解决了纱荒问题。恩格斯写道："珍妮纺纱机降低了棉纱的生产费用从而扩大了市场，给工业以最初的推动力（恩格斯，1995）[668]。"1768年，这种纺纱机就已经投入使用。珍妮机的发明是纺纱技术上的一个巨大飞跃。

1768年，普雷斯顿的理发师阿克莱特（Richard Arkwright）制成了水力纺纱机，这种机器使用滚筒以不同的速度纺成棉纱。1769年，阿克莱特取得该项发明的专利证。于是，纺纱机的转动不再依靠人力，可以利用自然力了。这是技术革命的一个关键。这种机器纺出的纱虽粗却较坚韧，可以代替亚麻做经线。从此，英国能够制造出纯棉织品。水力纺纱机体积较大，不适于家庭分散应用，需要建造厂房，集中生产，这就催生了工厂的出现。

1779年，兰开郡童工出身的克隆普顿（Samuel Crompton）吸取珍妮机的活动架子和水力机的纺纱滚筒的优点，发明了综合纺纱机，又称走锭精纺机，即骡机。这种机器纺出的纱，既精细又结实，一次能够带动三百至四百个纱锭，大大地提高了劳动生产率。克隆普顿虽然没有领到专利证，但是议会发给他五千镑奖金。到了1790年，英国有几百家工厂都采用了综合纺纱机，纱锭总数有四五百万个之多。于是，综合纺纱机基本上代替了珍妮机。综合纺纱机的广泛应用，不仅完成了纺纱工业的革命，而且也影响织布工业的改革。采用水力纺纱机可以织出纯棉布，由于综合纺纱机能够纺出又细又韧的纱，英格兰兰开郡的博尔顿和苏格兰的格拉斯哥与佩利斯都能织出一种质量超过印度的极为轻薄的细棉布（管佩韦，1989）。

由于纺纱技术的不断改进，纺纱和织布之间出现了新的不平衡，织布技术反而落后于纺纱技术，这就迫切要求革新织布机。由于棉纱产量日益增加，大大地超过织布部门的需要，以致纱厂主们不得不把棉纱向外国输出。这样，就不断引起企业家们的恐慌。他们非常害怕法国利用英国输出的棉纱，开办织布工厂，同英国竞争，所以竭力反对棉纱向外国输出。由此可见，经济需要与技术发明之间的相互关系和相互影响，会使工业发生一系列连续不断的变化，棉纺织工业就在这样的变化中获得发展。至此，机器织布的问题已经提到议事日程上来了（管佩韦，1989）。

1785年，诺丁汉郡一位乡村牧师埃德蒙德·卡特莱特在细木匠和锻铁匠的帮助下，发明了动力织布机，并获得专利证，织布效率提高了40倍。此后，通过持续不断的改进，当任何一根棉纱断头时，这种织布机就会自动停止。这样，纺纱和织布之间的不平衡又趋于平衡。

在英国工业革命期间的发明创造中，以棉纺织工业最为突出，数量最多。棉纺织工业的技术革命，影响和带动了其他轻工业、动力工业、煤铁工业和交通运输业的技术革命，甚至加速了农业革命。正如美国经济学家罗斯托（Walt Whitman Rostow）指出的："第一，英国棉纺织工业总量涉及经济总的规模。从近代开始，尤其是1770年开始，棉纺织工业总产量的很大比例是输往国外，1820年达到60%……棉纺织工业革命还反映城市的发展，煤、铁和机器的需求，资本的需求和最终廉价运输的需求。第二，棉纺织工业的迅速扩大，要求有效地供应原料（Rostow，1960）[54—55]。"因此，英国以棉纺织工业为突破口，点燃了工业革命与社会变革。

五、适宜的经济制度环境

历史学家经常在工业革命产生的制度解释方面有各种不同的观点。莫凯尔（Joel Mokyr）认为英国技术成功的关键在于其微观发明具有比较优势。克拉夫茨（Nick Crafts）认为英国具有制度优势，例如专利制度、率先改善的运输条件、贸易体制，以及建立在此基础上的创新扩散能力等。兰德斯（David Landes）则强调了新工厂制度的影响。诺斯（Douglass North）认为，重大组织创新可以解释技术突破和技术创新，他强调制度环境对工业革命的重要性："到1700年，英国的制度框架为经济增长提供了一个适宜的环境……现在舞台已为工业革命布置就绪（诺斯 等，2009）[5]。"

重商主义的自由市场经济为工业革命在英国兴起提供了前提条件。斯密（Adam Smith）在《国富论》开篇即提出了劳动创造价值论。劳动价值论，在英国工业革命的具体内容即大机器生产的采用方面，打下了深深的印迹（韩忠富，1991）。斯密的"自由主义经济思想"为工业资产阶级提供了全新的理论武器，破除了重商主义的束缚，而且也对其制定经济政策产生巨大深远的影响。自由贸易政策的提出是建立在斯密对高度发展的工场手工业的洞察和对工业革命的科学预见的基础上的。这一理论的指导作用在英国工业革命乃至后来的工业化过程中得到了历史的验证。英国工业革命发生最早，其特点是始终自发和分散地进行，不像后来法国、德国等国，是在政府的积极支持下进行的。

与重商主义和自由主义经济思想相对应的是，专利制度、金融制度和税务制度等一系列具体制度的出台，有力推动和保障了工业革命的兴起。

1623年英国国王詹姆士一世颁布了钦定的《垄断法案》（*The*

Statute of Monopolies），现代专利制度正式确立，并逐渐扩散到其他欧美国家。专利制度是促进工业革命的重要因素。在此期间，公开披露的技术知识日积月累，逐渐形成一个庞大的公共知识库，为工业革命的发生打下了坚实的知识基础。专利保护的排他性特征，也为技术与市场的互动提供了必要的制度保证（寇宗来 等，2009）[44-48]。以蒸汽机为例，瓦特并非蒸汽机的最先发明者，他是在纽科门式蒸汽机的基础上不断试错，并逐渐改进蒸汽机的运行效率。由于拥有改进蒸汽机的专利，瓦特得到了罗巴克（John Roebuck）、博尔顿等企业家的"风险投资"，这又促进了蒸汽机技术的市场化进程。

专利制度解决了商业机密保护下市场扩展与技术可占有性之间的内在矛盾。专利权作为一种无形资产，人们从中所获利润大小与市场容量成正比。正因如此，当英国确立专利制度之后，就极其有力地促进了创新技术和工业资本的结合，为企业扩张注入了强大动力。在专利制度下，人们对创新成果的独占性由法律所保障，上述项目会变得有利可图。对工业革命具有关键性的一些技术进步，如改进蒸汽机，就具有这样的性质。与此同时，为了申请专利，人们就必须将私有的创新知识披露为公共知识，由此形成的公共知识库又会极大地提高人们的创新效率。最终，借助专利制度，公共知识库存量与技术创新效率之间必然会形成一个相互加强的正反馈过程（寇宗来 等，2009）。

由于专利制度的保障，也由于能提高生产力的新技术会带来十分可观的利润，于是有许多有钱人投资于各种发明创造。虽然不是所有的发明都能取得预期的成功，但是若某一种新技术发明能应用在生产中而提高生产效率，就会带来十分可观的利润，就如现在的风险投资一样。技术发明如滚雪球一般，一种新的技术发明出来，就会刺激发明另一种新的技术。比如珍妮纺纱机这种新技术，使得人们能纺出更多物美价廉的纱，那么将会产生更多的对棉花的需求，又为提高织布技术带来激励。生产上每个环节技术上的革新，都会刺激相应环节不断寻找新的技术革新，以便适应新的生产效率下的需求，如同链式反应一般。与此同时，技术发明与规范的市场经济秩序的建立是有关系的，社会制度的有序规范使得违反专利的侵权行为没有市场，只能通过技术创新。

除了专利制度，工业革命之前的英国还在实施国债制度。英国商人向政府放贷资金，从而获取高额利息。这也是英国资产阶级积累资本的主要途径之一。1694年，英国政府为了筹集资金，给予借款公司8%的利息及发行纸币的特权，于是英格兰银行宣告成立，这是英国的第一家银行。此后，英国银行迅速发展起来。1755年，仅国家银行就有12家。银行逐渐成为全国经济的重要杠杆，起到了收集社会资金，促进企业发展的作用，并逐渐控制了国家的经济命脉。在银行兴起的同时，英国的股份公司也出现了，仅1717年就成立了1800家之多。1698年，英国的股票交易所也开始营业，活跃了英国的经济。18世纪，英国的殖民地政策引发了多次战争，使英国国库空虚，公债不断增加。在七年战争结束时，英国国债已经增加到1.27亿英镑（王铭 等，2004）。资本家利用公债进行投机，获取高额利润。

英国以至西欧的法律传统，为以契约关系为依托而形成的法治社会打下了基础。这种以契约关系为基础的经济支配力，削弱和取代了政治支配力，大大降低了社会的交易成本，为工业革命及以后英国的崛起提供了政治法律条件。

六、农业革命

1730—1755年，英国农业连年丰收，粮食价格低廉，居民的营养状况有所改善。死亡率下降，特别是婴儿死亡率下降，因而使人口突破了一个长期停滞的阶段，开始持续增长。经济发展为人口的高速增长提供了必要的物质条件。

18世纪下半叶，农业发生了革命性的变化。国会颁布法令进行的圈地运动达到了前所未有的规模。圈地运动使土地关系发生了深刻的变化：资本主义农场在农业中逐渐占据主导地位，农业的耕作和栽培技术经历了重大变革，蔓菁、土豆、胡萝卜等块根作物，紫苜蓿、三叶草、黑麦草和驴喜豆等牧草的种植逐渐推广，休耕制被草田轮作制代替；农业和畜牧业的产量都大大提高（王章辉，1986）。地主贵族为了生产肉类和商品粮以供应城市的需要，扩大投资，改善土地的生产能力，同时加速进行圈地。随着1701年条播机的发明，开始了农业生产技术的革命。农业的这些重大变化被称为"农业革命"。

土地制度的改变使得约曼农迅速消失，乡村手艺工人丧失了土地和公地使用权，不能继续在家工作。现在，他们不得不放弃外表上的独立性，接受雇主作坊所出的工资。这样，甚至在机器竞争尚未最后摧毁家庭工业之前，劳动力的集中就在进行之中了。工业革命初期，工业急剧膨胀，资本积累速度很快，而且资本构成中用于购买劳动力的可变资本比例较大，对劳动力需求较多，因此，充足的劳动力对工业革命的顺利进行具有重要意义。

农业组织形式发生了重要变革，建立能大幅度提高农业劳动生产率的农场经济，圈占公用土地，以资本主义农场经营模式取代传统的小农经营模式，使土地可以以资本的形式投入市场。托克维尔认为，大地产制对于农业生产技术的改良而言是不可或缺的前提条件。1610—1860年，英国农业生产率以年均1%的速度增长，比工业生产率提高的速度快了近一倍。1705年小麦亩产8蒲式耳（1蒲式耳=36.37升），1800年为20蒲式耳，到1851年达到27蒲式耳。羊的数量增加2

倍，牛的数量增加近1倍。英国被公认为农牧业结合得最好的国家。1650年，英国一个农业工人生产的粮食可以供养1.5个非农业人口，1800年为2.5人，到1860年为6人（杨杰，1993）。农业生产率的提高为英国率先工业化奠定了基础。

七、英苏合并与全球市场的形成

1707年，英格兰与苏格兰的合并，为英国提供了统一的全国市场。广阔的英格兰市场和其遍及世界的殖民地都向苏格兰人敞开了怀抱。至1700年，向英格兰出口牛、羊、亚麻、煤、盐已经成为苏格兰最大宗的出口贸易，约占总出口额的40%。18世纪下半叶，苏格兰经济开始了奇迹般的腾飞，1783年之后更是步入了工业革命时期。同时，苏格兰的知识界萌发了辉煌的"苏格兰启蒙运动"，诞生出亚当·斯密（Adam Smith）、休谟（David Hume）等一大批杰出的思想家。

世界贸易在工业革命的准备过程中扮演着一个相当重要的角色。从15世纪发现新航路起，许多欧洲国家在亚、非、美三洲各自建立殖民地。至18世纪，这些殖民地不仅为它们提供原料和商品出口市场，还推动了世界贸易的发展。为了满足因世界贸易所带来的庞大需求，人们便不断改善组织结构和制造技术，使机器制造企业的技术不断得到提高，同时也从国外引进了各种先进的技术，这引起了对手工业中手工劳动的局限性的突破和对机器的需要。海外扩张和以股份制为特征的贸易公司的兴起和发展对英国工业革命产生了重大影响。

英国对殖民地的掠夺进一步增加了资本的原始积累。大量财富源源不断流入英国，这为英国工业革命的顺利进行提供了大量资金。同时，随着海外殖民地的扩大，英国的海外市场也不断扩大，由于手工技术限制了生产规模的扩大和产品数量的迅速增长，于是从18世纪60年代起，英国出现了一个技术改造的热潮，工业革命时代首先在英国到来。可见，有一个广阔的殖民地是导致英国率先进行工业革命的重要原因。

第二节　科学的发展

作为工业革命的发源地，18世纪的英格兰无疑是当时世界上科学最具有活力的地区之一。汤浅光朝的统计显示，英国作为世界科学中心的时间是1660—1730年（汤浅光朝，1979）。英国在18世纪取得了毫不逊色于甚至超过法国和德国的科学成就。当工业革命在英格兰展开之际，17世纪的科学革命所带来的理性和实验精神已经渗透到英格兰的方方面面。科学社团星罗棋布，科学家、工业家和工程师之间的交流已经开始，各种各样的公开讲座已经开始向公众介绍科学发现所取得的辉煌成就，展示理性和实验的巨大威力。科学已经成为一种文化和智识事业而备受人们的尊敬。科学以及科学造就的科学文化成为工业革命必不可少的因素。

一、力学与天文学的发展

18世纪的英国科学没有17世纪那样耀眼夺目，但是并不能简单地认为是英国科学的衰落。实际上，英国在这一时期并不缺乏科学伟人，也不缺乏杰出的科学成就。18世纪末，英国几乎在所有纯数理科学上都拥有比德国更强的一流科学家阵容，与法国相比也不相上下。例如，1774年普里斯特利（Joseph Priestley）发现了氧和其他各种气体；1775年布莱克（Joseph Black）发现了潜热；1775年马斯基林（Nevil Maskelyne）测量了谢哈利恩山的引力；1775年兰登（John Landen）用两条椭圆弧表达了一条双曲线的弧；1778年汤普森（Benjamin Thompson）进行了最早的摩擦生热实验；1781年威廉·赫歇尔（William Herschel）发现了天王星；1784年卡文迪许（Henry Cavendish）发现了水的合成；1786—1797年卡罗琳·赫歇尔（Caroline Herschel）发现了8颗彗星；1789年卡文迪许确定了地球的密度；1799年戴维（Humphry Davy）出版了关于热、光等的论著。

然而，18世纪下半叶英国科学衰落的声音还是经常听到。查尔斯·巴贝奇（Charles Babbage）写道："长期以来，科学在英国遭到忽视而衰落了。在英国，尤其是在比较困难的和抽象的科学上面，我们远不如其他同等地位的国家，而且甚至不如好几个国力低下的国家（梅尔茨，1999）[198]。"与18世纪获得政府大力支持的法国科学不同，英国科学并没有得到来自政府的财力支持。例如，1740年，皇家学会的全部进益只有232英镑（梅尔茨，1999）[193]。英国的科学家更多是凭借兴趣在业余时间从事科学研究，科学家必须通过从事其他职业来获得收益以便维持生活和研究，这其实与17世纪科学革命时期的状况一样。与其说18世纪下半叶英国科学在衰落，不如说法国科学在崛起。英国科学始终顽固地保持着这种个人自由研究的传统。

在近代科学建制化的历史进程中，18世纪是承上启下的关键时期。17世纪科学革命带来的体制化革命在18世纪得到了巩固和发展，19世纪的分科学会的建立和科学体制化的完成则以18世纪科学体制化的成果为基础。18世纪，国家科学院，如柏林科学院（1700年）、圣彼得堡科学院（1724年）以及斯德哥尔摩科学院（1739年）开始成立。大量地方性学会纷纷成立，科学社团的建立成为一种潮流。

到1789年为止，欧洲各地有70余家正式设立的科学社团（Porter，2003）[90]。在这种大背景下，英格兰也出现了许多地方性科学学会。事实上，18世纪的英国皇家学会陷入停顿，失去了它在17世纪时的蓬勃朝气。18世纪下半叶，英格兰科学最具特征的发展就是地方性科学学会的繁荣。在英格兰北方和中部地区的制造业中心，出现了许多地方性科学学会，例如，曼彻斯特文学和哲学学会，德比哲学学会，纽卡斯尔-泰恩河文学和哲学学会，以及利物浦、布里斯托尔、利兹和许多其他地方的哲学俱乐部。在所有此类社团中，伯明翰月光社（Lunar Society of Birmingham）是当时最为重要的地方性科学学会。

伯明翰月光社在工业革命的兴起中发挥了先锋队的作用。月光社在纯科学和应用科学之中的努力，都是通过成员们的互相协作完成的，并且卷入工业化的整个发展之中。月光社是那一时代的英国地方科学学会的代表，可以称作工业革命的先锋队。月光社等地方性科学学会及18世纪末的英国科学与工业之间的紧密联系推动了工业革命。

二、从力学、天文学向化学、热学和电学的转变

在18世纪，实验哲学使人们的视野空前扩大，人们的眼光不再局限于17世纪的科学家关注的中心——天文学和力学等范畴，化学、电学、磁学和生物学等开始成为实验哲学研究的对象。

月光社和早期的曼彻斯特文学和哲学学会都非常关心化学，这门学科对当地纺织品的漂白和染色至关重要。曼彻斯特文学和哲学学会的会章里也强调了化学的重要性，化学被列为可以和一般自然哲学区分开的、单独讨论的项目。会章第八条写道："讨论的题材包括自然哲学、理论和实验化学、文学、民法、一般政治、商业和各种工艺。"会章还表明学会并不反对讨论法律、政治和商业，而这些项目

是皇家学会宣称不要乱碰的项目。在苏格兰，库仑和当地学会的其他化学家们致力于国家的经济发展，从事化学在染色和漂白工艺、食盐生产和农业化肥的利用等方面的应用研究。

18世纪的化学是一门以书本和口头讲演形式组成的实用技术、工具和材料的知识体系。学生们被授以新知识的方法，并对这门学科的历史产生一种清楚的认识。然而，化学是一门没有严格界限的学科，它与相邻学科，特别是与自然哲学和博物学，相互进行概念和实验现象的建设性的交流。化学家用各种各样的理论系统来解释一些现象，在就其是否真正属于化学这一范畴的问题上时常产生分歧。尽管化学家们努力去获取他们学科的证明，但是事实上化学还是没有从18世纪其他学科中独立出来。

对气体的研究使化学家的兴趣与自然哲学家的兴趣联系起来，也与探索诸如呼吸作用和各种空气的可用状态等问题的医学工作者的兴趣联系起来。化学与工业革命早期所面临的一些技术难题的解决密切相关，例如制碱。碱是18世纪的一个重要项目，它们被用于玻璃制造、肥皂制造、明矾和硝酸盐生产、漂白工艺和肥料。用途的增加导致碱的缺乏。在木材供应不足的地区，植物和木灰的去碱作用不再充足，整个18世纪都在寻找碱的新供给。在苏格兰，"海草灰燃烧"成为一个重要的工业。人们做出了很多努力，希望能够寻找到一种与天然制碱方法相对的化学制碱方法。凯尔（James Keir）擅长于化学并且正在寻找收入来源，他最终发明了工业化的制碱方法，并开创了提普顿化工厂。凯尔的方法在18世纪最后20年非常合乎经济原则，因为硫酸钠或硫酸钾是其他行业的下脚料，既廉价又量大，同时又避免了高额的食盐税。

化学工业的发展比其他任何工业部门都更多地得益于科学研究。

在这一时期，实验室中进行着大量的经验性试错式研究，这对于新工艺的发明是不可或缺的。工业部门已经充分地利用了科学知识和科学家，许多技术进步都是由自学成才的化学家做出的。

三、科学文化与科学传统

当哈雷（Edmond Halley）的预言在1758年被证实时，科学家和普通民众对于科学的敬畏之情只能用"非凡""令人惊异"这类形容词才能表达。科学使得所有人都相信并期望，人类知识和社会事务都会产生出一种类似合理的演义和数学推理系统，一种实验与批判观察相连的系统。牛顿是成功科学的象征，是哲学、心理学、政治学以及社会科学等等所有思想的典范。普里斯特利提出："我们不对各自的宗教和政治标准进行要求，我们通过一种对科学共同的喜爱而联合在一起，我们认为这种喜爱就足够将各种不同类型的人集合在一起，基督教徒、犹太教徒、伊斯兰教徒……"博尔顿、韦奇伍德、凯尔和达尔文等月光社成员相信，科学有助于实现他们的志向。科学成为一种文化自我表达的方式，同时它旨在产生效益的实用性变得越来越重要。雅各布用类似的方式描绘这个世纪为"科学知识成为西方文化不可缺少的部分"的时代，或者说，科学知识成为"公众知识"的时代。这种科学融入近代文化所产生的飞跃与科学革命本身一样重大。科学作为一种崇高的事业获得了稳固的地位，这一信念已经深入人心。科学革命对于人类历史的影响最为广泛和深远。巴特菲尔德这样肯定科学革命的地位：科学革命……使基督教兴起以来的一切事物相形见绌，它将文艺复兴和宗教改革运动降格为中世纪基督教世界体系中的内部更迭（巴特菲尔德，1988）[166]。

在18世纪，科学革命所得到的成果和知识被传播到空前广泛的范围内，而且还被应用到每一个可能的方面，以期改善人类的生活。沃尔夫（Abraham Wolf）指出：18世纪里，知识空前广阔地在知识界狭小圈子以外传播。这个时期的特征是拉丁语迅速被本国语替代。整个著作家队伍把普及知识包括科学知识作为自己的使命，以推进启蒙运动的事业。传播知识的媒介包括百科全书、期刊和普通书籍，及至世纪末，为此目的还建立了专门的机构。跟其他方面一样，这些方面也在17世纪就已经开始了，但是，只是在18世纪，这场运动才获得势头（沃尔夫，1997）[13]。瓦特从小就能在家里看到墙上挂的牛顿和对数发明者内皮尔（John Napier）的画像，科学的崇高威望可见一斑。

英国科学革命是近代科学的开端，它除了取得巨大的科学成就，彻底改变了人们对世界的看法之外，还创造了一种新的科学方法论，即通过观察与实验来获取新知识。18世纪，科学理性和工具理性成为近代文化的一个明确的特征，伽利略式和牛顿式的研究自然界的数学和实验的方法，成为欧美精英阶层思维方式的一部分。这种科学方法论在强调数理传统的同时，更加强调观察、实验的方法，因而使得科学研究不再成为少数人的一种特权，普通人也可以通过掌握这些方法来进行科学研究，从而获得人生的成功。科学不再是贵族的专利，科学家的出身有了显著的变化。以前的科学家多是贵族或富人的子弟，现在则有许多来自工业发达地区和工人阶级的子弟成为科学家，例如，普里斯特利和道尔顿（John Dalton）就是纺织工人的儿子，戴维和法拉第（Michael Faraday）都是学徒出身。与17世纪相比，18世纪的英国科学有了显著的变化。伦敦的科学中心地位下降，伯明翰和曼彻斯特等新兴工业区成为富有活力的科学之地。17世纪英国多数重要科学家都是来自塞文河到瓦西河这条线以南的地区，18世纪下半叶，苏格兰、英格兰中部和北部，都有科学家出现。

英国除了科学革命的独创性之外，另外一个重要的独创性创造就是工业革命，阿什顿（Thomas Southcliffe Ashton）认为，发端于培根、被天才的波义耳和牛顿发扬光大的英国科学思想巨流，是工业革命的主要源泉。科学传统与工匠传统的结合，科学技术与工业、金融资本的结合，英国清教徒崇尚实业和商业、崇尚科学教育的传统，英国科学的自由传统和多中心等众多原因的合力使得工业革命在英国得以产生。

英国科学的自由传统使得英国科学处于一种适于科学长期稳定发展的文化氛围之中。皇家学会自下而上的自发性与自由气质是英国科学异于法国等欧陆科学机构的重要特征。英国科学的自发性使它与经济需要和技术革新之间的关系更为紧密，这种密切的关系不是那些自上而下建立起来的大陆体系所能比拟的。工业革命和地方性科学学会的兴起同样是自下而上的社会经济行为，而非政府占据主导权的计划行为。在法国，对有科学技能的人在商业、工业企业的配置属于国家的政策事务，而实行自由放任经济政策的英国，则采取一种迂回的过程达到对这些专业知识的价值相类似的认可。

18世纪的英国出现了多个科学的中心：伦敦、伯明翰、曼彻斯特和德比等新兴工业城市，苏格兰的格拉斯哥和爱丁堡。月光社等地方性学会的兴起标志着科学革命所带来的实验哲学和体制化力量得到了进一步的深化和巩固。实验哲学的普及扩大了科学的领域。皇家学会奠定的自下而上的体制化进程成为地方性学会效仿的榜样。英国科学文化的积淀，终于在一个世纪之后孕育出像月光社这样的集科学兴趣和工业导向为一体的研发组织，揭开了工业革命的大幕。

第三节　蒸汽机的发明与创新

　　工业革命之前，由于畜力、风力和水力等自然动力的局限性，动力需求面临着限制。蒸汽机的出现终于使人们能够将燃料转化为动力，从而突破了自然动力的局限性。这种以煤炭为燃料的蒸汽机是工业革命的引擎，是现代社会最为重要的发明之一。蒸汽机的发明和使用，是工业革命的主要标志。在蒸汽机的推动下，不仅纺织业，而且机械制造业、冶金采矿业、交通运输业、机械化农业都发展起来。从此，地球表层在远古的地质年代形成的煤矿和铁矿，现在发挥出巨大的作用，构成了人类物质生活的新基础，即用蒸汽动力机器采煤、采矿石，烧煤推动蒸汽机，用蒸汽动力炼钢铁和其他有色金属，再用蒸汽动力机器把金属制成各种机器，然后把机器应用推广到国民经济各部门和各行各业，创造出巨大的物质财富。

一、蒸汽机的发明为什么在英国

　　第一台将热能转化为功的蒸汽机是生于康沃尔的英国陆军军官萨弗里（Thomas Savery）发明的。萨弗里利用大气压力吸水，利用蒸汽的膨胀将水压出去。萨弗里在1698年7月23日获得了他的发明专利。萨弗里机实际上是蒸汽机和抽水机的结合体。它的能源浪费是巨大的，不仅由于接受器冷热交替引起损失，而且也因为没有活塞而使蒸汽与冷水直接接触从而造成损失（哈巴库克，2002）[312]。由于萨弗里机使用了8到10个大气压的高压蒸汽，因此存在爆炸的危险。尽管如此，萨弗里机还是获得了很大的成功，许多台被用来为大型建筑供水，被用来为水车泵水，因此也间接地产生了机械动力（辛格　等，2004）[118]。直到18世纪末期，萨弗里机的改进型还在曼彻斯特的棉纺织厂中使用（哈巴库克，2002）[312]。

第一台真正实用和可靠的蒸汽机是由纽科门在1705年发明的。纽科门将抽水机与接收蒸汽的汽缸分开。作为一台真空蒸汽机，纽科门蒸汽机通过蒸汽冷凝产生真空，利用大气压获得动力。与萨弗里机相比，纽科门蒸汽机有两个优点：首先，它消除了与所抽水接触而引起的热量损失；其次，它使用的蒸汽接近于大气压强，因此发动机和锅炉的制造都在当时工匠们的能力范围之内，不存在锅炉爆炸的危险。在此后的数年内，英国几乎所有的大型矿山都引进了纽科门蒸汽机，而且还开采了许多以前无法开发利用的新矿（哈巴库克，2002）[313]。纽科门蒸汽机较低的价格、维修的简单性以及突出的使用寿命都使它很受欢迎。纽科门于1729年去世，生前他已看到自己的蒸汽机在萨克森、法国、比利时，可能还在德国和西班牙得到应用（辛格　等，2004）[122]。

蒸汽机的发明显然是煤矿排水需要的直接产物。萨弗里和纽科门发明蒸汽机的初衷都是解决煤矿矿井排水的难题。他们始终有这样的信念：发明成果在将来投入商业化运作后注定要产生远期收益。实际上他们也做到了。蒸汽机对于煤矿排水和煤炭运输产生了重要作用。工业革命中的煤炭开采要求科技进步："专业科学技术对于欧洲煤炭开采方面的突破非常必要。"这一突破是由蒸汽机带来的。蒸汽机"迅速扩展并且在几十年之内变革了整个工业产业"（Clark，2007）。

17世纪末，煤炭开采所挖坑道越来越深，使得矿井的排水问题成为制约煤炭产量的主要因素。许多地方挖掘的坑道已经深入到地下水位以下，而且洪水的威胁使人们不得不停止进一步的采掘活动。因此，使用畜力或者人力将地下水抽出来并排出坑道成为繁重的任务。在英国瓦威克郡的一座煤矿中，人们使用了500匹马来一桶一桶地从矿坑中向外排水（哈巴库克，2002）[308]。这种大规模的劳动力使用方法并不能提供工业所需的稳定和集中的动力。到18世纪初，最浅层和最容易开采的部分已经被大面积开采，而进一步开采需要使用更深的转动轴，相应的挖掘、拖运、排水和通风费用更高。蒸汽机的出现及时解决了煤炭开采中遇到的排水难题。到18世纪末，英格兰中部地区到处是煤矿，绝大部分要依赖蒸汽机进行开采。这意味着很大的资金投入，因为安装一台纽科门蒸汽机需要1500英镑，但是对于较大型的企业来说，这笔投资还是很值得的（辛格　等，2004）[110]。1769年，共有120台纽科门蒸汽机被用于煤矿开采。

纽科门10年的研发历程证明，如果没有足够的市场需求作为支持，研发活动很难持续。20世纪的工程师曾经仿制过数台纽科门蒸汽机，结果发现要使这些机器维持正常运转颇费周折。而纽科门在200年前就已经解决了多如牛毛的技术难题，的确是了不起的成就。1710年，纽科门在康沃尔推出原型机，又过了两年，在杜德利投入运转的性能优异的成型机使他名声大噪。纽科门最终不得不向萨弗里妥协，实现专利共享。纽科门蒸汽机在问世之后不久就成为尽人皆知的技术创新奇迹。而且在英国获得此类机器的零部件并非难事，随后设法诱使那些身在海外的英国机械师将全套零部件组装成一台整机也不成问题。尽管如此，蒸汽机在英国之外却非常少见。以收益–成本比率作为考察着眼点，只会在英国，而不是在欧洲大陆，纽科门蒸汽机的收益–成本比率才会比较高。纽科门在涉及蒸汽机结构时，虽然必须熟悉大气具有重量等相关科学知识，但显然他考虑的重点是自己的发明成果将会有一个广阔的应用领域。一项耗费惊人的研发活动最终能否获利，要看其产品在市场上的销路。只有英国能够为此类发明提供广阔的用武之地，因而蒸汽机只能诞生在英国（艾伦，2012）[244—249]。

尽管像比利时、法国等国家也在使用煤炭和开采煤矿，但是只有英国的煤炭工业规模才足以支撑蒸汽机的发明。1700年前后，英国煤炭产量占欧洲的80%，产值占59%。唯有在那些燃料价格极为便宜的地方，蒸汽机才有可能成为运转成本合算的动力源。1733年专利到期时，英国已有100台纽科门蒸汽机。法国出生的英国科学家和工程师德萨吉利埃博士（John Theophilus Desaguliers）认为，在那些无法利用水力作为动力源且煤炭价格便宜的地方，这种被称为火力机或火力抽水机的机器就算是最好也是最高效的动力源。但这种机器起初只能在煤炭产区附近得到大规模使用，因为其生火用的燃料都是些被煤矿视为次等品并予以丢弃的劣质煤炭，这些劣质煤炭即便不用来给蒸汽机充当燃料，恐怕也没有人会购买（艾伦，2012）[244—249]。

二、长达一个半世纪的改进

纽科门蒸汽机的改进是由天才发明家瓦特完成的。1763—1764年冬天，瓦特在修理一台小型纽科门蒸汽机时发现，汽缸的冷却过程和重新加热耗费了大量的热素，冷凝也由于冷却不足而非常不完备。由此，独立于汽缸的冷凝器产生了。冷凝器的原理就包含在瓦特的几句话中："为了避免任何无益的冷凝，蒸汽对活塞发生作用的那个汽缸，必须经常同蒸汽本身一样热。……为了获得必要的空隙，冷凝必须发生在一个单独的容器里，这里的温度能够按照所需要的程度得到降低，而汽缸的温度却不改变（芒图，1983）[255]。"从此之后，冷凝器与汽缸就分开了。瓦特在1769年获得了专利，专利的名称十分正确地指出他原来的意图——为了"减少火力机中的蒸汽和燃料的消耗量"。这项改进对于蒸汽机是一个革命性的突破。不仅仅是由于它单位产出的燃料消耗量大约只有纽科门蒸汽机的四分之一，更多的是因为这种改进开辟了一条继续提高效率的最佳途径，最终导致蒸汽机进入了国民经济的所有部门之中，并且使其成为主要的动力源（辛格　等，2004）[313]。

根据瓦特同时代人的主张，分离式冷凝器是布莱克的潜热发现的结果。但是瓦特否认布莱克的发现和自己的发明之间的一对一关系，只承认："他的正确的推理方式和实验方法给我树立了榜样，当然有利于促进我的发明的进展（Muirhead，1854）[355]。"

单纯的实验不应当被认为是科学，除非这些实验由一系列推理、假设或理论方法指导。那么，瓦特的实验是不是经验主义的，这些实验是否对分离式冷凝器的发明是必要的，是需要考察的问题。根据当前的解释，在重复加热和冷却一个单独汽缸的过程中产生热损失，这一认识直接导致使用两个汽缸，一个汽缸在高温状态下，另一个汽缸在低温状态下，这不需要科学或实验研究（Fleming，1952）。但是，可能存在一个问题：在没有发明分离式冷凝器的情况下，热损失已经在纽科门蒸汽机之中存在了很长时间。在瓦特的研究工作之前，斯米顿（John Smeaton）开始研究改进蒸汽机的设计，他系统地更改了纽科门蒸汽机中每个部件的尺寸、形状、材质和操作模式。通过这一经验主义的方法，他将蒸汽机的效率提高了60%，但是他没有发现分离式冷凝器的原理。事实上，当他初次见到自己改进的蒸汽机，他还曾怀疑机器是否能够运转（沃尔夫，1997）[732—740]。瓦特像斯米顿一样开始进行实验，他继续进行蒸汽的力学属性的研究。他测量了不同温度下的蒸汽弹性，在压力高于和低于大气压力的情况下蒸发作用的热量，水与蒸汽体积比率，压缩一定数量蒸汽所需要的冷水数量等。这些实验的结果是，瓦特再次发现了布莱克利用潜热理论向他描述的一些现象。那么，瓦特的实验明显受到了布莱克的推理和实验方法的影响，因此，这些实验是科学性的。

比热和潜热被视为18世纪热学的成果。瓦特了解这两个理论，但是第一个理论对于他的研究工作价值不高，而且他否认应用了第二个理论。在布莱克于1766—1767年在爱丁堡发表的一些化学演讲的备注中，其中一页内容很有趣：瓦特先生尽量使用少量燃料进行蒸馏，通过降低空气压力，这样水可以在90或98摄氏度的情况下沸腾。但是，他惊讶地发现这需要较长时间和大量燃料（Schofield，1963）[65]。10年后布莱克演讲的另一些备注更加坦率地表达了这一点：瓦特先生认为他能够通过在真空中进行蒸发作用节省燃料，但是在真空中蒸发仍然需要时间（Schofield，1963）[65]。

这些实验的操作日期没有标明，但是值得注意的是，在瓦特了解到潜热理论的时候，他开始致力于有效地应用蒸汽。他没有再进一步试图通过"使用更少的燃料，降低空气压力"取得蒸汽。布莱克的发现没有暗示分离式冷凝器，但是它可能已经成为分离式冷凝器发展过程中的一个重要因素。

严格地讲，瓦特对于蒸汽属性和状态的研究不能称为热力学的研究，它们是对于蒸汽机的经验主义实验。他对于自己进行发明的直接起源的描述表明，关于作为一种弹性流体的蒸汽的知识是通过对蒸汽实验和阅读弹性流体方面的资料获得的（Muirhead，1854）[355]。在瓦特想法的实现过程中具有大量的经验主义，但是，分离式冷凝器的核心要素是对于蒸汽的弹性流体性质原理的"科学"理解（Fleming，1952）[3—5]。

123

　　1781年，瓦特发明了一种称为"太阳与行星"的曲柄齿轮传动系统，并成功申请了专利。这项专利将蒸汽机的直线往复运动转化为圆周运动，以便使得蒸汽机能为绝大多数机器提供动力，极大地扩展了蒸汽机的应用。瓦特和他的助手萨瑟恩（John Southern）发明了用于展示压力的指示器压容图。借助于压容图，蒸汽机的一个冲程内发生的压力变化的平均值就可以容易地显示出来。1796年，萨瑟恩用一支铅笔来取代指针，并使用了一块载有指示卡片的活动板，这样就可以获得汽缸内压力变化的连续数值。瓦特还对蒸汽机作了一系列改进并取得了一系列专利：发明了双向汽缸，使得蒸汽能够从两端进出从而可以推动活塞双向运动，而不是像以前那样只能单向推动；使用节气阀门与离心节速器来控制气压与蒸汽机的运转；发明了三连杆组保证气缸推杆与气泵的直线运动。

　　尽管瓦特对蒸汽机做出了巨大改进，但是他留下的蒸汽机实质上仍然是一台低压真空蒸汽机。1802年，特里维西克（Richard Trevithick）制造了一台高压蒸汽机，他将汽压提升到前所未有的145磅/平方英寸（即1兆帕）的压强，从而开拓了使用增加压力提高蒸汽机热效率和功率的方法（辛格　等，2004）[128]。高压蒸汽机比低压蒸汽机更轻、更便宜，而且使用的水也更少。这种空间和材料上的节约在生产移动式蒸汽机中具有首要的重要意义。如果只能使用低压蒸汽机的话，火车机车和汽船的商业性应用就会受到严重限制（哈巴库克，2002）[314]。1781年，霍恩布洛尔（Josiah Hornblower）取得了第一台复合式蒸汽机的专利，利用双缸使蒸汽二级膨胀，以产生较高的热效率和功率，是提高蒸汽压力的重要途径。这种蒸汽机经过伍尔夫（Arthur Woolf）的改进，在1803年取得专利，节约燃料50%，经过多次改进，至1816年热效率分别达12%和17%，功率分别增加到104和149

马力（1马力约等于747瓦）。在很长时期内，复合式蒸汽机在航运业得到了最为广泛的应用，在这个行业中燃料节约所产生的收益因为腾出的地方可以装载货物和安置旅客而成倍提高（辛格　等，2004）[133]。

在瓦特1800年专利到期并撤走了康沃尔郡负责监管蒸汽机运转的全部工程技术人员之后，当地的蒸汽机用户在1811年组织了一个协会。该协会经研究决定每月定期编印内部交流资料，详细刊载协会成员各自名下的蒸汽机的运转情况，以及耗煤量等信息，具体的信息收集工作由独立的第三方审计员负责进行。后来当地大多数矿业经营者加入了这一协会。该协会定期编印《李恩蒸汽机月度报告册》（*Lean's Engine Reporter*），详尽地记录了当地大多数蒸汽机的运转情况，该报告册的编印工作一直延续到1904年才宣告停止。这份报告册使得工程师们可以借鉴其他公司拥有的性能优越的蒸汽机在结构设计上的长处，并吸收其他公司的同行们在改良过程中的有益经验。这种技术创新组织模式被称为一种"集体性发明活动"的过程（艾伦，2012）[257]。蒸汽机这样的大型成套生产设备，往往需要耗费巨资才能批量安装到位，随后才可以借助这些设备来现场检测不同类创新设计方案的实际性能孰优孰劣。在这种情况下，集体性发明活动往往能够取得突破性进展。试验开销由各个矿业企业平摊，能够有效地降低研发费用。

三、瓦特与博尔顿的合作

尽管瓦特早在1765年5月就已经形成了关于独立冷凝器的思想，但是直到10年后才生产出高效率运转的蒸汽机，15年后才得到这一发明带来的利润。任何经验丰富的工业工程师都知道，在一项发明的发展过程中最困难和花费最多的是它的实际应用。1769年，瓦特给自己发明的分离式冷凝器申请了专利，本指望通过有偿转让专利使用权来抵偿一部分研发成本，但效果并不理想。于是为了将研发活动继续进行下去，他开始寻求资本投资人的支持，并从布莱克那里得到了第一笔资助。在布莱克的介绍下，瓦特与罗巴克进行了合作，罗巴克同意承担项目进展的经费，偿还布莱克的贷款，购买专利权，并且负责新式蒸汽机的生产和销售。作为回报，他想要得到三分之二的利润。瓦特愉快地接受了这一建议。

当罗巴克的公司陷入困境的时候，博尔顿出现了。博尔顿和瓦特有着完全不同的性格。两人能够走到一起是工业历史上最令人难以置信的一件事。瓦特心思细腻，做事动作迟缓并且非常容易焦虑。他常常会灰心丧气，但他的想象力丰富，总是能想到新的改进方法，以至于很多时候都来不及一一完成。瓦特的动手能力很强，并可以完成系统的科学的测定，以量化自己的革新效果，帮助自己理解。博尔顿则热情洋溢，生气勃勃，乐观向上，善于与人打交道。

1773年5月28日，瓦特写信给斯莫尔："上个星期一，就罗巴克博士在蒸汽机项目中的股权问题，我已经与罗巴克博士协商决定——根据博尔顿先生写给我的信件……信中说博尔顿先生主动放弃对罗巴克先生的债务，并且提到了您和我，如果蒸汽机取得成功的话，我们每年利润的一部分应当支付给罗巴克博士，在专利权期限之内或在专利权许可之下达成的协议期限内（Schofield, 1963）[71]。"这封信件标志着博尔顿和瓦特公司的开端。1774年12月11日，瓦特写信给自己的父亲："我发明的火力机正在运转中，而且比已制造出的任何其他机器好得多，我希望这项发明能够让我受益很多（Schofield, 1963）[72]。"1775年，结果通过议会法案，专利权的期限又延长了25年，博尔顿和瓦特开始了合作关系。

除了蒸汽机的研发与生产之外，博尔顿与瓦特的合作中还有一个有趣的例子——压印机。1780年5月31日，瓦特取得一种复制信件和其他著作的方法的专利，这种方法使用凝胶状的墨水，在原件上面放置潮湿的无浆纸张，在纸张上面施加压力直到墨水印上。博尔顿从一开始就参与这一计划，为专利付费，并组织起生产压印机的公司，瓦特拥有公司一半股权，博尔顿和凯尔各占有四分之一股权。凯尔、瓦特和博尔顿经常就压印机的设计以及所使用的纸张和墨水类型进行通信。维特赫斯特（John Whitehurst）带博尔顿参加了1780年5月11日的皇家学会会议，在那里博尔顿示范了压印机。博尔顿曾经带着一台新压印机到伦敦向议员、银行家和商人进行示范。在瓦特专利权有效的15年间，压印机业务获得了持续的成功，新公司在组建的第一年就销售了150台压印机；此后100年间，瓦特的压印机一直都是办公室的通用设备之一。压印机的案例生动地体现了科学、技术与工业的有机结合，以及个人主义和团体协作结合的魅力。

四、索霍工厂：企业研发机构的雏形

1800年之前的索霍工厂并不是整个蒸汽机的制造商。他们只在索霍工厂制造一些较小规格和比较重要的零件，而其他制造厂商负责生产大规格零件，他们给这些制造厂商提供图纸并且监督安装和初始运行。他们的收入来源是专利权有效期内的特许租借费用。这不是一个全新的程序（纽科门蒸汽机也是如此），但是租借费用的支付引起一些纠纷。瓦特认为每年租金应当是使用瓦特蒸汽机替代普通蒸汽机所节省资金的三分之一。尽管他的蒸汽机经常能够实现一些普通蒸汽机无法做到的事情，但是需要制作一些详细表格将瓦特蒸汽机与标准化蒸汽机进行对比。矿井经营者不能理解这些表格，而且质疑这些费用，对于持续性的花费表示愤慨，但是瓦特热衷于这些计算方法，在博尔顿的劝说之下，他才极不情愿地放弃了每年收费的方式。这种做法带来了一些欺骗和逃避专利费用的行为，因此博尔顿召集朋友们作为业余监督员。

企业家是经济发展的必需力量。1780年，博尔顿和佛吉尔公司在10年期间的累计亏损是11000英镑，而投资金额为20000英镑。1778—1779年的经济恐慌几乎使得博尔顿破产，银行债务至少是8400英镑。根据瓦特的建议，1779年，博尔顿从艾里奥特和普瑞德银行（Bank of Elliott and Preaed）借贷了2000英镑（Schofield，1963）[150]。他甚至考虑放弃蒸汽机以外的一切业务，但是如果博尔顿和佛吉尔公司垮台，那么博尔顿和瓦特公司也难逃厄运。公司的蒸汽机业务又依赖于康沃尔煤矿，但这个时候康沃尔煤矿的经营者们也都处于财政困难状况。面对所有这些危机，博尔顿从未胆怯，他始终坚持蒸汽机业务将会出现转机，整个工业帝国都将建立在蒸汽机成功的基础之上。早在1769年，博尔顿就预见到为世界制造蒸汽机的益处，而且他从一开始就推进着蒸汽机制造的想法。1776年，他告诉詹姆斯·波斯维尔（James Boswell）："先生，我这里销售整个世界都需要的东西——动力。"（Schofield，1963）[150]最终问题得到解决，蒸汽机的业务开始增长，他们经受住了考验。

虽然博尔顿也进行蒸汽机实验，但是他的主要责任是与人会面、筹集资金和经营索霍工厂。蒸汽机业务只是博尔顿投资的一个方面。博尔顿是一位具有工业洞察力的革新者，不过，在和瓦特合作之前，他并没有取得过商业成功，正是与瓦特的联合才使得博尔顿享有名望。在索霍工厂，博尔顿交给瓦特支配的是大工业的资源。也正是与博尔顿的联合才使得瓦特最终享有盛望，因为博尔顿的洞察力捕捉到瓦特蒸汽机的成功可能性，也是博尔顿的能力使得蒸汽机开发取得成功。

索霍工厂、伊特鲁里亚工厂和提普顿化工厂等月光社成员创办的工厂与日益成长的科学理论团体之间的联系得以加强。这些工厂是科学与工业、发明与创新之间的一座新的桥梁。博尔顿和瓦特公司的蒸汽机销售合同非常巧妙，他们的利润取决于买主因使用蒸汽机而实现的成本节约。韦奇伍德所实行的品牌推广战略同样使得韦奇伍德陶瓷迅速占领了欧美市场。博尔顿和韦奇伍德所实施的仁慈的劳工管理制度和标准化生产模式都获得了成功。他们的成功不单单是技术发明的成功，也是商业方法的成功。

现代企业的一系列管理问题，在1805年以前的索霍工厂的管理实践中都得以发现。而且索霍工厂的成本核算制度较当代许多成功的企业所采用的制度更为优越。索霍工厂的创新归纳如下（郭咸纲，2010）[50-51]：

1）进行市场预测，将一切生产与销售建立在市场调查和预测的基础上。不断向欧洲大陆派出代理人调查市场，了解客户对于蒸汽机的需求并进行分析。具有强烈的扩充市场和占领市场的意识；

2）有计划地选择厂址，在水陆交通便利和有充分扩建余地的地方建厂；

3）有计划地进行机器的布置，使之符合工艺的要求，对动力的来源，以及每种机器的购置成本和运转成本也做了必要的计算；

4）指定生产工艺的程序和机器作业的标准。计算每部机器的速度，并按照所完成的工艺流程或工艺程序安排详细的规划，把每种具体的产品生产过程分解成许多作业单位。这表明劳动分工达到了相当高的程度，每个工人都有固定的标准职务，将工种划分为钳工、车工和一般工人等；

5）建立内部控制制度，改变了当时通行的办法。不再由工厂负担购买和维修自己所用工具的费用，而是由工厂负责采购新的工具，由工人负责工具的日常维修。这种改革对保证机器的正常运转和降低维修费用具有重要意义；

6）实行了产品部件的标准化；

7）对工厂中的各项工作有先进的控制制度和统计记录，作为管理决策的依据；

8）详细的会计制度。采取了一套非常具体详尽的会计制度，凡原材料成本、人工费用、制成品等包括22种定额，都分别入账，这样工厂不仅能对制造的每一机器部件计算出成本和利润，也能计算出每一个部门的利润和损失，这是一种几乎完美的会计控制和监督体系；

9）进行工作研究，如测定每部机器的速度，以机器和工人的有机组合为基础来组织生产；

10）在工作研究的基础上，实行按成果付酬的工资制度。在可能的地方，厂里都实行计件工资制，并根据不同的情况分别采用三种计件工资的方法：每件产品的工资率都实行一样的计件工资方法，如装配工安装喷油嘴是以件数来计酬，以一个标准数作为基本工资；随产品的大小或直径而变化的计件工资，这与加工工件的大小、复杂程度高低与所耗时间多少有密切关系；根据工作机器所用的发动机马力的变化来计算工资，对加班工作付给加班工资；

11）推行职工福利制度。工厂为职工提供娱乐设施，美化工作环境，提供住房，过年过节给工人送礼物，并为员工提供疾病补助，还选举了职工管理委员会，建立与工作相互联系的互助会，通过这些措施以提高职工的积极性。

第四节 技术革命与工业革命

技术革命对于工业革命具有决定性的作用。如果没有技术革命，就不会有工业革命，尽管资本市场、劳动力市场等都是研究工业革命起源时需要考虑的重要因素，但是，这些因素并不是工业革命兴起的根本因素。人们把人类认识自然界的飞跃称为科学革命，科学革命带来了技术革命，并进而导致了生产、生产组织结构及社会阶级结构的深刻变化，形成了工业革命。工业革命包含技术革命和社会革命两个方面。而技术革命是指生产技术领域内的重大变革，指世界性的生产技术上的质的飞跃。

工业革命中的主导产业是纺织、煤炭、冶金、机器制造、交通运输等，新技术体系的核心是蒸汽机和其他机器的制造技术。飞梭、珍妮机、走锭精纺机、自动织布机等新发明的应用使纺织生产效率提高几十倍。蒸汽机突破了畜力、风力和水力的局限，解决了矿井抽水问题，更为纺织机、机床等机器提供了强大的"万能动力机"，促进了工厂制的建立。机床的发明使人们能制造各种机器，实现工业生产的机械化。以蒸汽机为动力的火车与轮船成为新的主导运输工具，改变了产业与城镇等的布局。技术革命和工业革命促进了资本主义生产方式的形成，使英国、法国等西欧国家先后由农业社会进入工业社会。

一、蒸汽机的普及

博尔顿始终坚信蒸汽机的最终成功。1781年，他终于看到瓦特的发明得到大家的关注和欣赏："伦敦、曼彻斯特和伯明翰的居民被蒸汽机弄得着迷了。"（芒图，1983）[266]在瓦特取得专利之后，整个工业领域都对瓦特蒸汽机表示欢迎。韦奇伍德的伊特鲁里亚陶瓷工厂是第一家安装瓦特旋转式蒸汽机的工厂。在索霍工厂中，蒸汽机为鼓风机、滚轧机和汽锤提供动力。威尔金森（John Wilkinson）为他的布雷德利工厂，雷诺兹（William Reynolds）为科尔布鲁克戴尔厂都定购了类似机器。英格兰和苏格兰的炼铁产业纷纷仿效。一家大型炼铁厂或者机械厂可能会使用12台以上不同功率的蒸汽机，以便驱动鼓风机、转动轧铁机、推动蒸汽锤，为多样化的机床提供动力，推动举重机以及其他超越自然力的机械装置。蒸汽和铁的万能姻缘由此确立。凯尔的提普顿化工厂、博尔顿的阿尔比恩磨坊、制造压印机的詹姆斯·瓦特公司等等都采用了蒸汽机作为动力。

1774年在索霍工厂的第一台蒸汽机正常运转之后，瓦特蒸汽机很快在英国得到了普及。1775年，索霍工厂交给伯明翰附近的布鲁姆菲尔德煤矿一台蒸汽抽水机，比纽科门蒸汽机抽水快两倍，而燃料耗费量相等。1777年，瓦特在康沃尔郡卖出了若干台大的抽水机。1779年，索霍工厂为巴黎供水网提供了有名的夏洛特火力机。1776年，蒸汽机第一次被用于泵水之外的用途，威尔金森定制了一台38英寸汽缸的蒸汽机为炼铁炉鼓风。4年之后，威尔金森已经拥有4台用来鼓风的蒸汽机。其他地区的铁厂厂主也开始订购蒸汽机，这些蒸汽机被安装在从约克郡到南威尔士的广大地区。在纺织工业中，蒸汽机起初只是水力机的辅助工具。第一个使用蒸汽机的纱厂是1785年设在帕普尔维克多的鲁宾逊纱厂。随后就有许多纱厂仿效鲁宾逊纱厂而购进蒸汽机（芒图，1983）[267]。

当瓦特的专利于1800年到期时，已经有496台瓦特蒸汽机在英国的矿山、金属加工厂、纺织厂和啤酒厂里工作着。其中308台是旋转式蒸汽机，164台是泵机，而24台是鼓风机。其中1台或者2台的额定功率为40马力，但平均功率是15—16马力（辛格 等，2004）[111]。

在19世纪，瓦特蒸汽机在英国本土之外得到广泛的应用，有力地推动了欧洲大陆的工业化进程。那些以前从来没有使用过蒸汽机的地区和行业也出现了蒸汽机。到1850年，所有先进国家都开始广泛使用蒸汽机，直到19世纪70年代，这种动力功率一直保持每10年翻一番的增长速度。从下表可以清楚地看到蒸汽机在欧洲大陆和美国广泛使用的情况。

表3-3 蒸汽机总功率（千马力）（哈巴库克，2002）[426]

年份	1840	1850	1860	1870	1880	1888	1896
大不列颠	620	1290	2450	4040	7600	9200	13700
德国	40	260	850	2480	5120	6200	8080
法国	90	270	1120	1850	3070	4520	5920
奥地利	20	100	330	800	1560	2150	2520
比利时	40	70	160	350	610	810	1180
俄国	20	70	200	920	1740	2240	3100
意大利	10	40	50	330	500	830	1520
西班牙	10	20	100	210	470	740	1180
瑞典	—	—	20	100	220	300	510
荷兰	—	10	30	130	250	340	600
欧洲	860	2240	5540	11570	22000	28630	40300
美国	760	1680	3470	5590	9110	14400	18060
世界	1650	3990	9380	18460	34150	50150	66100

二、采矿与冶炼

机械化的开端，出现于纺织工业，它的最后胜利和普遍发展，只有通过冶金工业的发展才能实现。冶金工业在现代大工业中占据核心位置，因为它为大工业提供设备。冶金工业中的每一次改进都影响整个工业的生产。冶金工业首先应当指的是钢铁工业。它随着生铁、铁和钢的使用而逐渐扩大优势。冶金工业直到今天还对我们因产业革命而形成的现代文明展示出一些最动人的客观外貌。它竖起了极其巨大的建筑物的骨架，它在最宽的江河上架了桥梁，它建造的一些铁船漂浮在海上，它把铁路网一直伸展到各大陆的尽头。它的历史不单单是一种工业的历史，从某种意义上说，它是整个大工业的历史。

冶金工业的历史与纺织工业的演变是平行的，但是由于燃料的缺乏而萎靡不振。英国冶金工业凋零状态的唯一有效补救办法，就是革新它的技术。由于技术变革，英国在钢铁工业方面的劣势地位，在短短几年内就变为全欧洲所公认的优势地位。达比家族找到了人们百年来从未找到的东西——改善制造焦炭的方法。达比成功地用焦炭炼出生铁，开始制造棒状铁。

亨茨曼（Benjamin Huntsman）是林肯郡唐卡斯特的钟表制造人，据说，他因不易买到好钢来做钟表发条而有所感，于是尽力设法来补救。当他在1740年离开唐卡斯特去谢菲尔德附近定居时，他的研究大概已经开始。这项研究很艰苦，直到1750年左右才成功。为了获得完美的均质金属，亨茨曼便把供反应之用的小量木炭和碎玻璃屑放在密封的耐火泥坩埚里，用非常高的热度来熔化它。这是现今少数冶金工厂继续制造坩埚钢还使用的方法。

1750年，科尔布鲁克戴尔的炼铁厂旁边的那条小河再也不够推动鼓风器了，因而必须利用气泵来制造人工瀑布去推动一个直径24尺的动轮。一些新高炉相继建造在邻近地方。1784年，科尔布鲁克戴尔四周有8个高炉和9个锻炉，铸造并铺设了长达20英里的铁轨，这样载煤和载矿石的沉重车辆便能从那个广阔地域的这一头通行到那一头。荷尔斯的高炉从1754年起每星期出产20—22吨生铁，至18世纪末竟提高到13000多吨，这个数字接近英国在煤代替木炭以前的总产量的四分之三。

英国的铁产量从1770年的5万吨增长到1800年的13万吨，进而增长到1861年的380万吨。铁已丰富和便宜到足以用于一般的建设，人类在进入了蒸汽时代的同时，也跨入了钢铁时代。工业革命之后，机器大工业使钢铁成了最主要的工业原料。对熟铁和铸铁的需求主要由于机械和工程的发展，以及19世纪30年代和40年代世界铁路建设的兴起。当时钢的产量比较低，因为当时炼钢的成本比较高。"例如英国是当时世界上最大的钢铁生产国，1850年前后，铁的产量约为250万吨，而钢产量却不到6万吨（辛格　等，2004）[35]。"

三、机器制造

在手工业时代，加工工具主要依靠人力、畜力或其他自然力，加工方式也比较简单。能够制造机器的机器，也被称为工具机或工作母机，机床是工业文明的基础。工业革命时期，机床及动力机械的变革从根本上改变了人们使用原材料与能源的方式，在此基础上形成的大规模机器生产直接影响近现代城市化、工业化，乃至人类社会文明的进程。

作为工业革命标志的蒸汽机的出现，是以西欧16世纪机床工业技术积累和传承为基础的。瓦特蒸汽机的制造依赖威尔金森于1774年生产的镗床，这种镗床能达到瓦特所要求的汽缸镗孔精度极限。由于对汽缸的材料强度和密封性的要求也愈来愈高，对铸铁汽缸进行精确镗孔成为一个难题。1775年，威尔金森用炮筒钻床改制成了一个可以加工内孔直径72英寸（1828.8mm），误差不超过1mm的蒸汽机汽缸的机床。改进的方法主要是使其支承轴在汽缸的两头被支持物所夹住，这就减少了刀杆和刀头的倾斜，大幅提高了精度。后来又改装成专镗汽缸内孔、具有更高加工精度的镗床，为瓦特蒸汽机的研制成功和大量生产克服了一大障碍。机床工业集中体现了工业技术水平，而近代早期西方和中国在机床工业上的差异是导致"大分流"的关键性因素之一（彭南生　等，2012）。

对西欧机床工业来说，早在16世纪就出现了利用曲柄和飞轮来实现连续回转的技术。英国机床行业中的发明家群体形成了一个"布拉默世系"，其彼此之间密切的关系促进了技术的交流与改进，这是工业革命初始阶段英国机床工业技术突然跃进的原因之一。火炮工业这种特殊的机械制造业诱导了机床工业的技术革新，进而最终帮助了瓦特改良蒸汽机。这是因为威尔金森于1774年生产的镗床本来是用于制造大炮的，其后才用于生产蒸汽机。18世纪中叶以后，蒸汽机等大型机器产品的广泛应用，更离不开加工手段的进步。由于在技术上解决了对金属进行切削加工的问题，钢铁取代了木材成为制造机器的主要原料。蒸汽机、纺织机器与近代枪炮等也成为推动工业化并代表近代工业文明的重要制品。

在钢铁的各种新的使用中，机器的使用是极其重要的。在炼铁厂和翻砂厂里首先使用金属设备，例如滚轧机、金属旋床、水力锤等，只能用十分坚硬的铁来做。以后又出现了生铁轮、飞轮。它们的重量很大，并有严格精确的形式，大的推动力和整齐一律的速度。阿尔比恩磨房（Albion Mill）的蒸汽磨是在1785—1788年之间根据瓦特的设计安装的，这种磨的各部件，轴、轮、小齿轮、传动主轴都是金属做成的。

机床的一系列技术进步不仅产生了新的机器，更重要的是为机器化生产时代的到来奠定了基础。例如，螺纹丝杠车床就直接带动了大型机器加工厂的出现。这种车床的发明者是在机床制造及机械加工工艺史上享有盛名的"机床之父"，英国的莫兹利（Henry Maudslay）。这种机床的特点是全部采用金属制作，刀架沿丝杠进给，并装有变换齿轮和附有刻度的分度盘。这种车床显著的特点是精确平直表面的加工，滑动刀架的使用，全金属结构的采用以及精密丝杠的加工。1808年，莫兹利建立了普利茅茨的滑轮组工厂，承担英国海军大批量滑轮组的生产任务。这家制造厂是当时机器化生产的一个奇迹：由于他们采用了当时最先进的机床，10名工人一块完成以前110名熟练工人的工作，每年可生产13000套滑轮组。仅此一项，就可为英国海军部节约17000英镑（辛格　等，2004）[291]。更重要的是，新型机床"不仅提高了机械制造的水平，而且还培养了工人追求一流工艺水平的兴趣"。在莫兹利之后，出现了惠特沃思（Joseph Whitworth）等一批杰出的机床设计师和制造家，一系列的发明和创新促进了近代机床的发展与完善。

近代机床及大规模精密加工技术的发展还促进了互换体系生产方式的出现。可互换的制造始于铣床和轧棉机的发明者美国人惠特尼（Eli Whitney）。他于1798年建立了一家制造滑膛枪的工厂。他希望"使不同武器的相同零件，例如机枪，就像铜版雕刻得到的一系列印图一样相像"（辛格　等，2004）[298]。因为生产过程可以被分解为多步，每步都在专用设备上进行，所以这种生产体系非常适合大批量的生产，其经济价值非常明显，在军事武器上的优越性也是显而易见的。仅在1812年，惠特尼就接受了超过15000支滑膛枪的生产合同。这些枪支的零件都可以互换。在1851年的万国博览会上，可互换性的生产方式引起了人们的极大关注，当时被欧洲人视为"美国"体系。可见，制造手段的进步也带动了生产方式的变革。

四、交通业的革命性变化

煤炭、蒸汽机、钢铁和铁路四者之间互为促进的关系加速了各自的增长。蒸汽机和铁路增加了煤炭和钢铁的需求，并降低了生产煤炭和钢铁所需的成本。便宜的煤炭和钢铁又降低了建造蒸汽机和铁路所需的费用，这又吸引着更多的人去使用蒸汽机和铁路，于是进一步增加了人们对煤炭和钢铁的需求。如此循环往复，工业革命的进程便得以加速，参见图3-2。20世纪初，全世界所有铁路几乎都以蒸汽机为原动力（辛格　等，2004）。

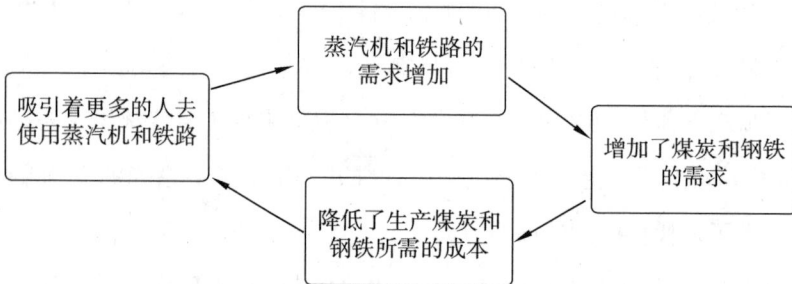

图 3-2　煤炭、蒸汽机、钢铁与铁路的相互作用

煤炭为第一次工业革命提供了主要的能源。有了煤炭和蒸汽机，英国就具备了发展蒸汽机车的条件。1784年，博尔顿和瓦特的忠实雇员默多克（William Murdock）建造了一个机车小模型，以每小时8英里的速度行驶。他是英国第一个把蒸汽机当作牵引手段的人（芒图，1983）[265]。1803年，特里维西克建造了一台单汽缸、通过齿轮驱

动一对8英寸轮子的蒸汽机车。1804年，特里维西克的机车以每小时4英里的速度载重25吨行驶，全部的操作只要一个人。特里维西克不仅发明了蒸汽机车，而且证明了轮子与铁轨之间有足够的附着力来传递牵引力。毋庸置疑，特里维西克的工作促进了斯蒂芬森（George Stephenson）于1813年建造第一台蒸汽机车（辛格　等，2004）[128-129]。1825年9月27日，斯蒂芬森的蒸汽机车由一个骑马的人做先导，拉着一列满载乘客的货车厢以每小时4.5英里的速度行驶。1829年10月，他的"火箭号"机车达到了每小时25英里的速度，在一个马拉货车需要一整天才能跑完25英里的时代，火车已经是风驰电掣了（哈巴库克，2002）[214]。

　　起初的铁路只用于从煤矿短途拉煤，直到1830年，才终于迎来了铁路时代，出现了第一条面向公众的把利物浦和曼彻斯特连接起来的铁路。很快，全世界的陆地上开始渐渐布满了铁路网。在英国，兴建铁路的热潮于19世纪40年代达到顶峰，仅1847年一年，正在施工的铁路线就将近6500英里（麦克莱伦第三　等，2007）[389]。欧美各国的第一条铁路几乎都是靠英国的技术设备建设起来的。1828年法国修筑的从圣亚田至卢瓦尔的第一条铁路，同年美国修建的从巴尔的摩至俄亥俄的第一条铁路，1835年德国铺设的纽伦堡至费尔伯特的第一条铁路，1835—1836年俄国修建的从彼得堡至沙皇村的第一条铁路等，所需要的机器设备等都是从英国购买的（麦克莱伦第三　等，2007）[389]。在短短20年的时间里，英国建立了自己的铁路干线网。从图3-3可以看到1843—1850年英国的铁路营运里程（哈巴库克，2002）[216]。

英国的铁路营运里程（英里）

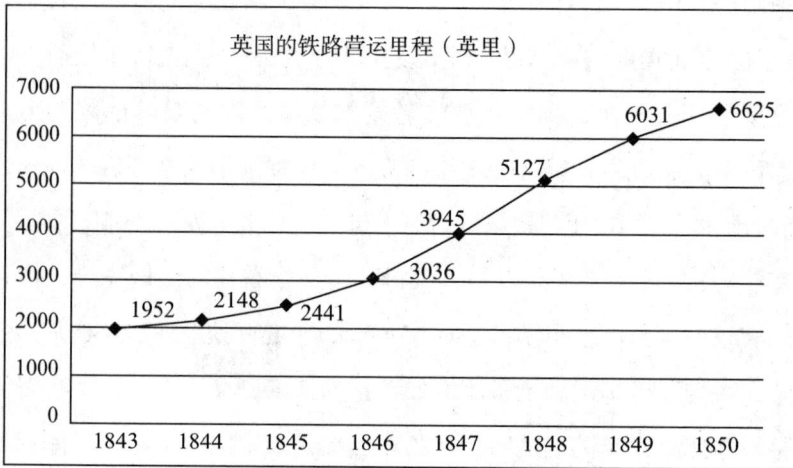

图3-3　英国的铁路营运里程

　　在英国，尽管工业革命正在使许多工业的面貌有所改观，但直到18世纪末之前，造船这一繁重的体力劳动还很少能够得到机械装备的帮助。1798年，在南安普顿附近的雷德布里奇海军工厂试装了第一台蒸汽机，这台蒸汽机已有12—14马力。第二台用于海军工厂的蒸汽机是从博尔顿和瓦特那里订购的，其功率似乎已经达到了30马力（辛格　等，2004）[393]。作为帆船队辅助推进装置的螺旋桨使得蒸汽动力战舰具有了实用价值，蒸汽动力逐渐得到了海军的青睐。1859年，英国皇家海军的"皇后号"战舰装上了500马力的蒸汽机（辛格　等，2004）[397]。蒸汽机逐渐成为海军战舰的主要推动装置。

　　蒸汽机的发明使交通工具产生了革命性的变化，摆脱了对自然力的依赖，奠定了近代交通工具的基础。蒸汽动力使运输机械发生了巨大的变革，将文明社会推向了一个热火朝天的新世界。蒸汽动力用于陆路运输的主要标志是火车的出现。火车的鸣叫，召唤了一个"铁路时代"的到来，使世界真正认识到铁路运输的巨大优越性。从此巨龙奔驰在世界各地，极大地促进了世界经济的发展。铁路使世界经济联成一体，隆隆的火车宣告了第一次工业革命的胜利实现。蒸汽轮船的发明开创了世界航运史上的新时代。它穿梭在河海湖面，将全球连成一体，使人类生活世界的空间距离大大缩小。

五、英国的工程师传统

一个重要的事实是，在英国第一代大工业家之中，基本上没有依靠自己的发明而创造出大工业的人，例如，阿克莱特、哈格里夫斯和卡特赖特等人并未建立起大型工业企业。阿什顿强调了许多发明涉及以前两种或多种独立的想法或工艺，发明者在脑海中将它们结合在一起，形成一种相对复杂和有效的机制。例如克隆普顿把珍妮纺纱机的原理与水力纺纱机的原理结合起来制造出骡机……兰德斯强调了工业革命中机械工、铁匠、技工和切割工的高超技艺：这些人的理论知识令人惊讶，一些大字不识的修补匠简直成了历史神话。甚至普通技工常常是不错的算术家，懂得几何、测量和计算，有的人还具备丰富的应用数学知识。他们还能计算速率、强度和功率，画平面图和剖面图。

在18世纪的英国，科学向促进工业革命的工匠和企业家扩散的途径已经比较畅通。除了科学教育和书籍报纸之外，公众讲座机制或巡回讲座是18世纪科学传播的重要途径之一，这些巡回讲座在生产制造圈之内众所周知。韦奇伍德将自己的工厂作为实验场所，他与化学和机械学讲师保持经常性的联系，例如莱维斯（William Lewis）和丁威迪（James Dinwiddie）。苏格兰的机械学讲师丁威迪在英国旅行传授机械学方面的课程，并表现出对制造业相关话题的兴趣，例如，水车的速度，最高效率和最准确的钟摆钟表，滑轮的最佳应用，工厂作业中的摩擦力，泵抽水的最佳方式等。

其他一些工业城市的当地报纸显示，巡回讲师也曾频繁到访这些城市。例如，在布里斯托尔，所有知名的讲师都曾经在这里开设讲座。

工业革命早期，几乎所有工程师和技术专家都曾经与来自伦敦的科学界的社会精英和知识分子一起工作过。《剑桥欧洲经济史》（第6卷）中这样描述工匠的教育情况：

> 马森和埃里克·罗宾逊所进行的最新而重要研究给我们提供了一幅18世纪下半期兰开普动员和培训技术工人的生动画面——从遥远的伦敦和苏格兰引进工匠，并且利用其固有的大量熟练劳动力，将工匠变为风车木匠和车床工，将铁匠变为铸造厂工人，将钟表匠变成车床和模具切削工。更为惊人的是这些人的理论知识，总起来看，他们并不是毫无知识的补修匠人。如同费尔贝恩所指出的，甚至最普通的风车木匠，通常也是"一个相当棒的数学家，知道一些几何、水平仪以及测量方面的知识，有时候他还拥有相当丰富的应用数学知识。他可以计算出机器的速率、能量与功率；可以画出计划图和分图……"。这些"优异成就和智力成果"大多反映出这一时期在诸如曼彻斯特这样的新兴城市中技术教育设施是非常丰富的，从迪赛特（Dissenter）[①]的学院和学术团体到地方性学术机构和访问学者，办有夜班的数学与商业学校，以及各种实用手册、期刊以及百科全书的广泛传播等，应有尽有（哈巴库克，2002）[279-280]。

---

① 即非国教者。

在工业革命快速扩展的一些城市中心，科学和技术之间的联合发展迅猛。就如阿什顿教授所指出的，在伯明翰"在实验室和车间之间的来来往往非常频繁，而且一些人，如瓦特、韦奇伍德、雷诺兹和凯尔，在对方的家里就像在自己家里一样"。他们无疑在很大程度上受益于和一些科学家的经常交流，如达尔文、埃奇沃思（Richard Lovell Edgeworth）和普里斯特利。历史上从未有过像月光社等科学学会这样的纯科学和先进工业之间的有益融合。

斯米顿担任当时欧洲最大的铸铁生产厂卡伦炼铁厂的顾问工程师。1769年，卡伦一号制造出第一个铸铁水车轮轴。1778年，铸铁传动装置被用于德普特夫的布鲁克磨房（Brook Mill），随后被大量使用。斯米顿的工作和一生充分证明了设计师、顾问和企业家多种身份卓有成效的相互影响，也成为英国新兴工业部门的一个特征。同时表明，在当时的英国，对于科学家和技术专家来说，科学和技术的区分并不重要，他们娴熟地游走于工厂、建筑工地和实验室之间。斯米顿因为他的两篇论文被选为皇家学会会员，以认可他做出的大量实用创新。

第五节　小结：工业革命与国家现代化

奇波拉（Carlo M Cipolla）在《欧洲经济史》第3卷导言中转述了一个在西方曾经广为人知的说法：一个古罗马人来到18世纪中叶以前

的世界，他可以很快习惯环境，不会遇到太大的困难；但1850年以后就不一样了。这个假想的故事也出现在诺思的著作里，不过古罗马人换成了古希腊人。历史巨变发生在工业革命前后的百年时间里，此前的世界似曾相识，此后的世界则让他不能理解。工业革命及其带来的工业化全球扩展，为现代世界奠定了基石。有了工业革命，现代世界的发展才具备了强大的势能，延续至今而没有发生逆转。

工业革命最显著的变化就是工业化，从工业和农业这两个物质生产的主要部门所占的比重看：1831年英国工业所占比例超过了60%，1871年达到了73%，而同期的法国还停留在55%左右。同时英国的人口结构也发生了巨大变化，出现了城市化的趋势。1851年，英国城市人口占总人口的52%，大大高于其他欧洲国家。同年，英国10万人以上的城市有10个，而法国只有5个，伦敦市人口已达到230万，而法国的巴黎仅逾100万。1860年，这个仅占世界人口2%的岛国，生产的工业品已占世界总产量的45%，还拥有世界出口总额的四分之一和进口总额的三分之一，并建立了遍布世界的殖民地，成为空前强大的日不落国家。英国从世界古典文明的边缘地带一跃而成为世界近代文明的中心和唯一的工业化中心。

工业革命不是上帝送给英国的礼物，而是英国在成功应对不断出现的一系列全球化经济挑战之后，自然而然产生的一种结果。英国在政治、文化和社会方面的发展为工业革命提供了合适的政治与社会环境，提供了积极动力。

一、现代化对工业革命的影响

在英国现代化过程中，政治现代化比经济现代化更早一步，政治现代化的目标是克服专制制度。法国历史学家布罗代尔（Fernand

Braudel）曾提出这样一个问题："在英国，一切都是自发进行的，宛如天造地设一般，而这正是世界上第一场工业革命所提出的引人入胜的问题，这场革命也是现代历史最大的断口。它到底为什么发生在英国呢？"原因是英国最早克服了专制制度，完成了政治改革。

地理大发现、文艺复兴、宗教改革、商业发展、民族国家等都不是首先发生在英国，但是英国在政治现代化上先行一步，君主立宪制营造出一种宽松、自由和开放的环境，为发动工业革命提供了合适的政治和社会环境。政治上的宽松保证了英国人在思想上和行动上的自由，鼓励他们追求财富，这就为发明创造提供了条件，结果是英国第一个敲开了现代世界的大门，开启了从农业社会向工业社会的转变。

科学革命所带来的实验哲学和体制化力量在18世纪的英国得到了进一步的深化和巩固。实验哲学被推崇为思想等级的顶峰，自下而上的皇家学会成为地方性科学学会效仿的榜样，科学知识通过巡回演讲和出版物等各种途径得到了广泛传播，科学旨在产生效益并为人类带来福祉的信念越来越重要。18世纪下半叶伯明翰的月光社，是科学革命所造就的社会文化土壤与英格兰中部地区以伯明翰、曼彻斯特等城市为中心的工业带的出现和中产阶级的兴起等社会经济变革相结合的产物。科学革命虽然没有通过具体成果直接对工业革命产生影响，但是它所带来的价值、观念和方法却有力地推动了早期工业革命的兴起。

18世纪显著地成为一个信仰科学的时代。科学作为一种崇高的事业获得了稳固的地位。通过出版物和巡回讲座，科学被传播到空前广泛的范围。通过皇家学会和皇家工艺学会、地方性科学学会、非国教学院、苏格兰和爱尔兰的科学学会等组织化渠道，科学与工业得到了有效的结合。作为文化自我表达的一种方式，科学成为英国文化不可或缺的元素，科学知识成为公众知识。这种科学融入近代文化所产生的飞跃与科学革命本身一样意义重大。

英国政治、科学、经济和社会的发展无疑解释了英国成为工业先锋的原因。大英帝国具有超越当时其他任何国家的优越条件，成为各种诱发经济增长的潜在因素契合的典范：企业的发展、在其主导的贸易框架下的丰富材料供应和庞大的海外市场、资本积累、工业技术核心、有利的地理位置以及河流密布的岛国经济产生的相对便利的交通、追求科学和讲究实用的传统、稳定的政治和相对灵活的社会系统、有利于商业和创新的意识形态。这一历经两百多年的历史潮流，为英国铺平了比其他任何欧洲国家更平坦的通往经济繁荣之路。

二、工业革命对国家现代化的影响

使用不同于人力或者畜力的动力是近代大工业的主要特征之一。煤炭的大规模开采和蒸汽机的广泛推广是工业革命最具有决定性的阶段。蒸汽机的发明和普遍应用，使机器代替了手工工具，从根本上改变了生产的面貌，提高了劳动效率。工业革命带来了极为广泛和深远的后果。机器大工业出现，人口快速增长，社会结构发生巨大变革，国家与社会的关系也开始发生重大变化。在工业革命的强力推动下，英国在经济、政治、文化和社会方面都开始或延续着现代化的进程。

第一次技术革命和工业革命使得英国率先步入工业化时代。技术变革首先促成了机械化在纺织行业的推广。随后动力问题成为关键，蒸汽机是工业革命的显著标志。科学和技术革新在蒸汽机发展过程中起到了重要作用。每一次重大的技术进步都以大幅度扩大蒸汽机的商业性应用范围的关键创新为标志。煤炭与蒸汽机本身并没有产生工业革命，而是它们的飞速发展与扩散产生了工业革命。蒸汽机实现了大工业的统一性，奠定了近代交通的基础。蒸汽机的推广带动了世界工业化的进程。

蒸汽机的使用完成了工业的集中，实现了各种工业之间的统一，造就了新的工业城镇和城市。凡是可以获得煤炭的地方，都可以安装蒸汽机。工厂现在可以离开溪谷，接近原料产地或者人口中心。各种各样的工厂集中起来形成一些巨大而黝黑的工业城市。蒸汽机为大工业提供了动力，使得大工业具有统一性。在此之前，各种各样的工业之间的关系比现在要疏远得多，它们各自的技术只有很少的联系，它们各自独立地发展而且使用独特的方法。然而，蒸汽机的使用使得一切工业都要服从一般的法则。蒸汽机的不断改进，对于采矿、冶金、纺织和运输具有同样的影响。整个工业世界几乎成为一个巨大的工厂，发动机决定着工人生活的节奏，决定着生产率。

工业革命带来整个社会格局的变化，对政治现代化提出了更进一步的要求。典型的案例就是英国议会改革。工业革命以后，英国人口大量由传统聚居的东南地区北移，使得曼彻斯特、利物浦等一些新兴工业城市崛起。但英国下议院1688年后再没有新的市镇取得议会代表权，而一些仅有数户居住、无人居住的衰败选区甚至在地理上消失的地方竟在下议院拥有议员名额；反之，新工业城市往往聚居数以万计人口却无议员代表。这种状况是由于工业革命引起的，最终带来了英国第一次议会改革。1832年改革的结果，使英国的选民人数从48.8万增加到了80.8万，有选举权的人口占当时英国总人口的比率也从大约2%增加到3.3%（韦森，2011）。

工业革命推进了英国社会的现代化。随着工厂制度的确立，现代工厂的管理制度也逐渐形成。工厂主制订了严格的规章制度，并且通过罚款、解雇和体罚等强制措施迫使工人服从，从而保证了工厂的纪律。他们还运用复式簿记的方式实现了对生产成本和企业利润的核算；通过对产品质量的把关，确立了对生产过程的监督；通过制订恰当的销售方案，推动了市场的开发，这些都直接促进了工厂管理制度的建立。

社会保障制度初步建立，医疗保险初步成形，社区改革稳步进行。博尔顿和韦奇伍德所实施的仁慈的劳工管理制度和标准化生产模式都获得了成功。他们的成功不单单是技术发明的成功，也是商业方法的成功。韦奇伍德所实行的品牌推广战略同样使得韦奇伍德陶瓷迅速占领了欧美市场。韦奇伍德的话最能代表同时期的人对于时代变革的印象。他要求工人们去问问他们的父母，请他们的父母描述一下记事时的国家是什么模样：贫穷程度已超出想象，住的是茅屋，土地贫瘠……连人畜糊口都不能保证。韦奇伍德在《对陶业青年的心里话》中说："将这幅图画与我们国家现在的模样比较一下：工人的工资翻了一番；住的是舒适的新房；土地、道路和其他环境都有了令人满意的快速提高。这种令人愉悦的改变源于何时？源于何故？你们首先得和我一样承认这样一个不争的事实：工业是这一大好变化的源头。人不分贵贱，通过大家坚持不懈的辛勤奋斗，我国的面貌焕然一新；建筑物、土地、道路，甚至居民的行为举止（个别不雅的除外），这一切都引起了以前未听说过我国的国家的注意和惊羡。现在我最想思考的一个问题是我们业已取得的成就能维持多久（麦克劳，2006）[51]。"

三、现代化的扩散

英国作为第一次科学革命的主要发生地之一，在18世纪首先发生工业革命和技术革命，工业社会随之兴起。农业社会向工业社会的转变扩展到西欧大陆、北美洲和欧洲其余地区，然后向亚非拉蔓延，构成全球的现代化图景。

在工业革命完成之后，英国到19世纪中叶步入鼎盛时期，成为世界工业化进程和现代化的领导者。第一届世界博览会在1851年于英国伦敦举行。当时英国是最早的工业革命强国，因此英国便计划通过一个大型的展览，以展示其国力及工业生产力。英国人自豪地把这次大型市集会称为"伟大的博览会"。在展出的约10万件展品中，蒸汽机、农业机械、织布机等推动工业革命的机械引人瞩目。

人类能够凭借汽船和铁路越过海洋和大陆，能够用电报与世界各地的同胞通信。这些成就和其他一些使人类能利用煤的能量、能成本低廉地生产铁、能同时纺100根纱线的成就一起，表明了工业革命这第一阶段的影响和意义。这一阶段使世界统一起来，统一的程度极大地超过了世界早先在罗马人时代或蒙古人时代所曾有过的统一程度。工业革命使欧洲对世界的支配成为可能，这种支配和工业革命一起扩散延伸到其他地区。

第四章
分子生物学革命与"二战"后英国国家科技体制的建立

  大英帝国带着工业革命中积累的巨大财富进入了20世纪。经济史学家将英国工业革命的成功归功于技术革新、资源、技术工人、市场经济与全球贸易等几个因素的叠加作用（Harley，2014）。在纺织与钢铁工业中，英国的技术先发优势使英国产品保持较高技术水平与价格优势，直到第一次世界大战时期英国出口的纺织品仍控制着国际市场（Fremdling，1997）。然而，19世纪末，技术革新在德国、美国发生，新的产业技术已经从纺织业、冶金等重工业逐步转移到更"轻"的电力工业以及化学制药产业等领域，英国的先发优势在第二次产业革命中反而成为负担和阻碍。英国的竞争力在20世纪不断下降，其人均GDP与美国的比值从1913年的0.93降低到1979年的0.7（Craft，2014）。

  许多学者将英国20世纪的"衰退"归咎于国家科技与

创新体系的缺陷（Edgerton，1996）。这种"衰退"或许只是与美国竞争比较中产生的假象，毕竟英国人在这一百年中获得了一百余个诺贝尔奖，然而欧盟创新计分牌（Europe Innovation Scoreboard）显示出，英国已经逐渐在创新能力上排在瑞典、芬兰、德国以及丹麦之后。一些学者认为政党的思想意识对政策制定有重要的影响，由于保守主义思想的羁绊，执政党长期奉行自由放任的政策，结果对社会、经济的变化没有做出及时的政策（包括科技政策）调整，这是导致英国衰落的重要原因（吴波，2007）。

过去的一百年见证了科学与技术的飞速发展，尤其是"二战"后，科技进步与国家安全、社会发展与人民健康等许多问题绑在一起，这就使得我们对科学革命、技术革命与国家进步关系的评价变得越来越困难。科学革命如何与国家现代化联系在一起？科学革命与技术革命的关系是怎样的？哪些制度在这一复杂的关系中起到了作用？

在本章中，我们将关注英国的分子生物学的发展以及20世纪80年代后生物技术产业的发展。英国在生命科学领域有许多世界一流的科研机构和高水平的科学家，在历史上取得了一系列重要科研成果，其中包括DNA结构的发现（1953），单克隆抗体的建立（1975），DNA指纹图谱的发明（1984）等。进入20世纪，英国的科学技术与国家进步的关系呈现出新的特征：一方面，国家比以往任何时期都重视科研投入，另一方面，基础研究转化为产品的速度随着创新环境的改良而不断加快。同时，科学与技术的边界逐渐模糊，比如该怎样定义"生物技术"，这一问题引发了英国研究理事会的讨论。其次，当代科学技术的发展受到诸多复杂因素的影响与制约，除了政治、经济、社会等因素，伦理与价值判断都通过市场机制或国家政策对科技发展产生影响。因此，在英国的语境中讨论分子生物学与生物技术产业的发展将有益于加深我们对科学技术与社会互动关系的理解，更好地回答科技革命与国家进步关系这一问题。

第一节　国家与科学的关系

19世纪后期，英国社会进行了包括议会改革、文官制度改革、军事改革、社会改革和教育改革等一系列改革。在此背景下，1870年一批科学家公开提出"科学改革"的声明，这标志着科学改革运动的开始。在科学改革运动中，改革派与反对派围绕英国"科学教育和科学进步皇家委员会"所提交的8份调查报告展开了旷日持久的辩论，其争论的内容直接关系到国家对待科技和教育事业的基本政策，关系到英国科技发展模式和科技政策的形成。此时，德国和美国都加强了国家对科技的管理，英国的科学改革运动正逢其时，关系到英国是否能在新一轮的国家角逐中把握历史时机。遗憾的是这场历时30余年的争论，最后以反对派的胜利而告终。反对派的观点主要基于两点原因：一是出于自由放任思想，反对国家权力的集中和干预；二是认为科技是个人事业，而无需国家大力支持。这些观点集中反映了当时英国决策者没有产生要求改变现有科技发展模式的思想意识（吴波，2009）。政府对科学和教育事业的"傲慢与偏见"使得英国错失了科学发展的良机，并自此出现了经济的相对衰落（吴必康，1998）[215]。

　　直到"一战"期间，由于与德国的紧张关系使得一些重要物资及商品的进口变得越来越困难，为了满足战争必需的物资和生产需要，英国政府开始重新思考并逐步重视科学与国家进步之间的关系。英国教育大臣向议会提出了《科学与工业研究的组织与发展计划》，指出："如果我们要提高或维持我国的工业地位，就必须将科学与工业研究的发展确立为国家目标（Poole et al.，1969）[65]。"1916年，英国政府成立了科学与产业研究部（Department of Scientific and Industrial Research），目的在于在科学研究的基础上推进制造业的快速增长（Varcoe，1974）。伴随着医学研究理事会（MRC）和大学拨款委员会（UGC）的成立，英国的现代科技管理机制的雏形在"一战"期间初步建立，然而这种关系并不是稳固的、制度化的。"二战"结束后，有人将英国比作"荒岛上的鲁滨逊"（Mond，1928），其战前的财富和金融地位已经丧失，工业遭受严重破坏，必须依靠人力来重建英国，政府开始意识到"在一切人之中，我们必须向之求助的人正是科学家"（Poole et al.，1969）。1945年，工党政府任命了巴罗爵士并成立了未来科学政策委员会（Committee on Future Science Policy），委员会的报告第一次从国家层面将科学与国家利益紧密地联系在一起（尽管许多科学家已经在19世纪末和20世纪初做出了类似的努力），"二战"后英国国家科学体制的建设全面启动。

一、"二战"后的世界：英国与国际社会

不可否认的是，"二战"彻底地改变了世界的政治版图和社会秩序：以欧洲大国均势为中心的传统的国际政治格局完全被战火所摧毁，取而代之的是美苏对峙的两极格局（威廉·基洛，1996）[254]。在政治上，大英帝国瓦解，再次回到了和美国的"特殊关系"中，冷战开始且影响不断加深，"铁幕"将欧洲一分为二。美苏两大阵营的崛起对于英国的政治、军事地位构成威胁，国际秩序发生了巨变。20世纪五六十年代，大英帝国旧的殖民体系日趋瓦解，帝国的版图逐步缩小，英国已经不能用武力来继续保留它遥远的领地。1945—1964年，印度等24个国家完成了自治，曾经的"日不落帝国"虽然是战胜国，但已经风光不再。战争给英国造成了重创，耗费了英国国家财富的四分之一，使黄金与美元消耗殆尽，英国由战前的债权国沦为战后的债务国，外债有90多亿美元（吴波，2007）。英国本土的许多工业设备与基础设施遭到严重破坏或过于陈旧，亟待更新（Pearce et al.，1992）。在经济上，这一时期是经济复苏和增长的时期，失业率有所降低。战后英国改革出台了国家医疗服务制度、社会保障和免费中等教育的新制度。此外，经济增长意味着所有阶级的物质更加丰富。然而，阶级分层仍然明显，性别关系基本保持不变。20世纪60年代的精神以反叛为主，尤其是年轻一代反对仍存续的阶级划分和现有的政治文化价值观。这一时期的文化也被描述为"从炸弹到披头士"的时代，"二战"后的半个多世纪体现的是"反抗现代主义"。

表4-1　英国"二战"前后海外资产和债务表（百万英镑）（奇波拉，1991）[116]

	1938年	1946年
海外投资	4500	3400
英镑结存	−800	−3500
政府负债	无	−1500
黄金储备	800 t	600 t

　　英国从1949年开始便与美国通过战略和地缘政治组织——北约绑在一起，自此英国和美国在对内的经济以及对外的政治上都保持高度一致。经历了"二战"的洗礼，科学作为一种重要的战略资源已经在英美等国成为一种共识。1945年，万尼瓦尔·布什[①]（Vannevar Bush）的著名报告《科学——无止境的前沿》被誉为战后科学政策的基石，而美国的这种对于"科学与政府关系的经典表达"也自然得到英国人的推崇。

二、"新英国"与国家科学

　　"二战"中科技作用的全面彰显坚定了战后英国推行国家科技政策和全面建设国家科技体制的决心，科学技术成为各国重振国家经济和提升国家实力的战略重点。战后的20年是国家科学体系与制度不断建立与发展的阶段：在美国，万尼瓦尔·布什发表了著名的《科学——无止境的前沿》，描绘出美国甚至是全世界范围内科技发展模式的蓝图，并将科学作为一种国家事业推到了"舞台的中心"（Bush，

---

　　① 万尼瓦尔·布什在"二战"期间创建并领导了美国著名的科技研究发展局（OSRD），因此被认为是"有可能决定战争胜负的人"；战后他所发起撰写的《科学——无止境的前沿》成了美国制定科学政策的"《圣经》"。

1945）；在德国，科技政策的重点是恢复教育与科研体制，并从20世纪60年代开始相继建立四个以基础研究为主的研究中心[1]，目的在于使科技成为经济高速增长的强大动力；在法国，科技研究委员会在战后得以成立，此后的戴高乐政权创立了科技研究部际委员会，科技与国家利益不断绑定。战后英国也将国家的战略重点放在科技体系的建设与发展"为国家服务"的科技事业上，并取得了显著的成效。

　　在战后的经济重振过程中，英国选择了一种有别于以往的道路，即福利国家[2]的道路。工党政府在"二战"结束前便赢得了大选，迫使英国的战时领袖丘吉尔下台。其实，保守党的失败并非偶然，丘吉尔的远见卓识在战场上起到了重要作用，却没有觉察出国情的变化，随着战争接近尾声，人们把注意力转向了未来，憧憬着战后的"新英国"。凯恩斯（John Maynard Keynes，1883—1946）[3]在1936年出版了《就业、利息和货币通论》，这部书否定了从亚当·斯密以来的经济学的自由主义理论传统，提出应该用国家干预办法刺激消费，促进生产以达到充分就业，凯恩斯主义也成为战后英国以及世界范围内经济及国家政策的基石。凯恩斯也因此被称为"战后繁荣之父"。凯恩斯

---

[1] 即汉堡同步加速器中心，柏林哈恩–迈特纳研究所，辐射研究中心，慕尼黑等离子体物理研究所。

[2] 福利国家是英国的另一个"制度输出"案例，从《贝弗里奇报告》到美国的罗斯福新政，再到我们熟知的北欧的福利社会体系，这些都源自《贝弗里奇报告》中福利制度的设想。

[3] 凯恩斯是现代西方经济学最有影响的经济学家之一，他创立的宏观经济学与弗洛伊德所创的精神分析法、爱因斯坦发现的相对论一起并称为20世纪人类知识界的三大革命。这部作品对人们对经济学和政权在社会生活中的作用的看法产生了深远的影响。凯恩斯发展了关于生产和就业水平的一般理论。其具有革命性的理论主要是，关于存在非自愿失业条件下的均衡：在有效需求处于一定水平上的时候，失业是可能的。

主义经济学对战后政府的政策范式产生了深远影响，也从一个层面影响了国家科技体制的建设。

对于"新英国"的描述最早出现在1942年著名的《贝弗里奇报告》中，报告的主要内容是建立一个包罗万象的社会保障体系，它为英国描绘的蓝图是建设"福利国家"之路。这个报告主张的社会福利可以被概括为"3U"思想：普享性原则（Universality），即所有公民不论其职业为何，都应被覆盖以预防社会风险；统一性原则（Unity），即建立大一统的福利行政管理机构；均一性原则（Uniformity），即每一个受益人根据其需要，而不是收入状况，获得资助。在福利国家中，所有的英国人——不分阶级、不分贫富、"从摇篮到坟墓"——都有权享受社会福利制度的保护，永不受贫穷疾病之苦（钱乘旦　等，2007）。然而对于任何社会理论而言，其发展都是因为其适应了社会发展的需要，英国也不例外。

"二战"期间人们对国家干预的重要性有了进一步的认识，一种"平等分享"的精神在战争期间让百姓受益，比如定量平等供应防毒面具等必要供给，还有一些为应战准备的疏散活动使得英国不同的阶层第一次有了交会。并且，战争结束了20世纪30年代的大规模失业，不仅实现了全面就业，工资水平也不断上升。因此，战争期间尽管物资匮乏，但是人民的平均营养水平反而提高了。平均主义激发了人们对于社会规划的理想，也就是对于"新英国"的向往（Morgan，2000）。在这样的憧憬中，工党的竞选宣言便是在英国建立一个"社会主义的大不列颠共同体"，要求政府接受《贝弗里奇报告》，并因此获得了选民的支持。战争让人们相信作为国家代表的政府完全有能力干预并组织一个正常运转而有效的经济机器，完成其福利国家与经济发展的承诺。

因此，战后20年间，英国政府的经济活动主要围绕着三个方面进行，即充分就业、福利国家和国有化。在福利国家和国有化的浪潮下，科学与国家的关系也顺其自然地完成了联姻。我们熟知的"赢得了战争"的雷达和"结束了战争"的原子弹就是"二战"中的杰出的科研成就，因此战后英国政府大规模投资科学也是基于科学与国家安全、人民福祉、经济发展之间的紧密关系。尤其是冷战时期，国防科技投入的高涨成为科技发展的重要动力，在一定时期甚至决定了一个国家的科技发展的必要性与发展的规模及速度。

三、关于国家科学的讨论与政策共识

战争还未结束，英国的掌管者们已经开始为新时期的科技政策描绘蓝图了。1944年，科学工作者协会便发表了题为《战后科学计划》的备忘录；120名企业家发表"国家工业政策宣言"；人们纷纷呼吁科技政策。1945年7月，英国掌管科技事务的枢密大臣莫里森表示，"政府应该重视科技的强大作用，我们认识到了正是科技使战争得以持续，并取得胜利，我们同样期望科技在和平时期的经济建设中发挥重要的作用"。1945年12月，工党政府任命巴罗爵士负责组建一个未来科技政策委员会，规划英国战后的科技发展，这个委员会给政府提交的报告（后简称《巴罗报告》）成为战后英国科学政策和科技体制建构的路线图。报告指出："人们从未如此广泛地认识到科技的重要性，并将未来的进步与幸福的希望寄托到科学家身上。如果我们要维持我们在世界上的地位，恢复和改善我们的生活水平，除了努力推动科技的进步，我们别无选择，否则，我们的贸易将会萎缩，我们的殖民帝国将停滞，我们的生活和自由将受到潜在侵略者的威胁（Barlow，1946）。"在这些重要政策报告的影响下，政府内部形成了对国家科技政策的基本共识：首先政府决定在和平时期加大对科学研究的支持，协调公共研究经费与科学研究活动，同时听取科学团体对未来科技发展规划的建议，从而进一步扩张政府支持的研发项目；

其次，英国面临着科学家与工程师的严重短缺，教育机构应迅速扩大以提高人才的供应；另外英国政府还大力促进科学与工业研究署和研究协会的发展，进一步鼓励技术应用于工业以提高生产力和生产效率。

在国内的福利国家浪潮和关于科技政策的讨论以及美国科技政策的影响下，战后英国确立了国家和科学的基本关系与政策。此后，经济学家进一步解释了为什么国家要投资作为"公共产品"（Public Good）的科学，这为科学与政治的联姻找到了更多的合法性。著名学者尼尔森[①]（Richard Nelson）和阿罗[②]（Kenneth Arrow）的文章都提出了科学知识作为一种公共产品不能通过市场得到有效供给，因此政府有责任投资于科学以保证知识的积累与进步。

第二节　帝国的梦想：英国国家科学技术体制的确立

尽管"二战"之后英国的科学政策重心经历了几次变化，

---

① 尼尔森在《基础科学研究的简明经济学》一文中指出，依靠市场机制来对基础研究投资，将低于社会最优配置水平。科学的不确定性、长回报率使得企业将对其望而却步，而基础研究的巨大外部性会给社会带来多种形式的效益，如产出知识、培训人才、降低搜索成本等。科学作为公共产品的市场失灵，因此需要政府用看不见的手加以干预。

② 阿罗的《经济福利与发明活动的资源分配》提出，基础研究的产出即科学知识，具有信息的特点。科学知识作为信息，是公共物品。

但是我们仍然可以将这段时间称为后战争时代（Postwar Period）（Chadarevian，2002），经过战争洗礼，政府对于科学的投入不断增长，同时整个社会对于科学的信心与认可也不断增强。如果再细致考察的话，英国在战后的第一个20年的科技发展阶段的重心集中在国防科技上，军用与民用科技的投入极不平衡；然而军事项目的接连失败，以及工业实力的衰退，使得威尔逊首相执政（1964）与《科学技术法》（1965）的颁布成为英国科技政策重心转向的标志，国防科研开始向民用研发转移。20世纪70年代中期以后，英国长期陷入"停停走走"的所谓"英国病"的恶性循环之中。因此，英国在20世纪80年代见证了新自由主义的复兴。1979年，撒切尔夫人的上台标志着英国国家科技政策由工业科技政策过渡到强调创新的政策，并在制度安排上做了相应的调整。到了20世纪80年代，撒切尔政府的一项措施就是削减政府公共开支，鼓励企业自由竞争，加速国有企业的私有化进程。自由主义政策下的科学政策将一种从基础研究—应用研究—创新的模式改变为一种"市场拉动模式"的科学技术发展模式。正如20世纪80年代英国首席科学顾问所强调的："英国所需的是更好地调动自己的发明与创新资源，科技投资应该远离那些科学上的'孤芳自赏'，我们要把重点集中在国家需要的重点领域，研究的价值应依据其潜在的经济价值来确定（Scottram，1993）。"这些思想左右着英国国家科研资助重点领域的选择以及第二阶段的技术创新政策的制定。

一、现代科研体系的建立

英国现代科技管理体制的雏形在"一战"期间便已逐步建立，"二战"前英国的双重科研资助体系便已建立。1916年，为了应对"一战"带来的制造业能力下降，英国成立了国家与工业研究部

（DSIR），以促进政府对科学以及工业政策进行改革。1918年，霍尔丹勋爵（Lord Haldane）在关于政府机构的报告①中提出了霍尔丹原则（Haldane Principle），确立了英国的科学研究经费分配法则，即“研究经费应该花落谁家是研究者说了算的，而不是政客”。此后很长时间，霍尔丹原则一直主导着英国政府的研究投入策略，也被形容为英国科学共同体保持自治并不断保持较高创造力的保护伞。1919年，大学拨款委员会（University Grants Committee）成立，以确保英国的大学的正常运转，考察大学在经费上的需求并向英国财政部上交提案。一直到1990年，大学拨款委员会一直履行着其资助高等教育的责任，构成了英国科研资助体系中的两个重要来源之一。

在霍尔丹原则的倡导下，1920年医学研究理事会（Medical Research Council，MRC）②的成立标志着政府直接资助（而非对大学、教育委员会的投入）的科学时代的到来。在战争期间，医学研究理事会一直持续地资助一些重要的科研项目。1945年，英国科学家弗莱明（Alexander Fleming，1881—1955），钱恩（Ernst Chain，

① 该报告是为了解决战争所遗留的问题而设计的——希望管理公共研究的机构从战时机构中独立出来，成立咨询理事会，也就是今天英国的研究理事会。

② 医学研究理事会是由1913年成立的医学研究委员会（Medical Research Committee）重组而来。20世纪后半叶研究理事会体系成为资助基础科学的最重要的国家制度设计。医学研究委员会的成功资助（资助了30余项诺奖工作）确立了英国双重资助体系中的一个维度。一直到现在，英国研究理事会（Research Councils UK）仍是英国的科研体系资助的两个重要公共财政来源之一（另一个为高等教育基金委员会，简称HEFCE，为大学提供基金，维持基本的科研基础设施和科研能力），下属十个理事会分别是艺术及人文科学研究理事会（AHRC）、生物技术及生物科学研究理事会（BBSRC）、工程及自然科学研究理事会（EPSRC）、经济及社会科学研究理事会（ESRC）、医学研究理事会（MRC）、自然环境研究理事会（NERC）、科学及技术设施理事会（STFC）。

1906—1979）和弗洛里（Howard Florey，1898—1968）因发现青霉素而荣获诺贝尔生理学和医学奖。早在1929年弗莱明就发现了青霉素的抗菌作用，但是直到"二战"期间，在医学研究理事会的资助下，钱恩和弗洛里才使青霉素得到纯化，达到药物标准，并证明该药有高效、广谱的抗细菌感染作用，使得这一研究成果快速地转化为战争中的制胜法宝。此外，医学研究理事会在20世纪40年代末就开始资助剑桥大学卡文迪许实验室以及伦敦国王学院的分子生物学研究，并促成了沃森和克里克1953年DNA双螺旋结构的发现。战前，英国政府还成立了农业研究理事会（Agricultural Research Council）（1931）以支持英国的与农业相关的研究。研究理事会体制在成立之初便受到皇家宪章（Royal Chart）的保护，它并不隶属于任何政府部门。由于受到霍尔丹原则的保护，各个委员会的经费的分配都由科学家群体决定，因此研究理事会在20世纪英国的科学与政府的关系上扮演着重要的边界组织（Boundary Organization）的角色，一方面保护着科学家的自主性，同时又保持着国家对于研究方向的一定控制能力。

二、后战争时代：从冷战到技术白热化

英国的国家科学政策与生俱来带有两个突出特点——浓厚的军事色彩和以科技为手段参与国际政治斗争，这将对战后的科技政策发展产生深远影响。战后英国科技政策围绕这两个目标：第一是提高科研投入，调节机构设置，增强技术转移能力。《巴洛报告》的核心内容之一便是设置与调整政府科技管理机构，以便实现科技政策目标。报告建议：整顿政府科技管理机构；枢密大臣负责协调整理整个民用研究；各部部长协调本部门的科技工作；成立科学顾问委员会（ACSP），以取代"战时科学顾问委员会"，以便为政府、工业、大学的科技活动提供政策建议。1947年，根据巴洛委员会的建议，工党

政府成立了科学顾问委员会和国防研究政策委员会。前者是对战争时期科学顾问委员会的继续与发展，负责为政府民用科研活动提供政策建议，如科研拨款的分配、科技人力的配置，从而推动科技为国家经济发展服务；后者负责为军事研究与发展提供政策建议。另外一个组织的成立很有代表性，即国家研究与发展公司（National Research and Development Corporation，NRDC）[①]。这是一个为了便于政府资助的研究项目走向市场而成立的中介机构。NRDC完成了许多对研究理事会专利的转移工作，其最成功的案例是对头孢霉素的技术转移与商业化。战后第二个科技政策目标便是提高国防科技能力。英国在国防领域的投资与民用科技不平衡，冷战期间英国一直以"核战略"为先导，1952年原子弹研制成功，1957年氢弹爆炸成功，随着国防科技研发的不断加强，英国开始尝试改变军民技术的极不平衡状态。为了实现民用科技与军事科技之间的协调发展，工党政府任命在战时组织了雷达等军事仪器研究的蒂泽德（Henry Tizard）任两个委员会的主席，以一种"精妙的方式来实现国家民用科技与军事科技的平衡"（Long et al.，1975）。但是这种依据个人能力来维持平衡的制度是不稳定的。1951年丘吉尔上台后这种"军民"共同管理的模式也瓦解了。

从统计资料我们可以发现，"二战"期间英国研究与发展经费迅速增加。战前全国研究与发展经费比例还不足国内生产总值的0.5%，在战争中科研经费直线上升，"二战"结束后达到1%的最高点（Morell，1980）。"二战"结束后，国家科技资助规模的扩大推动了英国科技的大规模发展。战后的15年间，英国国民生产总值中的

---

① NRDC是英国政府于1948年成立的，其首要目标是将"二战"期间积累的科研成果转化为产品。1981年，NRDC与国家企业委员会（National Enterprise Board）合并成立了英国技术集团（British Technology Group）。

R&D（Research & Development）经费的比率达到2.5%，公共财政投入甚至一度在R&D经费中占四分之三。研发经费如此大规模、高比例增加，在英国历史上前所未有，后来也再没有发生过（见表4-2）。这种庞大的研发投入趋势是在英国国防科技战略的引导下出现的。1955—1956年，英国国防部门经费占政府研发总经费的80%，尽管一些军事研发成果也不同程度地溢出到产业，但是这段时期的科技投入并没有对工业发展起到多大的推动作用。同时，政府雇用的大批科研人员大部分从事军事科技活动，以1953年为例，18935名科技人员中，有12130人在军事部门，占总数的三分之二。军用科研的设备条件的优越也远胜于民用设备，令参观过军用实验室的民用科学家自叹弗如（吴必康，1998）[142]。

表4-2　英国1949—1955年政府研发经费的分配（百万英镑）

年代	供应部（包括原子能研究）	海军部	全部民用部门
1949—1950	76.5	10.1	17.2
1950—1951	92.0	11.2	21.8
1951—1952	113.8	14.6	23.7
1952—1953	135.2	16.7	23.8
1953—1954	189.8	18.0	25.5
1954—1955	217.4	18.4	27.1

毋庸置疑，英国的科技发展的国防战略导向与冷战初期的国际局势紧密相关，英国的国防政策仍是在为一场世界大战的危险做准备，并且英国追求的是与美国、苏联平起平坐。在冷战思维的影响下，英国在"重国防轻民用"的道路上一直走到20世纪60年代初，到了1956年全国R&D经费的90%集中在防务、原子能和航空三大项目上（Long et al.，1975）。

一直到20世纪50年代末，科技政策开始在国家政治生活中占有一席之地，因此对于科技发展的协调与管理也逐渐成为两党关注的焦点，特别是在不改变国防科技战略的情况下，只能通过建立科技协调管理机构来缓解军事科技与民用科技之间的资源矛盾。1959年，英国设立了科学部部长，希望通过这一职位的设置来解决这种矛盾，协调各部门的科研经费。英国形成了战后的第一个科学政策体制（如图4-1）。

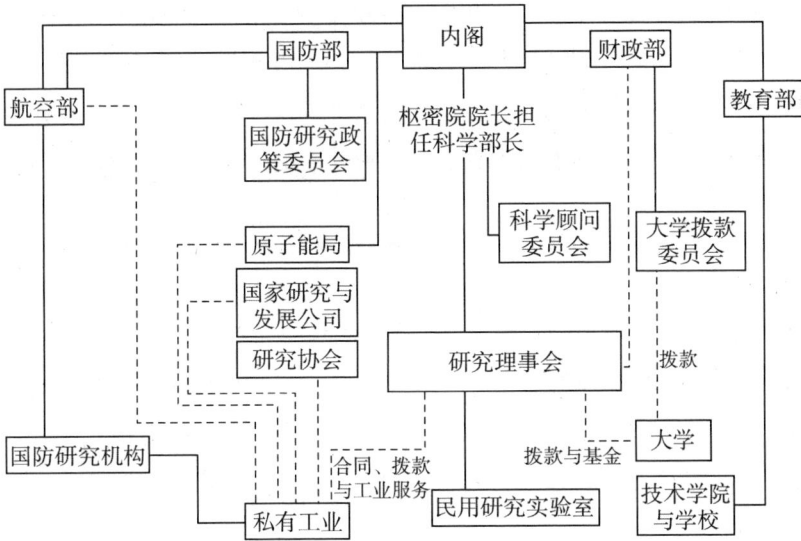

图4-1　1959—1965年英国科技体制模型

在战后近20年的时间中，英国政府仍然怀揣着一种超级大国的梦想，采取一种军备对抗的冷战思维模式来组织其科学技术活动，其科技政策是试图同美国和其他国家在整个科技发展中进行全面竞争，为此英国的R&D经费仅次于美国和苏联。英国的大部分科技经费用于军事，导致英国科技政策处于进退两难的境地，既不愿放弃现有的国防科技政策，又无力给民用科技以大量的资助，其代价是牺牲民用工业与经济发展。30多年后，一位英国学者直率地写道："英国是怀抱着实际上已消逝的辉煌帝国梦进入战后时代，这种对英国的世界地位和国家财力的误解，也反映在科学的结构和资助中。"

　　1964年，面对英国经济发展的停滞不前，国防花费达到顶点，以哈罗德·威尔逊为首的工党政府着手开展第二次"重建"计划，国家的重心也因此开始由军事向经济方面转移。1964年工党上台后，其提出的"技术白热化"问题成了英国"现代化"的纲领和宪章，英国政府由对军事科技的关注转移到了工业科技竞争力上来。《科学技术法》就是在这样的战略目标中形成的。《科学技术法》撤销了有半个世纪之久的科学与工业研究署，组建技术部，接管科学与工业研究署对民用科学研究的职责，同时，技术部的使命为引导和刺激国家科技政策朝着有利于先进技术推广和新型工业生产的方向发展，提倡"技术是为了利润"的口号。

　　威尔逊首相认为"英国的成功，国民生活水平的改善，我们在世界中的地位与作用的保障不是依靠财政手段，而是依靠实在的物质基础……因此实现国家的现代化尤为重要。在工业化的时代里，我们要给优秀的科学家和工程师更多的从事高职位的机会"。工党执政后开始将科技政策的重点转向民用研究与开发，主要措施是撤销一些大的军事研究项目，削减军用研发经费，增加民用研究与开发经费，并大幅度改组政府科技管理机构等。威尔逊政府取消了诸如P1154战斗机、HS681喷气式运输机等军事研发项目，取消向美国订购新的"北极星"核潜艇，原子能计划也被削减（吴必康，1998）[169]。

表4-3　20世纪60—70年代R&D经费比率

年代	民用R&D经费比率	军用R&D经费比率
1961—1962	36.2%	63.8%

续表

年代	民用R&D经费比率	军用R&D经费比率
1964—1965	40.3%	59.7%
1967—1968	53.5%	46.5%
1970—1971	60.3%	39.7%

虽然很多报告都指出了英国科技投入的严重不平衡（见表4-3），但直到1965年工党政府颁布了《科学技术法》，英国政府才将工业科技政策的战略目标付诸实践。然而英国在国防科技时代却使得科学与产业的发展严重脱节，实际上这个问题一直延续到20世纪末。英国政治学家尼克·特拉索指出，当英国与其他超级大国进行武器竞赛的时候，德国与日本抓住了一个又一个被英国放弃的钢、造船、机械等市场，扩张工业能力和分担失业压力（Tiratsoo et al.，1998）。甚至有人评价保守党执政的13年为荒废的13年，保守党政府不但没有制定切实有效的推动工业和经济发展的科技政策，而且由于对科学技术作用的漠视，导致工党政府时期利用科技推动英国工业发展的努力半途而废，失去了英国工业现代化的机会。

英国在很长一段时间内一直是使用理想模型指导科学研究与发展，即认为科学与国家经济进步之间的关系是一种"线性模型"（Linear Model）（Rosenberg，1991）。"二战"之后到1970年左右，英国政府一直信守的是这样一种科学发展规律，从而制定了相关的科学发展政策。在这一时期政府成功地将科学与国家的安全富足联系在一起，几届政府的共识是为科学及其管理投入都必将转化成经济进步与社会发展的成果。在战后的几年中，政府不断努力地提高从事科学研究的人员数量，但是到了70年代初，人们却发现英国面临着"智力外流"（Brian-drain）的巨大压力，政府培养出来的许多专家都移民到美国或者其他一些海外国家。1960年左右，科学与技术已经被看作是实现现代化、解决经济发展相对缓慢以及经济衰退等问题的法宝（Wikie，1991）。但是到了1970年，由于英国经济指标的不断下滑（见表4-4），科学的收益迟迟未能兑现，对于科学不切实际的幻想破灭了。

表4-4　五国GDP对照表（1952—1977）（10亿美元）（Kenney，1983）

	美国	日本	联邦德国	法国	英国
1952	350	16	32	29	44
1962	560	59	89	74	81
1972	1152	317	229	224	128
1977	1890	677	508	374	263

此前的科技政策研究都没有注意到的现象是，即使英国在战争后的科技政策不利于产业与科学的发展，但在英国不断高涨的科研经费的支持下，这一时期的英国的科学成就依然是耀眼的：英国在战后20年的时间中收获了17项诺贝尔科学奖（见表4-5）[①]，英国独立研制了原子弹和氢弹、世界上第一个核能发电装置、第一台商用计算机、第一条气垫船等。我们又该怎样解释英国科学在战后取得的成就呢？是英国在基础研究领域依旧保持的科学传统与科学自治精神在发挥作用，还是英国新的科技制度支撑了这些研究的开展？在后面的研究中，我们期待通过研究DNA双螺旋结构发现过程的案例来寻找这些问题的答案。

---

① 尽管其中很多工作并不是在这20年中完成的，其中有5—6项来自战前的研究基础，相当大部分的工作还是这段时期完成的。

表4-5 战后20年间英国收获的17项诺贝尔奖

获奖年	获奖人	学科	获奖工作
1945	弗莱明 （A. Fleming）	生理学或 医学	发现青霉素及其对各种感染性 疾病的治疗作用
1947	罗宾逊 （R. Robinson）	化学	具有生态学重要性的植物制品 （生物碱）
1947	阿普尔顿 （E. V. Appleton）	物理	上层大气物理学
1948	布莱克特 （P. M. Blackett）	物理	将威尔逊云室用于核物理及宇 宙射线研究
1950	鲍威尔 （C. F. Powell）	物理	将感光乳胶用于研究核过程、 宇宙射线
1951	科克罗夫特 （J. D. Cockcroft）	物理	利用加速亚原子粒子研究原子 核的嬗变
1952	马丁，辛格 （A. J. Martin，R. L. Synge）	化学	发明分光光谱分析法
1953	克雷布斯 （H. A. Krebs）	生理学或 医学	发现柠檬酸循环
1954	波恩（M. BORN）	物理	量子力学的波函数统计解释
1956	辛瑟尔伍德 （C. N. Hinshelwood）	化学	发现化学反应的机理
1957	托德（A. R. Todd）	化学	核苷酸与核苷酸辅酶
1958	桑格（F. Sanger）	化学	蛋白质特别是胰岛素的结构
1960	格达沃 （P. B. Medawar）	生理学或 医学	发现获得性免疫耐受

获奖年	获奖人	学科	获奖工作
1962	佩鲁兹，肯德鲁（M. Perutz, J. Kendrew）	化学	球型蛋白质的结构
1962	克里克，沃森，威尔金斯（F. C. Crick, J. Waston, M. Wilkins）	生理学或医学	发现脱氧核糖核酸（DNA）的双螺旋结构
1963	霍奇金，赫胥黎（A. Hodgkin, A. F. Huxley）	生理学或医学	发现神经细胞末梢与中枢部分兴奋抑制的离子机制
1964	霍奇金（D. C. Hodgkin）	化学	结晶法测定生化物质结构

第三节　传统与变革：DNA双螺旋结构的发现与分子生物学革命

　　20世纪以来，科学技术的进步使得我们对自然界本质的认识发生了两次广泛而深刻的变化：一次是发生在20世纪初的物理学革命，另一次则是生物学领域对生命本质的探究。1952年，剑桥大学卡文迪许实验室的沃森和克里克从杂乱无章的数据中理出几个关键数据，他们用硬纸板和金属板建立了核酸模型，并阐明了遗传物质本身的结构，即脱氧核糖核酸的双链螺旋梯型结构（Watson et al., 1953a），这一发现使得生物学在此后60年的历史迥然不同。

在这一节中要探讨的是一个科学发现的问世及其产生的诸多影响。正如前面论述的，英国在"二战"胜利后，在福利国家的政策背景下发展科学与政府的关系，尽管这一阶段的重国防轻工业的科技政策在后来广受批评，但是英国在"二战"后的20年时间中却收获了17项诺贝尔科学奖，在化学、分子生物学以及物理学等领域都取得了举世瞩目的突破。我们在这一节选择发生在剑桥大学卡文迪许实验室的DNA双螺旋结构发现的案例，就是为了去探索哪些因素影响了这样一批研究成果的出现，是英国自科学革命以来的科学传统还是英国政府的新政策对一些重要的科学发现起了决定性作用？为什么DNA双螺旋结构发现以及此后的一些重要的分子生物学研究是在英国完成的？为此，我们首先应该叩响卡文迪许实验室的大门。

一、卡文迪许：英国科学的传统

卡文迪许实验室的历史可以追溯到1871年。19世纪英国的物理学依然沉溺于数学和理论力学，面对着法国和德国在科学和实验物理学方面取得的成就，英国学者开始深入地考虑研究方向和高等教育体制改革的问题。直到麦克斯韦在1886年任剑桥考试委员会成员期间，提出了将考试科目扩大到热学、电学和磁学，才使得在剑桥大学具备了建立实验物理学这样一门新学科的条件。1871年，时任剑桥大学校长的威廉·卡文迪许（William Cavendish）倾囊相助，建立了实验物理学实验室并命名为"卡文迪许实验室"①。虽为私人捐助建立，卡

---

① 建立之初实验室取名为德文郡物理实验室，后在麦克斯韦的建议下改名为卡文迪许实验室。德文郡公爵是卡文迪许教授的爵号，威廉·卡文迪许是第七代公爵，发现氧气和扭秤实验的是第二代德文郡公爵——亨利·卡文迪许（Henry Cavendish）。

文迪许实验室仍然作为剑桥的实验物理系的"公立"教育单位进行管理，类似的实验室在英国并不少见。

卡文迪许实验室的研究宗旨是用物理实验的方法揭示自然未知的规律，进行教学和研究。在卡文迪许实验室旧址的橡木大门上，雕刻着一句拉丁文圣诗："主之作为，极其广大，凡乐之嗜，皆必考察。"实验室的宗旨便是研究博大而多样的世界，这也是卡文迪许孕育着无限创造力的思想源泉。

卡文迪许实验室从成立至今共选聘了9位卡文迪许教授，这些教授都经过剑桥大学评选委员会的挑选，其职责是管理并领导卡文迪许实验室的科研与教学。第一任卡文迪许教授是詹姆斯·克拉克·麦克斯韦，他不仅在科学领域完成了电磁学理论的工作，还确立了卡文迪许实验室的建室方针和政策，培养出一批杰出的科学人才。在他的就职演讲中，麦克斯韦说：如果社会准备接受各种科学原理的话，那么我们的实验室为了传播和培植科学知识，不仅要在证据考察的基础上提供真实的科学原理，而且要提供深刻的批判精神，并且教学与科研应当有系统地相互结合（阎康年，1999）[226]麦克斯韦还提倡要自制仪器并且自己动手实验，并且希望研究者熟悉、比较和评估各种科学方法，将准确性的实验与推测结合起来，认为"推测性的联系对于每一个新颖的想法来说，都像泰勒斯时代一样那么迷人"。麦克斯韦作为卡文迪许的第一任教授，确定了卡文迪许实验室兼容并包、博大而富有活力的实验室精神。

到了20世纪30年代，物理学已经经历了量子力学的洗礼，这时候的卡文迪许实验室依然在卢瑟福等一批科学家的领导下闻名于世。1937年，时任卡文迪许教授的卢瑟福的突然去世使得剑桥大学评审委员会不得不再找到一位合适的科学家担任实验室的管理者。因为卡文迪许教授的专长和研究方向代表了实验室在他任期内的主要研究方向，所以要求当选者必须在物理研究上成就卓越，并能够使实验室持续向着前沿领域进军，并且具有崇高的学术地位和国际学术影响力，且长于学术政治，能够在物质、经费和道义上取得社会的支援。因此遴选胜任的继承人绝非易事。

最终，布拉格被任命为卡文迪许实验室的第五任掌门人。布拉格当选首先是由于他早在25岁时便因为与父亲共同用X射线研究晶体结构而获得了诺贝尔奖，是历史上最年轻的诺贝尔奖获得者，在英国和国际物理学界都享有盛誉；另外一个原因就是剑桥大学委员会认为英国在核物理领域的领先已经是过去时了，而布拉格很有可能为英国培育出一些新的研究方向。事实也确实如此，在布拉格任期内，卡文迪许实验室经历了变革的时期，在卡文迪许确定了"二战"后30年科学发展的两个重要方向。一是射电天文学，在布拉格的鼓励下，年轻的物理学家赖尔（Martin Ryle）建造了世界上第一台射电望远镜；二是布拉格认识到用X射线研究生物大分子结构的重要性，可以说是布拉格培育了卡文迪许的分子生物学方向。

在布拉格接任卡文迪许实验室时，研究小组大概分为核物理实验室、无线电物理和结晶组，核物理仍为主流，在人数上占据绝对优势。"二战"前布拉格在组织上进行了一定的调整，推动蛋白质晶体研究迅速展开。当时晶体组的负责人是来自奥地利的佩鲁兹，他在卡文迪许主持晶体小组的初期，布拉格教授发现了用X射线分析生命体细胞大分子具有重大意义，帮助佩鲁兹将研究方向从无极无晶体的分析转到蛋白质结晶结构的分析上来；布拉格还帮助佩鲁兹申请到洛克菲勒基金的经费，又在英国医学研究理事会（MRC）申请到了科研经费以支持佩鲁兹领导的晶体小组的工作，为今后的分子生物学的发展提供了决定性的条件。此外，电子显微镜在战后的卡文迪许实验室开始有了发展。布拉格很早就对X射线显微镜的出现和应用很感兴趣，并认为电子显微镜对于研究分子生物学、生物物理、冶金和金属结构非常重要。在卡文迪许实验室的电子显微镜研究不断深入的过程中，他们也掌握了大科学时代的重要科学工具，帮助他们完成此后的研究。

布拉格还对卡文迪许实验室的管理进行了改革。他改变了卢瑟福时期的集中领导模式，让每个研究组都尽可能达到自治，并在实验室中聘用了专门的管理人员，以协助研究人员的科研。这些管理上看似微小的革新都在战后卡文迪许实验室科学自治精神的发扬与跨学科交叉合作方面起到了重要作用。

战后，布拉格和卡文迪许实验室的同事们深切地感到，单纯做物理学的研究或无法适应新时期的需要。事实上，"二战"后物理学的研究兴趣也出现了较大的转向，物理学和化学对生命本质的探讨在20世纪的四五十年代变得如火如荼。这一转向在很大程度上源于科学家希望创造出一种关于"生命"的科学，从而扭转物理学与原子弹之间的令人不安的联系。承诺可以应用到生物医疗中的"生命物理学"恰好适应战后重建的政治话语。生物学家、物理学家和医学研究人员都抓住了这个机会，利用新的政府资金用于"基础研究"。物理学被应用到与生命物质结构有关的研究中去，其中影响力最大的便是著名的物理学家薛定谔在1944年出版的《生命是什么——活细胞的物理学观》。薛定谔在书中预言一个生物学研究的新纪元即将开始，并指出生物问题最终要靠物理学和化学去说明。这本书被日本生物学家近藤原平称为分子生物学中的《汤姆叔叔的小屋》，它好似美国南北战争的导火索一样，引燃了物理学家们对生物学的兴趣。在薛定谔鸿文的感召下，一批物理学家投身到生物学和遗传学的研究洪流中。正是《生命是什么》使克里克放弃了粒子物理的研究计划，钟情于从未打算涉猎的生物学；沃森（James Watson）在芝加哥读大学时，就被薛定谔的书牢牢地吸引，以此为契机，他立志献身于揭开生命遗传的奥秘；它也使威尔金斯（Maurice Wilkins）[①]告别了物理学，热衷于探究生命大分子复杂结构的奥妙。这三位科学家对生命遗传物质的研究与合作在20世纪50年代初的卡文迪许实验室中最终修成正果，完成了DNA双螺旋结构的发现。

从传统物理学走向生物物理学，体现出卡文迪许实验室所蕴含的传统与现代科学的融合，体现出整个世界范围内在冷战后的科学潮流、英国科研体制的变化与革新。总之，从卡文迪许实验室的历史以及20世纪50年代的变革中我们可以发现，这是一个集英国的自由主义科学传统与现代的科学管理精神于一体的"英国式"科研机构。阎康年对卡文迪许实验室多年的研究实践进行了总结和概括，指出：卡文迪许实验室的重视实验精准的传统，不断开拓、自由探索的学风，交叉学科的不断发展与交融是其成功的主要因素（阎康年，1999）[307]。同时，英国在"一战"期间形成的研究理事会体系成为卡文迪许实验室的分子生物学等多个领域持续保持世界前沿研究水平的重要保障。传统与变革在卡文迪许实验室中并不是对立的，而是统一的。

二、迈达斯的金子：DNA结构的发现

威尔金斯说："DNA是迈达斯[②]的金子，谁摸了都会发疯。"

DNA双螺旋结构的发现要从分子生物学的发展说起。分子生物学

[①] 威尔金斯，伦敦国王学院专注于DNA研究的物理学家，很早就用X射线研究DNA，并与沃森与克里克分享了1962年的诺贝尔生理学或医学奖。

[②] 迈达斯，点石成金的古希腊国王。

一词最早由沃伦·维沃（Warren Weaver）[1]在1938年给洛克菲勒基金会（Rockefeller Foundation）的报告中第一次使用。维沃在报告中写道："在物理学、化学和生物学相融合的交叉领域会逐渐形成科学中的新学科——分子生物学。分子生物学会发现许多生物细胞中的基本秘密。"美国化学家鲍林（Linus Pauling）[2]就曾表示过："维沃提出这个术语的意义是重大的。这使得洛克菲勒基金会从很早就开始支持我的工作。他们的观点很明确，我们如果研究生物大分子，他们会更感兴趣。大部分原因是由于这一观念，我们认为时机已经来临，进攻的目标应该是生物和医学中的生命问题。基金会在几年中给我们几百万美元的资助，从那时起我们就开始使用'分子生物学'一词，也许我们几个都用了这个概念。"（贾德森，2005）可见"分子生物学"学科边界以及资助规则的确立，在研究初期大大推动了鲍林的科研活动。

在英国的体制下，故事如出一辙。物理学家兰德尔（John Randall）[3]1943年在圣约翰大学工作时，便已开始打算推动英国的生物物理学研究，为此他在1945年向英国的医学研究理事会（MRC）写了一份提案，提出MRC应该资助"应用物理方法解释生物学问题的研

---

① 维沃在1932—1955年时任洛克菲勒基金会自然科学基金（Division of Natural Sciences）的主任。

② 鲍林，著名的量子化学家，在化学的多个领域都有过重大贡献。曾两次荣获诺贝尔奖（1954年化学奖，1962年和平奖）。在DNA结构的探索中，由于较早地发现了蛋白质的α螺旋结构，因此在对DNA的解释上具有较好的基础。他与英国的威尔金斯和沃森、克里克团队竞争，最终由于种种原因没能发现DNA的奥密。

③ 兰德尔，英国著名的物理学家，曾领导伦敦国王学院的生物物理实验室的工作，他的团队中有威尔金斯和富兰克林等人，卡文迪许教授布拉格也是他的博士生导师。

究，以推动这一有前景的研究方向"。"二战"后，工党政府不断提高科研经费额度，虽然民用科研经费的提高没有国防科技那么显著，但研究理事会在财政部的直接领导下，研究经费也实现了战争期间难以想象的快速增加（见表4-6）。

表4-6　1938—1965研究理事会经费情况（百万英镑）（Presidental Address to the Institute of Physics and Physical Society，1966）

时间	1938—1939	1947—1948	1955—1956	1962—1963	1964—1965
科学与工业研究理事会	0.89	3.08	6.48	21.87	
农业研究理事会	0.32	0.97	4.0	7.714	
医学研究理事会	0.22	0.77	2.2	5.86	
自然保护理事会	—	—	0.21	0.66	
总计	1.43	4.82	12.89	36.01	49.4
年增长率	—	14.4%	13.0%	15.8%	16.6%

　　MRC期待发现有潜力的研究领域，并推动研究的进展，以表明其高瞻远瞩的科学眼光以及科学自治的胜利。恰逢此时，兰德尔的报告受到了MRC的重视，在1946年便委任兰德尔任MRC生物物理委员会的主任，并开始在英国资助相关的研究。也就在同一年，伦敦国王学院的MRC生物物理学研究小组（MRC Biophysics Research Unit）成立了，威尔金斯、富兰克林（Rosalind Franklin，1920—1958）[①]、雷蒙德·格斯林（Raymond Gosling，1926—2015）等人也都在相似

---

　　① 罗莎琳德·富兰克林，英国生物学家及物理化学家，她提供的DNA衍射图谱及其他资料为DNA结构的发现提供了重要线索。

的研究兴趣的召唤下来到了这个小组。1946年，卡文迪许实验室主任布拉格帮助佩鲁兹的晶体小组撰写了研究申请书，从卡文迪许实验室X衍射物理学以及结构化学的优势出发，希望能够从MRC的生物物理学委员会申请到经费。他们成功了！1947年，MRC考虑到卡文迪许实验室的优势，在这里建立起了生物系统的分子结构研究小组（Unit for Research on the Molecular Structure of Biological Systems），由佩鲁兹和肯德鲁①两人领导。这也是卡文迪许实验室的第一笔与分子生物学相关的经费，这笔经费一直支撑着克里克与沃森的研究，直到他们在与兰德尔领导的伦敦国王学院小组的竞争与合作中发现了DNA结构的奥秘。

　　沃森于1950年毕业于印第安纳大学，攻读博士期间在萨尔瓦多·卢里亚（Salvador Luria）等人的噬菌体小组②工作，正式涉足遗传学的研究。受到噬菌体小组的影响，沃森开始相信DNA就是基因的载体。早在1944年，细菌学家艾弗里通过实验证实纯化的DNA分子能够将一种细菌的遗传特性传递给另一种细菌。人们都知道DNA存在于细胞的染色体之中，艾弗里的结果强有力地显示出所有的基因都是由DNA组成的，这也就意味着蛋白质并不是解开生命之谜的罗塞塔石碑③。沃森所在的噬菌体小组让沃森对于DNA的认识不断深化，于是他在博士毕业后来到哥本哈根作博士后研究，其间

　　① 肯德鲁，英国生物学家，与佩鲁兹在1962年分享了诺贝尔化学奖。

　　② 噬菌体研究小组是由不同大学的科学家在一起或者分散地研究病毒细菌即噬菌体的非正式的组织，其核心人物是德尔布吕克（MaxDelbruck，1906—1981）、卢里亚（SalvadorLuria，1912—1991）和赫尔希（AlHershey），他们于1969年共同分享了诺贝尔生理学或医学奖。

　　③ 罗塞塔石碑是1799年在埃及尼罗河口发现的古石碑，上面有埃及象形文字、俗体文和希腊文三种文字，也被用来暗喻要解决一个谜题或困难事物的关键线索或工具。

在那不勒斯参加一个学术会议，从威尔金斯的演讲中得知DNA是存在规则的结构。此时的沃森正因为远在美国的鲍林发现了蛋白质的α螺旋而激动万分，期待能够对他认定的遗传物质——DNA结构做出一些解释，与威尔金斯的交流坚定了他揭示DNA结构的决心。在欧洲期间，沃森得知剑桥的佩鲁兹对生物大分子尤其是血红蛋白的结构感兴趣，于是辗转来到剑桥。1951年，沃森来到卡文迪许实验室，在这里他认识了克里克。

"从来都不谦逊"的克里克当时还是剑桥大学的在读博士生[①]，但是他却是佩鲁兹的实验室中唯一一位"懂得DNA比蛋白质要多"的人（沃森，1987）。克里克对于卡文迪许实验室所擅长的X射线分析技术了如指掌（虽然后来他们的发现用的并不是自己做出来的衍射图），而沃森坚信DNA是"万物之本"，他带来了许多关于遗传功能的知识。这样，两种彼此独立的研究学派相遇了，产生聚合效应。从广义上来说，英国人和美国人相遇了——来自英美的两种研究方法相遇了，将化学引入物理学层面，生物学中的具体结构和抽象功能得到深入分析。也有人评价说以前这两种研究的汇合只发生在一个地方，那就是美国加州理工学院的鲍林研究小组，他们成功地解释了蛋白质的结构，但是鲍林的噬菌体小组中没有一个人像沃森那样对解决DNA结构有强烈的好奇心（贾德森，2005）。沃森和克里克认为DNA是一个枢纽，而这个选择与卡文迪许的研究传统有着直接的关系，他们确定了以解决DNA结构为目标，并认为这种解释的重要性是划时代的。

沃森和克里克刚开始DNA结构的研究时，他们的研究基础远

---

① 卡文迪许实验室中有很多研究生在未毕业的时候便已获得了巨大的成就，克里克便是其中之一。

没有在伦敦国王学院的威尔金斯好。卡文迪许生物系统分子结构小组（MRC Unit for the Study of the Molecular Structure of Biological Systems）和伦敦大学国王学院的生物物理学研究小组（MRC Biophysics Research Unit）是MRC资助的两个姊妹实验室，然而在拨款上总是优先考虑伦敦的威尔金斯所在的研究室，因为威尔金斯已经用X射线衍射的方法研究DNA的晶体结构有一段时间了。在英国科学界有着与美国不同的传统，英国人的公平竞争（fair play）指的是当你知道别人（威尔金斯）已经在做一项重要的研究时，你（克里克）便不会插足；而对于美国人（沃森）来说，这简直是不可思议的，他们不会因为一个充满希望的领域已经被人占山为王，而放弃对这一问题的研究。在这一点上，沃森一直坚持着对DNA结构的研究，尽管在1952年富兰克林已经"证明"DNA并不是螺旋结构，但是沃森一直保持着对于DNA结构最淳朴的好奇心，最终和克里克以及威尔金斯一起发现了这一奥秘。

这场追逐DNA结构的竞争如火如荼，尤其是当来自美国的鲍林也参与竞赛之后。要弄清楚DNA结构，需要了解四点：主链是双螺旋的；磷酸盐骨架在外，碱基在内；两股反向平行；碱基按照规律配对。沃森、克里克在与鲍林的竞争中，以及对国王学院的威尔金斯及富兰克林的不断打探、合作与竞争中逐一破解了以上四个关键点。

沃森和克里克在研究进行到一半时，由于DNA样品含水量的错误数据，使得其搭建的DNA结构遇到了挫折。1952年初，鲍林根据衍射图结果发表了DNA双螺旋的结构，正当沃森与克里克灰心的时候，他们发现了鲍林的模型里的"磷酸基团没有离子化"，这使得其在核酸的化学解释上是有悖事实的。沃森还马上在卡文迪许实验室中找到化学家去证实鲍林的错误，而沃森与克里克，以及布拉格教授意识到，要在鲍林发现其错误之前构建出DNA的新模型。而在这时，伦敦实验室的威尔金斯也提出了三条链的螺旋假说，富兰克林得到了清晰的衍射图片，并不断地在A型（干的，含水量少）与B型（含水量高）结构之间摇摆。但是也正是富兰克林的B型结构的衍射照片使得沃森与克里克最终确定DNA结构的一个重要特征——双螺旋。1952年11月，MRC的兰德尔要求其资助的实验室所有的研究人员将其近期的研究情况写成一份综述提交上来，以便他为MRC的物理化学委员会提交研究进展的总报告，这份报告中包括富兰克林最新的研究结果——包括B型DNA的衍射图片。然而卡文迪许实验室主任佩鲁兹作为MRC委员会的成员得到了来自富兰克林的材料，并把它们转交给了沃森和克里克[①]。也正是以此为依据（但是后面研究者们也强调，这份报告并不是保密的，并且这些资料在此后的几个月中都可以从文献的阅读中得到），沃森和克里克立即否定了此前威尔金斯提出的三条链条的假说，并认为"双对称结构必须和分子长度方向相垂直，暗示着复制是因为单分子内而不是晶体中相邻分子引起的。因此，链在分子中必然是成双的，而不是成三。一条主链往上跑，一条朝下跑"。（贾德森，2005）[104] DNA的双螺旋主链结构确定后，还需要一系列信息确定它的旋转角度、碱基关系、如何结合等问题。

克里克与沃森在得到威尔金斯关于链的高、直径及核苷酸数量等数据后，计算了链数，"34埃高的链上有10个核苷酸，就说明一个核苷酸到另一个核苷酸的旋转角度是36度。"（贾德森，2005）[104] 同时，沃森解释了A型和B型之间纤维压缩过程中为何出现了核苷酸之间距

---

① 此处描写的便是科学史上一直广受诟病的一幕。

离的变化，而富兰克林则没有看到这一点。他们的数据和假设也在不断指向鲍林的α螺旋的反方向，主链不可能在内，双螺旋主链在外是他们下一个主要的结论。很快沃森就把建造中的模型暂时放下，开始着手解决下一个问题，即如何安放四种碱基。他开始沉浸于关于碱基的文献，卡文迪许实验室深厚的研究传统让他关注到布鲁姆黑德（June Broomhead）[①]鸟嘌呤与腺嘌呤配对的工作。更重要的是，卡文迪许实验室中正好有一位来自加州理工大学鲍林团队的物理化学家，他就是来访问的多诺霍（Jerry Donohue）[②]。多诺霍否定了教科书上碱基配对的知识，他认为碱基倾向于酮基构型，这与沃森之前的知识完全相悖。但这一下子将困扰沃森很久的DNA中的氢键问题解决了。而克里克也赞成这一解释，因为这样一来克里克认为只要参照查盖夫比例（Erwin Chargaff）规则[③]，即"A=T，G=C"，便可以使得两条主链中间的碱基通过配对分别向两个方向延伸，形成双螺旋结构。

  沃森与克里克在剑桥器件商店预定了建造模型的金属部件，他们于1953年3月7日晚上完成了整个模型的构造。实验室的布拉格教授第一次看到模型时，他认为看到了一个带有生物含义的物理结构，这深深地激发了他对事物本身的兴趣。鲍林在得知对手的研究结果之后，很快便认可了这一结构的正确性。威尔金斯与富兰克林乘火车从伦敦来到剑桥，当富兰克林友好地表示这一结构的正确性时，沃森与克里

---

① 布鲁姆黑德，英国生物学家，在卡文迪许实验室工作了多年。

② 多诺霍，美国理论物理化学家，是鲍林在加州理工大学的学生，1952年接受资助来到剑桥大学卡文迪许实验室交流六个月。在这六个月中他见证了沃森与克里克建造双螺旋结构的过程，并给出了重要的支撑意见。

③ 1949年，查盖夫测定出了DNA的碱基组成，并确定了DNA的碱基配对规则，即腺嘌呤的总量与胸腺嘧啶相等，鸟嘌呤的量与胞嘧啶相等。

克与他们之间的竞争也画上了句号。之后他们在《自然》杂志上发表了两篇短文，分别题为《核酸的分子结构》与《脱氧核糖核酸结构的遗传含义》（Watson et al., 1953），用最简明、清晰甚至有些傲慢的语言解释了生命的秘密。他们在第二篇文章的最后写道："虽然有很多不确定的地方，但我们还是感到我们所提出的脱氧核糖核苷酸的结构能够帮助解决一个基本的生命科学问题——遗传复制所需要的模板的分子基础。"

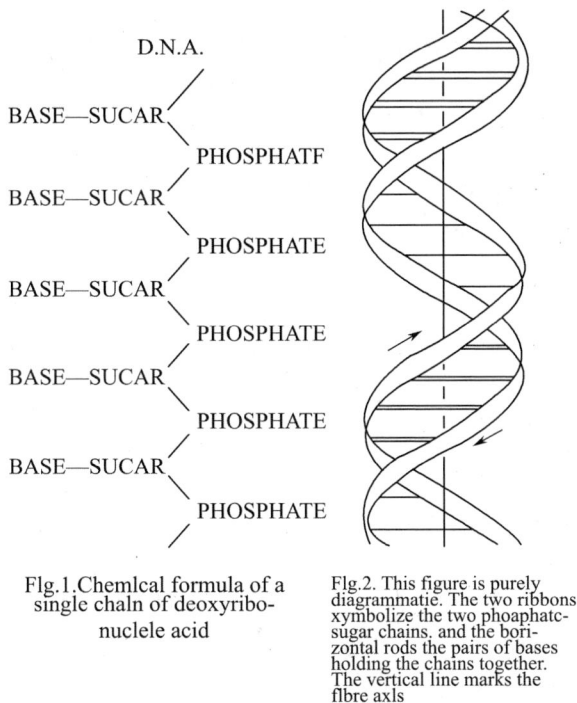

Flg.1.Chemlcal formula of a single chaln of deoxyribo-nuclele acid

Flg.2. This figure is purely diagrammatie. The two ribbons xymbolize the two phoaphatc-sugar chains. and the bori-zontal rods the pairs of bases holding the chains together. The vertical line marks the flbre axls

图4-2 沃森与克里克在《自然》中发表的双螺旋结构图

"机会是给有准备的个人的，也是给有准备的集体的"，沃森在回忆录中描述，他在学院散步，博览不同领域的丛书，怡然自得地看着《泰晤士报》漫步走进实验室，而这里却也有着不见硝烟的战争，在卡文迪许实验室与伦敦国王学院之间，在英国的学界与美国的鲍林之间，甚至还包括富兰克林在法国潜心学习精密的衍射照相技术。如果要总结为什么沃森与克里克赢得了最后的竞争，那么一定是他们不断游走在晶体学家、生物物理学家、化学家、生物学家之间，尝试从多个角度去理解建造模型。而那些为富兰克林惋惜的人，或许并未看到她只凭借晶体学家的数学工具，要解决所有四个问题几乎是不可能的，或者需要花费很长的时间，而她也从未对核酸的结构规律做出归纳性的总结。在卡文迪许，不同力量会聚在某一点上，成就了沃森与克里克，以及威尔金斯的成功，也成就了此后60年，分子生物学的飞速发展。

三、新学科的产生：分子生物学实验室与分子生物学的发展

一些科学史家认为DNA双螺旋结构的发现在20世纪50年代引起的轰动远不及当今它在人们心中重要的地位（Chadarevian，2002）。现在，DNA双螺旋结构已经成为科学的经典符号，出现在中关村的街头、孩童们的教科书中。然而，20世纪50年代，甚至还没有一个以分子生物学命名的科研机构，只有少数一些科学管理机构以此为名支持研究工作。沃森与克里克在组建双螺旋模型的过程中应用了生物物理学、化学与生物学的知识，这一发现的影响力直到20世纪六七十年代才逐渐扩散到科学界外部。

1962年，卡文迪许实验室分子生物学小组的两对科学家（沃森与克里克，佩鲁兹和肯德鲁）分别荣获了诺贝尔生理学或医学奖与诺贝尔化学奖。同年，在英国医学研究理事会（MRC）资助下，卡文迪许实验室的分子生物学小组独立出来，成立了MRC分子生物学实验

室（LMB），这也是第一个以分子生物学为名称的研究机构。女王亲自揭幕了新落成的位于剑桥的新实验室，而佩鲁兹、克里克等人因为录制了英国电视台的《关注研究》（*Eye on Research*）和《地平线》（*Horizon*）等节目，已经成为英国公众熟悉的科学英雄。双螺旋结构，这一鲜明、具有象征意义的科学成就被作为向社会普及科学知识最好的案例，而这些努力都能够帮助科学家更加合理地使用纳税人提供给他们的经费。在战后的20年中，分子生物学家们巧妙地利用了战时积攒的政治渠道和人脉，把他们新科技的推广提到国家和欧洲层面，提到政府议程之中。在这些谈判中，科学政策更像是科学家和政府手中用来管理和规范研究的工具。在这一博弈的过程中，新的学科产生了。

通常认为，第二次世界大战后，分子生物学的迅速发展集中发生在三个主要战胜国：英国、法国和美国。有人认为，这背后的重要原因在于它们相对强大的经济实力（Allen，1978）[188]。然而，仅仅依靠经济实力似乎并不能解释为什么分子生物学的发展超过其他领域。为了解释"二战"后分子生物学的迅速崛起，历史学家约科森曾提出，分子生物学家们也是在建立新的学科，哪些科学家在新学科建立过程中能够更好地汇集资源，那么就更有利于这一学科的发展。他还认为，分子生物学将生命研究还原为一种项目化的组织方式适应了"二战"后兴起的管理研究系统（Yoxen，1978）。这种论点有一定的合理性，尤其是在解释20世纪70年代之后的基因重组新技术及其与商业应用之间的结合时。

英国分子生物学发展与科学家本身的参与以及科技政策的制定密切相关，这一方面与英国长期以来的自由、自治传统有关，另一方面也与"二战"后英国科学的社会责任有关。肯德鲁在1962年获得诺贝尔奖后不久即被任命为执政党工党科学政策委员会（CSP）的成员，并担任这一职务达9年之久。肯德鲁受任之际，正值英国政府决定对科技政策进行大刀阔斧改革、科研经费大幅度提高的时期。"从1939到1940年，政府在民用科学研发方面投入了400万英镑，1964年度这项投入已经超过了2.2亿英镑（占政府总体民用开支的3.9%）。"（Deichmannm，2002）英国在对各个学科发展状况进行系统调查后发现，分子生物学的发展非常迟缓，如报道中所指出的："分析1946年至1966年发表的论文，生物学论文中只有1500篇是属于小组所定义的'分子水平上的生物学'领域的……这一比例非常小，根据我们的判断，生物学的分子研究进路具有非常大的潜力，以至于我们确信这一领域应该获得实质性的扩展。"肯德鲁和科学委员会的其他成员相信分子生物学需要彻底改革。为了迎合政治需要，肯德鲁强调了两点改革措施：首先，分子生物学是"现代生物学"的具体体现。"二战"后英国总体实力已经落后于美国，全国上下都在讨论如何使"大英帝国"更加强大，"现代生物学"这一提法迎合了英国赶超美国的想法。同时，肯德鲁十分重视宣传，通过媒体传播、世博会展览等方式，扩大分子生物学的影响力。无论是电视中的展示，还是国内、国际博览会，肯德鲁的肌红蛋白模型、佩鲁兹的血红蛋白模型和DNA双螺旋模型都非常吸引人。这种诉诸"电视语言"的方法不仅成为一种有用的传播工具，而且作为"实验教学课"对做好科学的公共关系非常有效。第二，肯德鲁强调分子生物学在医药、农业领域的潜力，使官员认为对分子生物学的投资物超所值。

以肯德鲁为首的英国分子生物学家以自下而上的方式，巧妙地利用政策支持作为工具，使分子生物学处在当时英国科技政策大讨论和支持的前沿，大大拓展了其学科的生长空间。这些经历过战争的科学家的战时经历——军队中所强调的速度、奉献精神、跨学科技能以及合作精神——对后来成为生物物理学家和分子生物学家的人们产生了决定性的影响（Huxley，1987）。

通过他们的努力，英国分子生物学逐渐发展壮大，在国际学界占据了领先地位，为未来生物产业的发展打下基础（高洁　等，2015）。在分子生物学实验室（LMB），这种优势体现得尤其明显。到2003年，包括实验室成立当年共收获了12个诺贝尔科学奖，其中包括沃森与克里克的DNA结构模型，开创了分子生物学，推动了整个生命科学的发展（1962年生理学或医学奖）；佩鲁兹和肯德鲁最早发现了蛋白质结构的奥秘（血红蛋白和肌球蛋白）（1962年化学奖）；克鲁格（Aaron Klug）对于蛋白质与核酸作用的结构分析（1982年化学奖）；沃克（James E. Walker）发现ATP酶结构（1997年化学奖）；布勒纳（Sydney Brenner）、萨尔斯顿（John Sulston）和霍维茨（H. Robert Horvitz）在发育的细胞和分子机理上有重要发现（2002年生理学或医学奖）。在技术上，佩鲁兹对X射线结晶分析蛋白质有关键改进；桑格（Frederick Sanger）在进入LMB之前便解出了胰岛素的顺序（1958年化学奖），来到LMB之后发明了DNA测序方法（1980年化学奖）；克鲁格（Aaron Klug）改进电镜分析蛋白质结构的方法（1982年化学奖）；米尔斯坦（Cesar Milstein）和科勒（Georges Kohler）发明单克隆抗体技术（1984年生理学或医学奖）。这些发现有的已经被用于基础生物研究，也有的应用于医学临床。DNA测序方法和单克隆抗体这样的技术，是现代生物技术产业的重要支柱（饶毅，2007）。

分子生物学的建立，是在实验室中，通过实验工具、模型和博士后研究人员的无数次尝试得以完善的；同时它也是在制度协商与政策讨论会中，在电视演播室和参与者关于该领域"起源"的争议中共同完成的。英国分子生物学的发展是一系列科学突破，以及与科学家们在政策与公共领域的努力下共同建构而成的。可以说，DNA结构的发现主要依靠英国科学和卡文迪许实验室传统，LMB的成功和分子生物学的建立则是英国科学传统与英国政府科学政策共同作用的结果。如何将这些科学成就转化为巨大的创新与产业优势是我们在下一节要讨论的问题。

第四节　生物技术产业与国家创新体系

"生物技术"一词，最早由匈牙利农艺工程师卡尔·艾瑞吉（Karl Ereky，1878—1952）在1919年提出，意指在生物作用下对原始材料进行加工，生产产品。广义来讲，任何利用生物过程、生物体及其衍生物来制造或改变产品的技术都可称为生物技术。从这个意义上说，人类使用生物技术的历史至少可以追溯到数千年前，如驯化家畜、杂交育种，以及利用微生物发酵生产酒、醋、面包、酸奶和奶酪等（Bud et al.，1993）。19世纪的生物学在机械论的指导下，将生命过程还原为物理与化学过程，经过"物理化"的生物学与20世纪的数学、衍射物理学等相互融合，进入分子生物学时代。现在人们所说的生物技术，通常是指以现代生物学为基础，结合其他学科的原理、方法，为生产某种产品或达到某种目的，对生命过程进行干预，改变生物体性状或加工生物原料所涉及的技术手段。DNA双螺旋结构发现20年后，20世纪70年代中期，工具酶的发现、大分子测序法的发明，使人们能够按照自己的意愿对DNA进行操作[①]。这些方法的普及，使生物学研究的进路发生了革命性的变化，一方面形成了相应的分支学科，另一方面推动了生物技术产业的兴起。有三个显著的特点将生物技术的发展从其他行业技术的发展中区分开来：第一，生物技术"不是一个产品或服务行业，例如汽车、纺织或电视。它是一种生产方式，是利用微生物、动物或植物的细胞和酶的合成、分解或转换材料的新技术"（Hacking，1986）。因此，生物技术在产品和工艺的商业应用上横跨各种工业领域，包括医药、化工、农业、养殖、食品加工、林业和垃圾处理等等。第二，生物技术高度依赖于分子生物学的基础研究。重组DNA和基因工程技术"代表了生命科学基础研究被成功地转移到工业领域，基础研究和生物技术产业之间存在密切的联系"（Mowery et al.，1989）。第三，围绕基因工程的商业化研究有很大的不确定性和争议。在理解不同国家的制度环境如何塑造了不同的方法来进行生物技术创新中，这三个层面的特性尤为重要（Kenney，1986）。

在英国，分子生物学的发展与生物技术产业的联系非常紧密，从这两者的关系以及对这段历史的梳理可以管窥英国国家创新体系建立过程中的一些关键问题。英国的第一个生物技术企业是国家研究与发展公司投资的国立企业，撒切尔夫人宁可放弃自己的自由主义原则也要培育科技产业，这背后的政策逻辑与生物技术发展的关系是什么？英国在现代科技体制的改良过程中有哪些经验与教训？科技革命如何推动了现代产业与国家的现代化？下面我们将尝试回答这些问题。

---

① 因此一段时间里生物技术与基因工程几乎是同义词。

一、"英国病"的解药：走向创新的英国科技政策体系

所谓"英国病"，是经济学界对20世纪以来英国经济长期停滞不前，综合国力持续衰落现象的概括性称谓。"英国病"的症状表现为："走走停停"的经济增长率、通货膨胀并导致失业并发症与国际收支危机的交织、收入分配与经济效率之间的矛盾、地方经济发展的不平衡性和分权主义日益严重的趋势。"英国病"在科学技术与产业方面的体现是，许多人认为英国重科学、轻应用，使得科学成果的转化率低，没能更好地支撑产业进步。20世纪70年代，美国、联邦德国、法国、日本、韩国等国为了适应新技术革命的发展趋势，率先制定了技术创新战略，其中包括促进高新技术产业的发展、推动科技成果商业化与产业化、扩大和提高科技教育的规模与质量等措施，并且已经取得了卓有成效的收益。相比之下，英国科技政策的效果不尽如人意，20世纪七八十年代国民生产总值被联邦德国、日本与法国超过，1980年在欧洲七国中国民生产总值倒数第二。科技体制发展不均衡，缺乏与科学能力相匹配的开发应用能力，英国工业在技术创新方面的表现在整体上是令人失望的，这是导致"英国病"出现的重要原因（Pavitt，1980）。

20世纪60年代末，英国人清醒地认识到问题的严重性，技术能够拯救英国已经成为英国人的共识，提高企业竞争力，把研发成果转化到商业用途才能够真正挽救英国。从20世纪60年代开始，英国的科技政策逐渐远离军事重心。通过《科学技术法》的颁布，英国撤销了运行半个世纪之久的科学与工业研究署，组建技术部，接管原有部门对民用科学研究的职责。技术部的使命是引导和刺激国家科技政策朝着有利于先进技术推广和新型工业生产的方向发展，提倡"技术是为

了利润"的口号，考虑如何有效地贯彻国家工业科技政策纲领，推动英国工业现代化进程（Long et al.，1975）。技术部在工业重组委员会的帮助下，大规模重组许多工业，旨在提高生产效率和国际竞争力。因此，技术部集军、民工业于一身，成为两个部门中的协调统一机构，打破了英国之前的军民分割体制。同时，技术部还在1968年组建了国际计算机有限公司，该公司成为当时世界上第二大计算机公司（吴波，2007）。技术部还负责鼓励工业生产中对新技术的采纳，除了扶持原有的一些工业研究协会以外，技术部还大力发展工业联络中心（Industrial Correspond Center），这种中心以大学和技术学院为依托，将高校的科研同生产连接起来，帮助缺乏独立科研能力的中小企业完成产品的研发。这一计划在当时的英国非常成功，全国很快便有70个中心发展起来。实际上，工业联络中心从某种程度上推动了英国剑桥附近产业园区的建设，尤其是生物医药产业工业集群的早期协调，并在20世纪70年代初促动了英国一些新兴技术的发展。

1971年，《罗斯柴尔德报告》发表，提出了新的国家科技资助原则，即著名的"顾客–承包人"原则。报告指出"国内外经验告诉我们，没有一个政府部门能够决定什么样的研究项目是最好的，最能满足工业的需要。作为一般规律，只有'顾客'才知道什么是想要的，'供应者'根据他的要求制订相应的计划。顾客说出想要的，承包人做出承诺，顾客付给承包人相应的报酬"。"顾客–承包人"原则是将商业管理中的模式照搬到政府对科技的管理中，与霍尔丹原则相比，"顾客–承包人"原则加强了政府对科学家及科学团体科研方向的控制，使科学家和科学团体科研项目的选择带有更大的实用性和社会服务导向。英国政府希望通过这一原则提高政府管理科研部门的意识，从而使政府在科技资助和管理中心，保持操作的机动性和公共责任之间的平衡。尽管很多科学家反对这样一种价值观的变化，但1972年政府在《政府研究与发展框架》白皮书中，正式接受了这一原则，减少了由霍尔丹原则保护的研究理事会的经费，将这笔差额用于特定的科学研究服务领域。

跟随这一原则改变的还有相关科学管理部门。1970年技术部撤销，顾问委员会撤销，取而代之的是由研究理事会成员组成的科学研究与开发顾问理事会，向政府提供应用科学研究与开发建议，并帮助建立政府与非政府机构之间的联系。英国希望不断地通过调整政策、机构来调整科技战略，用一种"线性模式"的思维来将科学推向用户端。经过调整，英国的科技管理体系已经看不出军、民分割的形态，取而代之的是面向工业发展的科技管理格局（见图4-3）。但是这一垂直化、部门化的科研组织体系中，缺少各部门间的沟通、研究部门与产业间的互动空间。

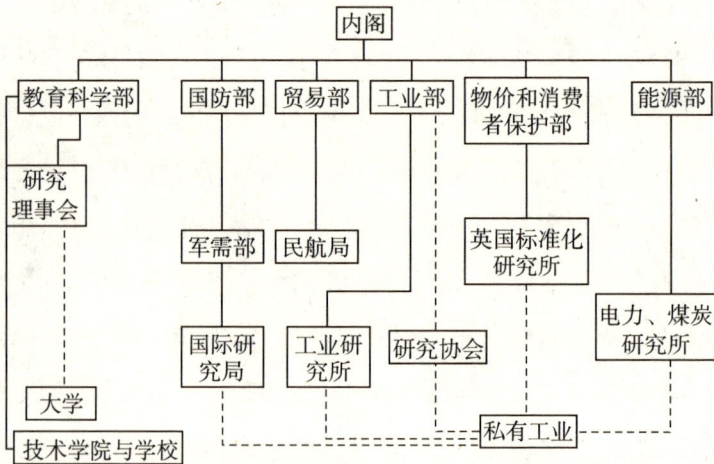

图4-3 1974—1979年英国政府科技资助、管理示意图（哈维，2007）[28]

从20世纪70年代起，以信息技术与生物技术为核心的新科技革命席卷全球，当美国、联邦德国、日本的科技政策朝着创新政策发展的时候，英国政府还在不断促进工业投资研发，提高工业技术开发能力。直到1979年撒切尔夫人执政，一种新自由主义的、以市场为导向的政策逐渐出台。这些政策变革将怎样影响生物技术产业的发展，科学与产业在英国如何完成联姻、如何走向新的创新组织模式，将是我们接下来讨论的问题。

二、《斯平克斯报告》与单克隆抗体事件：生物技术产业的起飞

20世纪70年代晚期，全世界都开始意识到新生物技术对于医药产业、农业以及工业的潜在的重要影响。和其他国家一样，英国为数众多的组织开始对新的技术发展形势进行观察，思考应该采取哪些行动来应对新的技术革命。政府提议由应用研究与发展咨询理事会（Advisory Council for Applied Research and Development）、研究理事会咨询委员会（Advisory Board for Research Council）以及皇家学会组成的在斯平克斯（Alfred Spinks，1917—1982）[①]领导下的斯平克斯工作小组（Spinks Working Party）。经历了一年的调研，工作组于1980年发布了《斯平克斯报告》（Spinks，1980），其主要措施便是由政府与企业共同投资，成立英国第一家以科研为导向的生物技术企业——赛尔泰克（Celltech）。《斯平克斯报告》的影响不仅限于报告本身，更重要的是，它将英国政府的关注点集中在生物技术上，不同部门联

[①] 斯平克斯，英国著名化学家、生物学家，于1976年被选为皇家学会会员。曾任帝国化学公司（ICI）研究主任，应用研究与发展咨询理事会（Advisory Council for Applied Research and Development）创立者之一，自1980年开始任应用研究与发展理事会主席。斯平克斯对英国生物技术政策的影响巨大，尤其体现在以他命名的《斯平克斯报告》（*Spinks Report*）中。

系在一起，推动了赛尔泰克公司的成立。

在1980年之前，英国政府没有对生物科技的政策支持，事实上是由于缺乏对该学科的认识。20世纪60年代，英国政府曾经尝试建立"酶技术方案"，伦敦大学学院利用这一政策的推动而准备在这一领域做开创性的工作，但这项方案的夭折使得后来酶技术领域中的各不同学科在日益精细的科学预算中逐渐难以找到自己的位置。随着1980年《斯平克斯报告》的发布，生物技术产业政策出现了转折点。该报告提醒政府与公众关注生物技术在过去20年中的主要进展，并指出了一个非常现实的危机——如果政府和企业继续忽视该领域的发展，那么英国在该领域的研究优势将会消失。斯平克斯委员会认为："20年来，英国在生命科学与生物技术领域的研究一直处在领导者地位，但现在我们看到英国正在放弃这方面的优势。因为英国没有很好地利用科学家们的基础研究。解决问题在于两个方面：首先，教学和科研基础需要加强；其次，应确保通过研究产生的科学理论能够通过产业促进其发展。"（Spinks，1980）

在这个阶段，像生物技术这样的新领域跨越了不同的政府部门和研究委员会的责任分工，并且破坏了传统的对基础及应用研究的定义以及公共和私人R&D活动的区分。英国的生物技术产业中的主要问题是商业发展与基础研究之间存在鸿沟（Spinks，1980）。实际上，这也是困扰英国其他领域的创新能力薄弱的主要问题所在。

《斯平克斯报告》中绝大多数的建议是有关如何更好地促进生物技术的发展和如何跨越这个发展前期的鸿沟。报告中一共有24条建议，但是列居首位的是政府该如何有效地进行部门间的协调，调查委员会认为协调是一个至关重要的问题。第一条建议是有关建立英国研究委员会（UK Research Council）的，它强调了因为生物技术跨越已有的学科范畴,而一个总的研究委员会的建立可以调节不同理事会之间的沟通问题。报告中说道:"比如,德国相关观点认为研究与开发不能独自离开经济实践,而且这一理由使得政府干预产业创新成为可能。"(Spinks,1980)(英国)联合委员会希望看到工业部创建一个强大的跨部门委员会,这个跨部门委员会有责任促进工业R&D。进一步的建议是:"NEB(国家企业委员会)应与NRDC(国家研究和发展公司)合作共同研究在英国建立生物技术公司的可能性。利用一些公共基金,一个研究型的生物技术公司正在开始逐渐成型。"这条建议使得英国建立赛尔泰克公司的计划成为国家企业委员会的工作重点(Spinks,1980)。

《斯平克斯报告》一方面要将创新的主体转移到企业上,"把概念和基础科学的发现转化为有用的产品和服务的主要责任……在于企业。英国政府的财经政策是用来提供一种环境,在这种环境中政府鼓励私人和企业在机遇出现时要能够把握住。"(Spinks,1980);另一方面,也建议国家以第三方(NRDC)的形式支持产业的发展。国家企业委员会认为生物技术是一个具有潜力的发展领域,并支持建立一些小型的生物技术公司,但他们也认为,真正的商业成功必须依赖已有的化学、制药、农业等行业向生物技术转型。最初政府要做的是用研究前沿技术来创建新企业,以提高业界的认知。

另一件促动英国政府改革的事件便是单克隆抗体事件(Monoclonal Antibody Scandal)。由剑桥分子生物学实验室(LMB)的两位科学家于1975年创建的杂交瘤技术,可以在体外培养和大量增值免疫细胞,利用了瘤细胞易于在体外无限增殖的特性,又具有抗体形成细胞的合成与分泌特异性抗体的特点。这一技术的问世使大量制备均一的单克隆抗体成为可能,LMB的米尔斯坦(Cesar Milstein)和科勒（Georges Kohler）也因此获得了1984年的诺贝尔生理学或医学奖。这一举世公认的重大发明怎么会和羞耻联系在一起呢？

1978年美国威斯达研究所（Wistar Institute）的研究者优先申请了两个单克隆抗体专利，而英国则与"二战"后错失了青霉素的专利一样，又失去了一次科技发展带来的良机。吃一堑，没有长一智，可以说是一种羞耻。美国在20世纪70年代已经开始建立生物技术企业，拥有了较强的商业化意识。人们对这一事件的抱怨、愤怒和30年前不同，分子生物学实验室、MRC、国家研究与发展公司、科学家都在这个单克隆抗体事件出现时完成了角色的转变，而若没有外力的推动，这种转变恐怕很难完成。

对于分子生物学实验室的科学家来说，科学上的优先权是他们在已有科学体制中最关注的问题，申请专利意味着要有"专利文化与意识"，同时也要做好失去优先权的准备，因为英国与美国的专利法都要求申请专利前保持其"新颖性"。对于MRC来说，该如何理顺所资助的研究成果申请专利与科学家个人、MRC、高校及各方的关系是首要问题，MRC认为研究委员会应该专心于基础研究，而企业应该抓住机会并尽全力进行研究发展，不应该由政府或所有上述研究委员会来资助企业进行研究发展。然而，MRC也承认信息不对称的存在（产业界常常很少获得有关科学发展的信息），出于这个原因MRC赞同创建赛尔泰克公司，将这个公司作为MRC与企业之间的桥梁。

三、赛尔泰克公司的建立

从1953年沃森与克里克揭示DNA双螺旋结构开始，英国在生物技术上取得了诸多引领世界的突破。然而如果看生物科技商业化的里程碑，则大多属于美国。例如，基因泰克（Genetech）是生物学家波伊尔（Boyer）与投资家斯万森（Swanson）在1976年成立的；安进（Amgen）在1980年成立；1982年，优泌林（Humulin）是第一个以基因方法制造的人类胰岛素，由基因泰克与礼米（Lily）公司研制成功，首先获得了美国食品与药品管理局（FDA）许可。在美国马萨诸塞州还有百健（Biogen）（1978）、遗传研究所（Genetics Institute）（1980）、健赞（Genzyme）（1981）等几个生物产业的先驱。正如前所述，英国的第一个生物医药企业——赛尔泰克公司是由撒切尔夫人执政的政府为了响应《斯平克斯报告》、反思单克隆抗体羞耻，通过国家企业委员会（NEB）于1980年成立的。

赛尔泰克公司是一家混合型公司，由政府、私营部门投资1400万英镑成立。它的主要功能最初为“技术转移”，特别是确保对医学研究理事会（MRC）实验室中可能有用的研究成果进行正确的开发和利用。在实践中，赛尔泰克公司已经不仅仅是一个技术转移中介，而是同时完成了研究合同、许可和产品开发等多项工作，开展了大量的业务，成为全球领先的大规模生产单克隆抗体的企业。赛尔泰克也为中介服务提供金融与平台保障（Van Reenen，1997）[493—507]。

赛尔泰克在成立后的几年时间里发展迅速，很快就与美国的基因泰克平起平坐，共同申请了重组抗体等重要专利。在1986年，赛尔泰克宣布该公司将拥有世界上最大的单克隆抗体生产设备，其生产能力也很快提升到世界前列。在这一发展过程中，以分子生物学实验室（LMB）为主的实验室持续不断地为其创新提供研发支撑，这为赛尔泰克的发展注入了源源不断的创新动力。到1999年，赛尔泰克已经成为欧洲排名第六位的生物技术企业。经历了若干年的发展，英国占据了欧洲生物技术企业前十名中的六个席位（见表4-7）。

表4-7　欧洲前十位生物制药企业（Euripean Life Sciences 99：Sixth annual report，Ernst et al.，1999），1998（百万美元）

公司	市值	营业额	利润	R&D 投入	雇员
凯杰（Germany）	959	103	12	12	785
夏尔制药（U.K）	844	75	6	9	426
因诺基因（Netherlands）	737	46	−14	20	630
宝得结（U.K）	540	48	−7	11	87
基赛特（France）	522	29	−16	37	479
赛尔泰克（U.K）	480	18	−17	33	218
奇罗赛斯（U.K）	437	40	−36	56	302
神经研究（Denmark）	387	8	−6	16	113
牛津不对称（U.K.）	338	23	4	2	219
英国生物技术（U.K.）	334	1	70	66	445

在赛尔泰克的案例中，政府、产业与研究者对于研究的态度都在经历着巨大的转变，这一转变得到了撒切尔夫人任内新的经济环境、产业政策与新的科技观的支撑。在整个创新体系中，LMB是基础研究之源，这也是其能够不断地得到政府支持的关键。当生物技术产业不断发展，产业内的实验室也为科学家提供了有吸引力的研发平台与条件。实验室、产业与政府之间逐渐形成了互动的良性机制。

国家创新体系理论是由弗里曼（Freeman，1987）、伦德威尔和纳尔逊等学者共同创立的学说，尽管他们有着不同的解释路径，但描述的都是20世纪80年代以来国家政府、科研部门、企业、市场等之间的系统性关系。所要回答的一个基本问题是：如何看待和解释科学技术在当代经济发展中的作用？传统的经济学理论关注比较多的是物流和资金流，但是，在科学技术对经济增长与经济实绩的作用越来越大的今天，在经济增长越来越依靠科学技术的重大突破的当代，我们更应该关注知识流动的问题，将知识的流动纳入国家与社会的发展之中是建立新型的国家创新体系的关键。英国在20世纪80年代后，通过扶持生物医药企业，建立了一种统筹多种行动者的创新体系，科技革命与国家进步之间的关系变得更加紧密。

四、"剑桥现象"与创新生态系统

剑桥大学在20世纪70年代建立了第一个科学园，此后周围聚集了大批高科技产业群，被称为"剑桥现象"。

20世纪70年代以来，面对新技术革命的挑战，世界上出现了高技术热，具体表现就是风险投资和科学园的大量涌现。1983年6月，英国应用研究与开发咨询委员会和研究委员会的顾问委员会共同提出一个关于大学与工业联系的调查报告，认为大学与工业的联合应该得到鼓励和宣传。在政府部门的倡导下，学术界也纷纷关注科学园现象，这一时期，政策分析的范式增加了新的内容，有关大学与工业关系的著作纷纷出版发行。主要的著作有：西·昆斯的《剑桥现象——高技术企业在大学城的发展》（1985），希拉里·松曼主编的《科学园与基于技术的企业的发展》（1987），蒙克的《科学园与高技术企业的发展》（1988）。

历史昭示了产业集群与技术创新之间的关系。艾伦在1983年的文章中讨论了19世纪英国克利夫兰地区高炉产业在工业化过程中，产业间的交互作用促使知识流动，这种知识流动与信息交换能够帮助生产者建立起高度最合适的高炉（Allen，1983）。这也被艾伦称为集体发明。这种集体发明的机制在蒸汽技术时代较为普遍。罗尼格的文章讨论了兰卡郡19世纪末的棉纺织工业，工厂的密集程度达到每半英里28家，而兰卡郡的棉纺织技术到20世纪初一直世界领先，"干中学"是这里产业集群取胜的关键（Leunig，2003）。

集群的概念来自波特，他认为国家竞争优势是以国内条件（如劳动力市场，知识溢出效应，供应链上的诸多企业）组成的，是内在于本土化的企业内部、企业间的联系，内在于跨组织合作与网络之中的（Porter，1990）。20世纪80年代，英国的生物技术产业不断发展，已经在单体克隆疫苗、基因测序等领域与美国并驾齐驱，其中英国研究中心的溢出效应成为英国生物技术发展的主要动力（Cooke，2001）。

在当前的全球创新集群中，有很多已经发展得很成熟的集群，最具代表性的就是美国的硅谷，它拥有很多对于创新非常有利的优势，集群内拥有很多便于创新、创业的支持性的机制。例如，在创新集群内很容易获得知识、技术、资本、市场以及更加容易形成合作。企业家会发现在这样的集群中很容易获得资金；风险资本家和银行家会发现很容易找到新的投资机会。新技术与市场机会的信息还可以通过集群内的机构以及非正式的网络在集群内迅速流动，其结果是集群内的企业拥有大量的资金以及产生大量的促进增长的卓有成效的创新。

与硅谷相比，剑桥的科技企业有以下一些特点：出现的时间短，并且规模小。虽然剑桥高技术企业存在的历史非常悠久，但是"剑桥现象"初期绝大部分高技术企业是1970年后出现的。并且将近三分之一的公司雇员在5人以下，而雇员超过200人的企业不到企业总数的3%。并且，剑桥也从来没有像硅谷那样产生过规模极大，也极其成功的企业。其次，剑桥的大部分企业是由当地企业家自主创办的，86%的剑桥高技术企业是英国资本投资的。这和很多高科技企业集群很不相同，以法国的索非亚·安蒂波利斯创新集群为例，尽管获得了政府的大力支持，但是该集群不仅规模不及剑桥，而且存在的高技术企业大部分都是外国资本直接投资的结果。此外，和其他创新集群不同，剑桥高技术企业所从事的并不是专业化的高技术产品的生产，而往往是从研究到设计再到开发等研发活动，即使包含生产活动，也是进行小规模的高附加值产品的生产。剑桥高技术企业和剑桥大学之间以及有关的研究机构之间，保持着直接的或者间接的联系，企业之间也存在着这种联系（李俊江，2010）。

在剑桥的生物企业中，存在着非常强烈的剑桥特征，它们相互依赖生存，形成了自己的生态体系。研究表明，企业、行业内外与投资者之间的关系网络极大地影响了创新环境。1997年，剑桥有76个生物技术公司及研究组织，而牛津有40个生物技术相关的企业。伦敦南部的萨里有37个生物技术企业，在英国北部，苏格兰也聚集着50余个生物技术企业（Mihell et al.，1997）。

以剑桥大学科学园为首的科学园遍布英国境内，如同连接产业与学界的桥梁，将最新的科学成果高效地转化为具有特色的产品，以支撑起一个逐渐发展、庞大的科技体系。对现代分子生物学的研究也从两个科学家、一个实验室扩展到一个学科、一个产业以至整个科技创新体系，形成了独具特色的创新生态系统。

第五节　小结：分子生物学革命与国家科技体制现代化

　　本书的主题是科技革命与英国国家现代化，本章以独具英国特色的分子生物学革命与"二战"后英国国家科技体制建立的关系研究为案例，来加深对科技革命与英国国家现代化关系的具体认识。哪些因素影响了英国20世纪的科技发展？它与国家现代化之间的关系如何？通过对分子生物学革命、生物技术产业发展及其与科技体制变革关系的分析，我们或许可以得到以下一些结论。

　　纵观人类历史，众所周知的事实是科技在经济发展中发挥着越来越重要的作用，特别是20世纪后半叶以来，科技迅猛发展，渗透、扩散于劳动者、劳动资料、劳动对象等实体性要素和分工、协作、管理等连接性要素中，使整个生产力体系发生了质的变化，大大提高了生产力水平，使生产力以前所未有的速度发展。学术界对这种历史现象已经做了大量的研究和理论分析，尽管如此，从科技革命与国家现代化的角度研究分子生物学革命与"二战"后英国国家科技体制建立的关系，仍然可以得出一些新鲜有趣的结论。具体讲，如本书开始提及的我们把影响因素分为短暂的促发性因素和长期的持续性因素，做这样的划分，能够让我们进行更深入的分析和更准确的理解及概括。

一、科学传统至关重要，可抵御短期不利因素的影响

　　"二战"后英国政府对科技的重要作用予以高度重视，但是在初

期，主要是在英国国防科技战略的引导下重视科技的，当时英国国防部门经费占政府研发总经费的80%。政府雇用的大批科研人员中的大部分都从事军事科技活动，尽管部分军事研发成果也不同程度地溢出到产业，但是这段时期的科技投入并没有对工业发展起到多大的推动作用。实际情况却是，即使英国战争后的科技政策不利于产业与科学的发展，这一时期英国的科学成就依然硕果累累：在战后20年的时间里，英国收获了17项诺贝尔科学奖。这段历史表明英国自由主义科学传统的重要性。英国有延续了300年的自由与包容的学术文化传统，尤其在20世纪30年代，反法西斯主义的思潮吸引了欧洲（伯纳尔等）和美国（克里克等）的大量人才来英国，剑桥大学的卡文迪许实验室等物理、生物化学、生物、化学、数学等一些重要实验室拥有独特的学术文化，这些文化环境十分有利于分子生物学在20世纪40年代的英国崛起，并把这种领先地位保持到20世纪60—70年代。1962年成立的MRC分子生物学实验室（LMB），到2003年共获得12项诺贝尔科学奖，堪称科学史上的奇迹。短期的促发性因素，有好有坏，即使是不利的促发性因素，在强大的科学传统面前，其阻碍作用也是有限的。当然，如果当时科技政策得当，英国可能会收获更多的世界级科学成果。

二、成也传统败也传统：富有世界级科学成果，缺乏世界级高科技企业

在分子生物学领域，英国取得一系列世界级的科学成果，得到为数众多的诺贝尔科学奖，在20世纪下半叶的多数时间居于世界领先地位。即使进入21世纪，英国仍然是数一数二的分子生物学领域的世界强国。相比之下，尽管英国政府在支持生物技术产业方面做了大量的工作，包括出台一系列政策和政策性支持措施，成立了国家级的生

物技术企业赛尔泰克公司，但是这些促发性因素所起的作用却并不理想，英国仍然缺乏世界级的生物技术企业，与分子生物学世界强国的地位不相称。

三、科技革命与科技体制现代化

国家现代化包括科技体制现代化，为推进英国分子生物学革命以及生物技术产业的发展，英国政府不断调整科技政策及其有关措施，逐步建立英国现代科技体制，这一过程可以视为科技革命与科技体制现代化关系演变的一个缩影。科学在20世纪的政治话语中，变得格外引人注目。从英国的历史来看，这源于国家角色的转变（福利国家与国家的科学）以及战后自由主义及保守主义对于科学的政策共识。受到英国国内关于科技政策的讨论以及美国等国科技政策趋势的影响，战后英国确立了国家和科学的基本关系与政策。此后，经济学家还为福利国家与作为"公共产品"（Public Good）的知识之间的联系找到了合法性解释。首先，政府决定在和平时期大力协调公共资源承担的科学研究活动并加大对科学研究的支持，同时听取科学团体对科技未来发展规划的建议，从而进一步扩张政府支持的研发项目；其次，英国面临着科学家与工程师的严重短缺，教育机构应迅速扩大以提高人才的供应；另外英国政府还大力促进科学与工业研究署和研究协会的发展，进一步鼓励技术应用于工业并且改善生产力和提高生产率。第二次世界大战中，科技的力量进一步彰显。在战争的威胁下，反对国家参与的自由放任思想得以松动，决策者对国家与科技关系的认识进入新的历史时期。英国政府开始制定科技发展战略，建立有效资助、组织、协调科技发展与应用的管理系统，这标志着英国科技政策的形成。英国逐渐形成的公立大学与项目资助双轨并行的科技政策体制为英国创立了一种平衡的、重基础研究、鼓励卓越科学的体制。

在这样的背景下，考察分子生物学革命对英国科技体制现代化的影响就变得容易了。分子生物学革命使得英国在这个新兴的学科领域处于世界领先地位，这个成就的取得主要得益于英国的学术传统和科研基础设施。如果仅仅为了保持分子生物学这一科学领域的领先地位，当时英国已经运行的科技体制不需要太多的变革。但是如上所述，只有生物技术产业发展，才能够提升国家的经济实力与综合国力，分子生物学只是生物技术产业的科学基础。正是在这样的国家需求与竞争压力下，英国政府、科技界和产业界开始了一系列的探索。例如，开始，英国在制度设计上并未充分认识到技术发展与基础研究的非线性关系；医学研究理事会在资助分子生物学之初反对资助那些与产业目标相关的研究，认为卓越的基础研究会自发地延展为技术创新能力与企业竞争力等。在这样的理念与制度安排下，英国的生物技术产业发展受到了限制。又如，科学与技术的边界在生物技术领域的"模糊"为英国研究理事会的资助带来了很多麻烦。医学研究理事会（MRC）与科学与工业研究理事会（SERC）对生物技术的定义不同导致了其资助策略的巨大差异，这种差异又导致了英国20世纪80年代无法完成对生物技术的有效支持。新兴产业与技术越来越多地体现出与传统的科学、技术不同的特征。实践出真知，到20世纪80年代，《斯平克斯报告》的发布扭转了生物技术领域的陈旧观念，在一定程度上解决了上述问题，随着一系列相关的政策和制度安排的颁布和实施，英国现代科技体制得到确立和完善，促进了此后20年英国生物技术的快速发展，尽管没有完全实现国家经济产业振兴的目标，但是相对过去已经有了显著的改善和提升。顺应潮流的促发性因素会起到重要作用，并形成持续性的影响，甚至暂时的促发性因素会演变为持续性因素。英国现代科技体制的确立和巩固及其相应的观念变革与强化，就提供了这样一个例子。

四、通过国家创新系统，卓越的科学转化为国家的竞争优势

工业创新来自"基础研究和市场引导的应用研发的复杂交织作用"（Tapon，1989）。然而，基础研究和市场机会的整合不会自动发生，正如波特所述："虽然对基础研究的投资在推动商业创新的可能性中是重要的，但这不会导致竞争优势，除非由行业进行转化和进一步发展。"正如上面所讨论的，生物技术高度依赖分子生物学的基础研究，而这些研究主要集中在研究机构，例如大学和政府实验室（Kenney，1986）。因此，在生物技术方面，创新所需的基础研究和应用研究的整合大多发生在企业和研究机构之间，而不是公司内部和公司之间。因此，生物技术创新可以视为研究机构和企业中科学知识积累、流动、扩散和应用的产物。通过分析，我们可以将影响这些科学知识的生产、流动与产业化的因素总结为以下八点：传统科学教育、基础研究资助模式、与国外研究机构的联系、学术界对商业的取向度、劳动力的流动性、风险投资体系、国家技术政策、相关行业的技术积累。通过国家创新系统的确立和运行，包括实现科技体制现代化，卓越的科学可以转化为国家的竞争优势。

五、知识的积累与扩散：科技革命与国家现代化的互动

通过对英国分子生物学崛起与生物技术产业发展的历史分析，我们可以看到，在当今的环境下，科学革命、技术革命与国家进步之间的关系是通过知识的积累与扩散完成的。科学革命完成了知识与理论上的积累与突破，提升了全社会的知识存量与知识水平，技术革新的

重要因素是知识的扩散与再组织，这一系列复杂的知识流动都将推动国家现代化的进程，同时科技发展也高度依赖现代化的国家体制。制度在为知识流动提供经济支持、人才支持、政策支持与产业支撑的同时，也塑造着知识流动的形式。反之，作为新知识的源泉及辐射中心的科技革命也影响、塑造着国家现代化的进程。分子生物学革命作为20世纪最重要的科学革命之一，从学科、制度、人才、科技与社会关系、组织方式等多方面对英国社会产生了深远的影响。

第五章
人本现代化理论初探与科技资本主义及其危机

　　18世纪工业革命前后的两三百年发生了人类历史上影响最为深远的社会大变革，英国迅速崛起的历史过程为研究科技革命与国家现代化关系提供了最为丰富和典型的案例，是针对内源式革命、外源式革命、多源交叉式革命来探讨科技革命与国家现代化的极为难得的社会实践。比如，因历史、地理和宗教等原因形成的宪政议会制度的创立（内源式政治现代化），16世纪中叶开始的依靠引进外国技术、人员和资金实现的初次工业化（工业革命前的外源式工业变革），在英国汇聚多种创新的18世纪中叶开始的第一次工业革命（内源式工业革命）。在第二次、第三次工业革命中，针对多源交叉、外源引进来讨论科技革命与国家现代化，英国也有非常典型的社会实践。受篇幅和主旨的限制，本书不能面面俱到，如何把丰富的资料和已有的研究成果按照研究主旨重新加以组织和提炼，如何通过研究中心问题，突出重点和特色，有所推进和创新，是本项研究面临的挑战。

对于科技革命与英国现代化的探讨是一项十分复杂的研究工作，我们通过对英国的政治、经济、文化与知识基础等来阐述英国现代化的开端；通过科学革命与牛顿来分析科学革命前后英国的科学、技术的整体状况，英国的大学与皇家学会，牛顿科学革命的来龙去脉，特别是科学革命及其与工业革命的关系及历史影响；工业革命与现代化的关系十分典型，探讨两者的关系可以加深对工业革命和现代化的认识；以分子生物学革命与"二战"后英国国家科技体制的建立为案例，来揭示英国20世纪的科学技术与国家进步的关系所呈现出的新特征，进一步具体回答科技革命与国家现代化关系这一问题。显然，要驾驭这样复杂的问题最好有一个统一的理论框架，但是由于涉及内容繁多，包含现代化、科学革命、技术革命、工业革命等多个主题，每个主题各自又有不同的理论系列，所以要做到这一点并非易事，而且与整套丛书的体例也不协调。所以我们在以上四章的研究中，是根据各章的主题，史论结合地进行论述和分析。在全书的最后部分，我们认为还是有必要进行一番理论探索，把理论探新作为一项结论，可以丰富全书的内容，同时也为以后的研究提供借鉴。这一章由三部分组成：一是现代化理论评析与内外因人本现代化理论初探；二是科技资本主义及其危机；三是全书主要结论与探讨。

第一节　现代化理论评析与内外因人本现代化理论初探

对现代化的理解尽管至今没有统一的定义，但是基本含义还是大同小异的，即现代化是传统社会向现代社会转变的过程，或者说是农业社会向工业社会转变的过程。美国学者本迪克斯认为，现代化可理解为社会变迁的一种类型，它起始于英国工业革命和政治性的法国大革命，它存在于几个"先锋社会"的经济和政治进步以及继之而来的"后进社会"的变迁进程之中。罗荣渠认为，广义而言，现代化作为一个世界性的历史过程，是指人类社会工业革命以来所经历的一场急剧变革，它以工业化为推动力，导致从传统农业社会向现代工业社会的全球性的大转变，它使工业主义渗透到经济、政治、文化、思想各个领域，引起相应的深刻的变化。狭义而言，现代化指落后国家迅速赶上先进工业国家水平和适应现代世界环境的发展过程，是近期人类历史发展的特定过程，把高度发达的工业社会的实现作为现代化完成的一个主要标志也许是合适的（何传启，2003）。本书在研究中采用上述两个定义对现代化的理解，实际上这也是目前对现代化的基本理解。

当然，不同的关于现代化的理解可以加深相应的认识。比如，关于现代化内涵的描述归纳为以下三个方面：（1）自18世纪末以来的工业革命和政治革命过程，在那一时期，一小群西欧和北美的现代科学家开始活跃起来；（2）贫穷和欠发达国家通过诸多成功或不成功的努力来赶超或缩小与先进社会之间的距离；（3）在不断变化的国际化和全球化背景下，现代社会解决——通过创新和改革——新的内部问题的诸多努力（Zapf et al.，2004）。关于新现代主义（neo-modernism）的阐释是：（1）现代化是个人或集体行动的结果，它不是系统的自动发展过程；（2）不断寻求达到目标的新路径，并实现它们的价值，但是这些目标能否实现取决于它们的资源；（3）现代化并不是一个基于一致意愿的过程，相反，而是现代派、保守派及旁观者之间相互竞争的过程；（4）科学是主要的动力，但传统和宗教的力量不可低估；（5）现代化成功的普遍标准是整个社会的福利发展程度；（6）现代化的中心目标可能会发生变化或转移；（7）现代化不是一个连续的线性过程，它有周期和倒退危机（Tiryakian，1998）[31-52]。

通过现代化程度的指标也可以加深对现代化的认识：（1）积极适应由于变化所产生的转型过程；（2）持续扩展的生活经验，并乐于接受新知识；（3）持续的规划、推导计算，以及乐于挑战新的经历；（4）行动的可预测性，以及进行有效控制的能力；（5）给予技能以最高关注度，理解生产过程的基本原则；（6）以变化的态度对待血缘、家庭角色、家庭规模及宗教的作用；（7）改变消费行为，接受社会分层（Coetzee，2007）[31]。

现代化理论由来已久，蔚为大观。经过迪尔凯姆、韦伯、特·帕森斯、罗荣渠、何传启等著名学者的研究，对现代化有了比较全面的认识。20世纪六七十年代以来，传统的现代化理论受到了多方面的挑战，从理论上看，批评者认为传统社会与现代社会的划分过于牵强：一大批前资本主义社会可以贴上传统社会的标签，但同时却抹杀了这些不同的社会类型（亚细亚的、封建的、部落的）之间各不相同的政治和社会结构。从实践上看，传统的现代化模式的缺陷也日益突出。
"二战"后，一些发展中国家照搬西方的工业化模式，盲目追求国民
生产总值，把先进的设备、豪华的饭店以及摩天大楼与现代化直接等
同起来。但是特权和腐败却在加剧，经济发展畸形，国家形势严峻。
因此，一批新的现代化理论产生了。例如，罗斯托的经济成长阶段论
（《经济成长的阶段——非共产党宣言》（1960），把世界各国的经
济发展分为五个阶段；拉美经济学家提出的依附论，指出由于国际分
工和国际市场对拉美经济发展实行越来越多的限制，于是换回同等数
量的工业品所需的原材料越来越多，久而久之，形成了依附的格局。
20世纪70年代以后，现代化理论进入一个多元发展时期，沃勒斯坦提
出了世界体系论，其代表作《世界体系：16世纪资本主义农业和欧洲
经济的起源》（1974）影响最大，以致他的世界体系论形成一个新学
派。按照世界体系论，世界被分为中心地区（西欧、北美）与边缘地
区。边缘地区的经济在国际分工中为中心地区提供劳动力、原材料
等，世界经济作为一个整体呈现反复扩张与收缩的势态。中心与外围
的关系便成为世界体系论的焦点。布策克提出了比较现代化理论，其
代表作为《日本和俄国的现代化》，认为日本和俄国的现代化可分为
三个阶段：一是两国都面临着西方的巨大挑战；二是为了对付内外的
挑战，主张搞现代化的人上台执政，并制定和实施社会经济与政治制
度的全面改革计划；三是进入高度现代化阶段，具体表现为高消费、
都市化、受教育机会增加等（王儒佩，1987）。

　　这一时期兴起的历史社会学，为现代化理论提供了新的方法论和
理论视角。主要人物和著作（含历史学）有斯塔夫里阿诺斯《全球通
史——1500年以前的世界》（1970）、艾瑞克·霍布斯鲍姆《资本的
年代》（1975）、费尔南·布罗代尔《资本主义的动力》（1979）、

布莱克《比较现代化》（1979）、诺斯《经济史中的变迁与结构》（1981）、丹尼斯·史密斯《历史社会学的兴起》（1991）、约翰·米尔斯《一种批判的经济学史》（2003）、彭慕兰《大分流》（2000）、富永健一《日本的现代化与社会变迁》（2004）等。当然，这些工作各有千秋，也都存在各自的缺陷，例如诺思的制度决定论因忽视技术自我支持的持续增长特性而不能解释产业的升级换代；彭慕兰因缺乏必要的制度分析而做出误判。20世纪70年代以后，"全球历史观"是现代西方史学界实践中占统治地位的观念。布罗代尔的《资本主义的动力》是对资本主义的重新思考并涉及对当今世界政治经济秩序的理解。其观点与沃勒斯坦的世界体系理论尽管立足点不同，后者主要从发展中国家的角度来认识资本主义，但两者对资本主义的认识却有相通之处。布罗代尔还与韦伯有不同之处，如果说韦伯展示的是资本主义的精神动力，布罗代尔则进一步展示了资本主义的生命力及其对世界的影响。此外，英格尔斯的人的现代化，认为现代化的核心是人的现代化的研究是别具一格的。英藉德国社会学家舒马赫的成名作《小的就是美好的》，在全面考察发展中国家的社会问题的基础上，提出要抛弃西方工业化模式，出路就在于寻找新的生产方式（王儒佩，1987，陶海洋，2007）。

现代化理论众多，但是按制度与人来区分就是两大类，从研究数量上看，按照英格尔斯的统计是20∶1，也许现在这个比例更悬殊。英格尔斯的人的现代化研究独树一帜，也很符合一般人的理解，就是现代化离不开人的现代化。但是一个奇怪的现象是，迄今为止，除了英格尔斯之外，几乎没有理论家在人的现代化上再做文章。英格尔斯本人在发表两部关于人的现代化理论的研究著作《人的现代化》《从传统人到现代人——六个发展中国家的个人变化》之后，重点就放在国民性研究上，从理论发展的角度看，似乎人的现代化理论后继无人。通过分析，笔者认为这与人的现代化理论的自身局限有关，英格尔斯把人的现代化看作是制度现代化的前提，主要从社会心理学的角度开展研究。社会心理学对现代化的研究主要是把现代化视为理解、表现和评价方式的改变过程。现代被确认为个人发挥功能的一种方式，是以某种方式行动的集合体。换言之，它是从马克斯·韦伯（Max Weber）所谈到的"资本主义精神"这个意义而言的一种"精神气质"。就像罗伯特·贝拉（Robert Bellah）所说的，现代不应该只被看作是一种政治或经济体系的形式，而是一种精神现象或一种心态（mentality）。像这样的理解，就不同于根据制度安排给现代性下定义那样把现代性牢牢束缚在特定的时间或地区。如果现代性被确定为一种心境（a state of mind），那么同样的情况也许会存在于伊丽莎白时代的英国、佩利克里斯时代的希腊或德川幕府时代的日本（英格尔斯 等，1992）[20-21]。也就是说，从社会心理学的角度开展研究可以加深对现代化的认识，但如果只从社会心理学角度研究，则有失偏颇。

就目前的检索结果来看，英格尔斯提出人的现代化理论以后，学界（当然，也包括他本人）主要是基于这一理论进行经验研究，对不同国家或地区群体的个人现代化状况进行评估，特别是大力推进对人的现代化的衡量指标和衡量方法的研究。他们所反思的问题是：对于不同国家或地区，是否存在一个统一的衡量个人现代化的指标体系？不同的文化、不同的国家如何影响个人现代化的评估指标体系的建构？个人现代化的多个指标（如教育等）所起的权重及关系是什么？例如，中国台湾学者杨国枢通过心理学方式对中国人的现代化状况进行研究，分析中国国民性的生成过程与影响因素。而人的现代化理论本身，目前的文献检索工作显示出其似乎并没有什么明显发展和进一步创新。所以笔者提出内外因人本现代化理论也是对人的现代化理论的新发展。

　　笔者认为以人为出发点来研究现代化是正确的，但是不应该把它与制度研究割裂开来，仅研究人的观念、思维、价值观、素质、能力和行为方式，而不将人的因素与社会的因素结合起来，是无法全面理解现代化的。应该找到一条主线，把两者有机结合为一体，而这个主线就是人的需要——人的自由发展与价值实现——的实现，这要求外在与内在的保障，法治及其制度化是人的自由发展与价值实现的外在保障，理性与知识增长则是内在保障。笔者整合制度现代化与人的现代化理论，提出内外因人本现代化理论，它以人的自由发展与价值实现为驱动和主线，内外条件保障及其互动为特征，外因主要是制度与文化，内因主要是人的素质与能力的提升。理性及知识传统和法治制度正是决定英国崛起的最主要的持续性因素，也是英国人自由发展与价值实现的内外保障。科学革命、技术革命和工业革命在知识增长与法治制度增强两个方面促进英国的现代化。以人的驱动为主线也符合一般人的认识，比如，现在常讲的创新驱动就是人才驱动。人本现代化这个术语已经有人用过了，例如梁桂全提出人本现代化，认为其本质在于以人为本位，而不是以财富、以物质或以人之外的客体为本位出发考察和判定现代化的本质和意义（梁桂全，2004）。显然，这与笔者提出的内外因人本现代化理论（简称人本现代化理论）并不相同。当然，这里仅提出内外因人本现代化理论的思路，是理论初探，以后还要不断完善，但是无论如何，利用这种新的理论视角，可以更加明确导致英国在两个世纪的时间里迅速崛起的内外两方面的关键因素。

　　从内外因人本现代化理论的角度分析，英国通过科学革命、技术革命、工业革命和国家现代化而迅速崛起的根本原因在于建立健全了笔者称之为"国家人本体系（National Humanism System——NHS或称之为国家人本系统）"的体系。国家人本体系是为一国之公民的安居乐业和社会的繁荣发展提供法律制度保障和依法的政府行政服务，提供文化传统与社会保障等的国家体系，其特点是以人为本、以公民为本。其功能是满足公民的外在的和内在的各个层次的需要。大家熟悉的国家创新体系实际上是建立在国家人本体系基础之上的体系，如果说国家创新体系的核心是通过知识流动促成各参与者的网络互动与合作以实现社会经济目标，那么国家人本体系的核心则是通过法治的全面实施，为公民安居乐业、建功立业提供所必须的秩序和政府服务。法治的重要性在于，它给社会最好的：持续稳定地提供激发人们积极性、创造性的秩序与回报保障，可以有效积累人力资本，实现自由迁徙与自主使用个人人力资本，而非人治社会中人力资本的依附固化，因"站错队""跟错人"而前功尽弃、积累作废；另一方面，法治又能够遏制社会最坏的，就是遏制贪腐与专制。可以说，以法治为核心的政治现代化与国家人本体系是人类迄今为止最有效的扬善抑恶系统。英国的现代化实践充分证明法治的关键作用：没有法治传统，英国皇家学会的科学家及广大的英国科学家就难以长期坚持学术自由和学术自主，没有学术自由和学术自主，英国就不可能有科学事业的繁荣，不可能发生科学革命；没有法治传统，英国的工人和农民就不可能有效维护自身利益，长期维持高工资、高收入，也就不可能促使企业积极使用新技术代替人力从而刺激了技术发明和技术创新的兴盛；没有健全的专利制度，就没有众多发明家殚精竭虑、前赴后继地进行发明创造，英国就不可能发生技术革命和工业革命。

内外因人本现代化理论同时强调公民的内在素质与社会制度的重要性，理性的力量和制度的力量同样重要，从长时间尺度看"有什么样的国民就有什么样的政府""有什么样的国民就有什么样的制度"显然是有道理的，但是它不能解释公民素质与国家制度之间的复杂互动关系。英国"国家人本体系"的建构是自下而上与自上而下的有机结合，内外因人本现代化理论对此进行深入研究应该可以从一个新视角揭示英国迅速崛起的原因。当然，如果可能，这是我们未来需要进一步研究的内容。

第二节　科技资本主义及其危机

在我们惊叹科学革命、技术革命、工业革命和国家现代化对人类社会进步的巨大促进作用的同时，也应该看到事物的另一面。生态环境问题、贫富悬殊、经济危机、信仰危机、科技风险、科技冷战、新军备竞赛、恐怖主义、国际难民等等，可以说当今世界危机重重。英国工业革命的发生和市场经济制度的建立，使得资本始终占据头等重要的地位，以至于这样的社会被称为资本主义社会。20世纪中期以来，第三次技术革命，尤其是20世纪90年代以互联网为核心的大IT革命（刘益东，2015）席卷全球，促动科技蓬勃发展，科技的作用日益重要，科技与资本及其两者结合的重要性越发凸显，知识经济大规模发生，资本的核心地位受到挑战。笔者认为有必要提出"科技资本主义"这个概念，它是工业革命以来资本主义发展进入科技时代所呈现的新阶段与新形态。科技资本主义是指以科学技术与资本的结合为主体的社会制度，它是以资本为主体的社会制度发展的新阶段。在这种新的社会制度中，科技与资本一样，广泛存在于各行各业且至关重要，科技与资本的结合也广泛存在于经济、文化、教育、军事、社会等各个领域，发挥着举足轻重的作用。"科技资本主义"这个概念有三个主要来源：一是1989年道格拉斯·凯尔纳提出的"技术资本主义"，表明新技术导致经济、国家、阶级结构、文化等领域发生重大变化，同时资本主义仍是当前社会的主要特征，人类社会还没有发展到后现代理论家所谓的新社会（赵海月　等，2013）。二是"知识经济"。1996年，世界经合组织发表了题为《以知识为基础的经济》的报告，将知识经济定义为建立在知识的生产、分配和使用（消费）之上的经济。三是1997年由希拉·斯劳特和拉里·莱斯利提出并系统研究的"学术资本主义"，指院校及其教师为确保获得资金所做出的市场行为或类似市场的行为。市场行为是指院校方面的营利活动，诸如申请专利以及随之而来的版权税和许可协议，以及有关公司和产学研伙伴关系等。类似市场的行为指院校和教师为资金而竞争，无论这些资金是来自外部拨款与合同、捐款、大学—工业伙伴关系、院校对教授的衍生公司的投资、学生的学杂费还是其他一些创收活动（斯劳特等，2014）[8-10]。

科技资本主义具有资本主义的各种特点，又增加了四个新特点：一是作为创业者的人群扩大了。知识成为资本，专家学者成为"资本家"（也被人们称为"知本家"），成为创业者或可能的创业者。创客大行其道、实验室经济盛行、创意阶级的出现，学术资本主义对此予以较好的概括。创业的实质不仅是财富的追求，个人产权的追求，物欲的满足，更是自由和个人人生价值实现的追求，呈现出自主性、分散性与多元化。二是报酬递增。这在知识经济中有大量论述，赢家通吃现象比较普遍，贫富分化严重，对个人而言可谓多机会、高激励。三是高速度、高风险。科技时代的特点是发展快、风险高，科技资本主义是乌尔里希·贝克贝所说的风险社会的新阶段。第四个特点是前三个特点的结合，个体化与多元化、多机会与高激励、高速度与高风险的结合意味着难以形成共识，无法协调一致地应对挑战，尤其无法在有限时间内实施有效的共同行动以实现目标。

近年来，对资本主义的反思和批判日益增多，但是尚未见到从粗放式创新与科技重大风险的角度来反思、批判资本主义的系统思考与研究。科技资本主义与技术资本主义等先前有关概念相比，最大的不同是强调也要关注创新的相反方向（创新的负面作用）。包括技术资本主义在内的各种理论都强调创新对经济的促进作用，熊彼特以来的林林总总的创新理论，虽然各有不同，但是基本方向都是一致的，都认为创新能促进经济繁荣、推动社会进步。笔者提出的科技资本主义说，则在此基础上，强调创新的相反方向，即创新并非都是好的，粗放式创新会产生巨大的负面作用，甚至会导致毁灭性灾难。粗放式创新是指只考虑或只主要考虑经济收益的创新，是以牺牲安全和环境为代价的创新，它不考虑或不优先考虑创新风险和创新负面效应，不考虑负外部性。工业革命以来的许多创新都是粗放式创新，而迄今为止的各种创新理论对此却极少关注（刘益东，2014a）。

对科技资本主义的深入认识揭示出粗放式创新与科技风险是以科技与资本结合为主体的社会制度所不可避免的首要制约因素，以往提及科技与资本结合，强调的是科技作为生产力与竞争力的正面作用，例如内生经济增长理论，而很少关注科技的负面作用。实际上科技与资本的结合，一方面加快了科技的发展与应用，另一方面，资本本身所具有的贪婪和短见也使得科技在追求财富和竞争力的道路上、在争议中粗放发展、野蛮发展而不顾及后果。有鉴于此，对科技资本主义的研究则对科技与资本结合的正负两方面的作用都应予以高度关注，而且强调高科技的正负效应不可抵消，所以是否发展一项科技，不是看它有多少好处，而是看它的负面作用人类能否承受和化解，否则，再好的科技也不能发展（刘益东，2016）。科技与资本高度相互依赖，科技追求的优先权、专利权要求眼前利益优先，资本更是注重眼前利益，两者结合更加凸显了科技资本主义制度的短见。美国著名经济学家瑟罗指出，当代资本主义具有贪婪、利己主义、生产力强和缺乏远见等四大特点，资本主义最基本的原理就是激发人的贪欲，只考虑如何在此时此地获取最大利益（瑟罗，1999）。科技资本主义使得这四大特点更加突出，而且由于科技风险的存在而使得贪婪、利己主义、生产力强和缺乏远见将产生毁灭性后果，甚至毁灭人类。

科技资本主义中的个体化与多元化意味着各行其是，多机会与高激励意味着人们干劲十足，高速度、高风险意味着即使意识到风险也仍然会在争议中快速发展，意味着深陷"动车困境"（发生或怀疑发生重大错误时不是停止产生错误的活动，而是边运行、边争议、边纠错，结果是难以纠正重大错误，一些高风险的高科技在争议中仍然快速发展和大规模应用）（刘益东，2011）。科技与资本结合意味着科技要服从资本的要求，资本的要求就是如何获取更大的回报，而不顾及可能的风险。工业革命以来，资本主义创造了经济发展与繁荣，但是眼前利益优先的社会结构、激励机制和胜出机制是市场经济的根本缺陷，谁以眼前利益优先谁就胜出，就像谁服用兴奋剂谁就比赛获胜一样。市场经济的根本缺陷导致了许多问题和危机，贫富悬殊、社会不公、战争、恐怖主义、科技风险、科技冷战、军备竞赛、资源配置不合理、环境资源的破坏与滥用等，这些危机还能承受，至少在相当一段时间里能承受，而当资本主义发展到科技资本主义阶段，威胁最大的致毁性科技负面效应的加剧则使这种根本缺陷可造成的毁灭性灾难凸显出来。也就是说，眼前利益优先这一长期形成的痼疾在"致毁知识"出现之前虽然也有严重后果，但是从总体看还不至于发生灭顶之灾。当致毁知识问题被揭示出来之后（刘益东，2000），笔者判定人类面临的最大危机是科技危机，其核心是：现代社会高度依赖科技知识增长，而其中一类破坏力极大的科技知识——致毁知识也随之增长，并且在科技知识增长的同时，不可能有选择地禁止其中致毁知识的增长，致毁知识的增长是不可逆、不可抵消的。在西方市场经济这一目前世界主流社会发展模式下，致毁知识的增长又是不可阻止的，科技知识增长已经失控，这意味着人类面临毁灭的危险是不断累加和递增的，达到一定程度必然会发生毁灭性灾难。从科技发展的速度和态势看，目前这一达到灾难发生的阈限的进程在不断加快，在中短期（5—15年）内爆发灾难的可能性极大，而且这种不可逆增长的危险累进方式，使得毁灭性灾难发生的概率越来越大，如不及时制止，必将爆发！目前，西方国家的意识形态僵化，延续以丛林法则、争斗谋利、眼前利益优先为核心的传统战略思维，继续强化用军事优势换取经济利益的竞争格局，新军备竞赛日益升级，致毁知识不断涌现。更糟糕的是，社会已经形成了恐怖实现系统和个人恐怖实现系统，它们与致毁知识的增长与扩散相结合，更加突出了最大危机和威胁的严峻性与危险性（刘益东，2014b）。也就是说，科技资本主义的争斗谋利和眼前利益优先法则已经成为导致自我毁灭的致命缺陷了。

本书没有面面俱到地分析批判现代化存在的种种问题，而是通过提出"科技资本主义"来集中反映西方现代化国家所面临的危机与挑战，以往对资本主义的批判都集中在对"资本"的批判上，对科技资本主义的批判则应集中对"科技与资本及其结合"的批判。通过对科技资本主义的分析，说明英国的工业革命、科技革命造就了最早的现代国家与市场经济制度，为人类社会的进步做出巨大贡献，但是随着科技与资本的紧密结合，资本主义发展到了科技资本主义阶段，暴露出的问题已经不局限于生态环境和贫富悬殊等方面，而是更为严峻的科技风险与科技危机，这是科技资本主义的危机，因此对市场经济制度和现代化进行反思，变得极为迫切、紧要和生死攸关！

第三节　主要结论与讨论

本书共五章，在第五章中要对前面四章的内容做一总结，因为前四章各自都有结论。这里的总结包括对各章结论进行汇总以及为全书做总结和探讨，汇总中各章的结论来自各章的作者，特此说明。本书通过对宏观历史和微观案例的研究，来探讨科技革命与英国现代化的关系，得出的主要结论如下：

1.英国崛起的17种解释

探讨英国崛起之谜是学术界的一大热点，综合内森·罗森堡、小伯泽尔（内森·罗森堡　等，1989）、马克斯·韦伯（韦伯，1987）、诺斯（诺斯　等，2009）、尼尔·弗格森（弗格森，2012a，弗格森，2012b）等学者的观点和概括，对以英国为代表的西方国家崛起，大致有17种解释：（1）科学技术的作用。这是关于西方繁荣的最流行的解释。（2）自然资源的优势所致。（3）竞争。欧洲的政治处于割据分裂的局面，在每个国家内，都存在着多个相互竞争的集团。（4）法治与代议制政府。这一优越的社会政治秩序出现在英语国家。（5）自由的观念。这始终是英国最显著的特征。（6）心理原因。一个广泛被接受的解释是，封建主义的衰落与一种心理变化多少有点联系，这种心理的变化从某种新的资本主义精神中促进了市场机制形成。（7）运气因素。的确，西方的运气比其他地方要好。（8）不端行为。最常被指责为西方经济的不端行为有日趋扩大的收入和财富不均、对工人的剥削、殖民主义和帝国主义以及对别人的奴役。（9）收入和财富的不均。在各种不端行为中，最根本的一种意见认为，收入和财富的不均是不公平的，但对西方经济制度来说却又是必要的。（10）剥削。在马克思主义的术语中，剥削是指资产阶级占有工人创造的"剩余价值"。（11）殖民主义和帝国主义。认为掠夺殖民地国家的财富促进了经济增长。（12）奴隶制度。认为奴隶制度是西方经济增长的原因之一。（13）宗教改革。认为新教伦理对资本主义发展至关重要。（14）一个有效率的经济制度是西方国家兴起的关键。（15）一个不受政治和宗教控制的、有高度自主性的经济领域和商人阶级的出现。（16）自主、试验和多样性是解释西方经济持续增长的关键。（17）消费社会。随着工业革命的兴起，英国的高工资和高生产效率的先进技术提供的物美价廉的商品，使社会需求扩大。

2. 促发性因素与持续性因素

显然，上述因素都在不同时期、不同地点、不同事物上发挥了不同程度的作用，如果这样笼统地总结，并不能加深对英国崛起及其背景下的科技革命与国家现代化关系的认识。本研究的主线是英国如何通过科技革命、工业革命与现代化实现大国崛起，最终的考虑是把影响英国崛起的原因分为暂时的促发性因素（某时期发挥作用）和长期的持续性因素（长期发挥作用）。前者包括地理环境与资源禀赋、宗教、高工资等；后者包括知识传统、自由传统、法治传统、制度建设和现代国家等。这种区分可以加深对英国崛起的认识，更重要的是能够通过分析英国情况而推广到其他国家和地区，因为促发性因素可能具有区域性和时间性，而持续性因素的适应性更广，甚至具有普适性。促发性因素与持续性因素有些类似于协同学中的快变量与慢变量，按照协同学的原理，系统发展起支配作用的是慢变量，而不是快变量。当然，人类历史发展的复杂性不允许我们照搬协同论中的结论，具体问题具体分析才是科学研究应有的态度。要完全实现上述研究目标并非易事，这也是一项探索性的研究工作。通过区分促发性因素与持续性因素，对科学革命、工业革命、英国现代化的关系进行分析。促发性因素和持续性因素共同引发科学革命和工业革命，两者的促发因素不尽相同。科学革命通过增加社会的知识存量，水涨船高地推动工业革命和现代化，工业革命及现代化则让科学革命的成果化为持续的科技进步，实现科技与社会的良性互动。在科技进步和现代化过程中，持续性因素发挥着根本性作用。

我们希望能够以一条主线把相关资料都组织起来，起到展示英国工业革命前的社会状况、背景和工业革命起因及其来龙去脉的作用。当然这条主线应该是客观存在的。我们认为这条主线就是英国工业革命前后这段历史所昭示出来的社会进步总趋势，尽管有起伏曲折，但是社会进步总趋势是显而易见的。

考虑学术界有关社会进步标准讨论的主要观点，并结合对工业革命前后历史发展的理解，我们提出社会进步集中体现在人尽其才、物尽其用两个方面。人尽其才就是社会进步以人为核心，社会发展的各种成就只有落实到人的发展和人的价值实现上才能够真正体现为社会进步，社会进步涵盖现代化进程，在15—16世纪虽然尚未发生现代化，但是社会进步却早已发生。人尽其才还反映出人与人、人与社会关系的发展水平，正如马克思所说的，理想社会是"把每一个人都有完全的自由发展作为根本原则的高级社会形态"。物尽其用是指人生存于自然界和社会，对自然和社会等各种资源的合理利用是人类文明生存、发展的基础，反映出人驾驭环境、利用资源的水平，反映出人与自然关系的发展水平。人尽其才、物尽其用的结果之一是形成规模经济，这是促发工业革命的关键。

英国工业革命前后的历史表明是多种因素促成了人尽其才（人力资源较为充分利用）、物尽其用（自然与社会资源较为充分利用），这可以较好地解释英国崛起过程中各个主要因素的关系。英国在16—19世纪的迅速崛起，原因是多方面的，经过农业革命、宗教改革、教育革命、民族国家、宪政体制、市场经济制度、产权制度、专利制度等的确立与运行，很好实现了人尽其才和物尽其用，并且把两者有效地组织起来实现国家现代化。通过自然资源利用和人力资源利用的进程，可以把英国工业革命前后的各主要事件纳入以社会进步为主线统领的分析框架与叙述流程。物尽其用就是对自然资源和社会资源的充分利用，包括对自然界和社会的认识、对资源的利用而相应发展出来的技术体系、科学体系（包括人文社会科学）、市场体系和国家体系乃至世界体系，形成规模经济。比如，英国农业革命，是通过圈地运动、四轮作、机械化和良种培育等提高土地资源的利用率，蒸汽机提高了对煤炭资源的有效利用，煤炭等得天独厚的自然资源支撑起英国经济长达两三个世纪的快速发展和不断扩张。物尽其用还包括对本国的国家机器的充分利用。英国极为擅长对国际上各种有形资源和无形资源进行充分利用，包括政府动用海军开辟海上通路和海外市场，确保棉花等原料供应和产品的外销，建立了空前强大的日不落帝国。人尽其才是对人力资源的充分利用，人才充分发展才能、充分施展才能。从农民到市民到精英等社会各界人士的积极性和创造性得到史无前例的充分调动与激发，在满足人的各个层次的需要方面发展到人类文明的新阶段。例如，农业革命使得英国农民获得自由迁徙权、个人财产遗嘱权、受教育的权利、自由劳动的权利，宪政体制的建立在保障自由和人权方面让英国走在了世界的前列，开启了政治现代化。如内森·罗森堡和小伯泽尔所指出的"一个不受政治和宗教控制的、有高度自主性的经济领域和商人阶级的出现"就是人尽其才的一个结果。以法治为核心的政治现代化的重要性在于，它给社会最好的：持续稳定地提供激发人们积极性、创造性的秩序与回报保障，可以有效积累人力资本，实现自由迁徙与自主使用个人人力资本，而非人治社会中人力资本的依附固化，因"站错队""跟错人"而前功尽弃、积累作废；政治现代化能够遏制社会最坏的，就是遏制贪腐与专制。可以说，以法治为核心的政治现代化与"国家人本体系"是人类迄今为止最有效的扬善抑恶系统，英国的现代化实践充分证明法治的至关重要的作用。

3. 科学革命对工业革命的影响

20世纪60年代开始，一些学者对于科学发现对技术进步产生的影响进行了研究，结果多数历史学家认为两者之间的关联并不紧密。另一些学者的看法却相反，例如罗伯特·艾伦指出实际情况是工业革命时期的重要技术进步在本质上都是依托此前科学研究成果的指引。罗伯特·艾伦从《英国名人传记辞典》（*Dictionary of National Biography*）及其他一些资料中考察出相关发明成果问世全过程的细节描述，整理结果表明在79位重要发明家当中，有49位曾借助实验方法来检验、修正或改进他们的发明成果，有些发明家甚至非常倚重实验活动所得的结论。那些列入"无法确定者"一栏的发明家是因为有关发明过程在文献资料中记述得过于简略，只能推定这些发明家应该开展过相应的实验活动，否则难以取得如此非凡的成就（艾伦，2012）[396]。

在79位重要发明家当中，只有大约一半人与当时的科学界人士或启蒙运动时期的科学机构有往来，但几乎所有的发明家都曾借助实验来进一步改进其技术发明的性能。可以说，发明的过程若不伴以反复实验来纠正错误就无法最终得出令人满意的新成果、新工艺。那个时期的发明家学习科学知识，从而使他们逐渐接受了以牛顿学说为理论依据的科学知识体系（Jacob，1997）[99-115]。

通过科学如何影响发明家和工程师，可以具体说明科学革命与工业革命的关系。科学在17—18世纪的英国已经比较广泛地渗透到社会生活之中，而且科学家享有较高的社会地位。发明家、工程师普遍受到科学知识存量的影响，在宏观上也有所体现。科学中心与技术中心的先后关系可以视为这种宏观上的反映。如梁立明、陈立新的统计工作表明，英国作为世界技术中心的时间为1600—1873年（梁立明　等，2005），汤浅光朝的研究工作显示，英国作为世界科学中心的时间是1660—1730年（汤浅光朝，1979）。科学中心期重合在技术中心期间内绝不是巧合，虽然多种原因促成英国作为世界技术中心出现的时间较早，但是能够在与西方主要国家激烈竞争中维持世界技术中心近三个世纪的时间，英国的科学革命与世界科学中心地位的作用是显而易见的。

科学革命不仅在知识存量上支持工业革命的技术进步，在观念层面上，科学革命也发挥了不可或缺的作用。韦伯指出：技术层面的进步不会无故产生，需要有一个前提，那就是科学态度一定要战胜迷信思想，将其扫出历史舞台。韦伯认为在"前现代"时期，人们无法正确理解自然界发生的变化，总将其归结为超自然的力量——神仙、魂灵、妖魔——作祟的结果。以雅各布（Jacob）为代表的一批科技史学者认为是科学革命改造了大众文化，从整体上改变社会文化氛围来间接驱动工业革命持续推进（艾伦，2012）[17]。

莫凯尔在其代表作《启蒙性质的经济：1700—1850年间的英国经济史》中提出了科学革命和启蒙运动相结合产生了"工业启蒙运动"，它是启蒙运动的一个组成部分，其含义可表述为："随着人类对自然界的认识日渐深入，所获取到的知识也就越来越多。当这些知识被用来指导和改进生产实践以后，各类产品的产量就会持续增加，经济发展的速度也会随之加快。"新知识对于技术进步而言至关重要，换句话来说，工业启蒙运动乃是科学革命向纵深方向推进所产生的一个必然结果，这完全符合逻辑推导规律（艾伦，2012）[371]。相关论文表明：18世纪下半叶英国的各类工匠具有惊人的理论知识。甚至最普通的风车木匠，通常也是一个相当棒的数学家，能够计算出机器的速率、能量和功率（波斯，2003）[279-280]。从知识存量及其应用的角度看也许更容易看出科学革命对工业革命的影响：科学革命增加了整个社会的知识存量，科学知识通过正式教育与非正式教育，通过书本、讲座等多种方式在社会上传播，发明家与工程师，无论是否受过正式的科学教育，无论是否与科学家有过多少接触，他们都是聪明人和有心人，在知识水涨船高的社会中，受益于科学知识、科学方法、科学思维的滋养和帮助是肯定的。这些都促使形成数量庞大的具有较高科技知识素养的人力资本。因此可以说，没有科学革命，就不可能有大规模的发明创造活动；没有科学革命，就不可能有大规模的技术改革活动，也就没有工业革命。

4. 工业革命与国家现代化的关系

现代化对工业革命的影响体现在英国现代化过程中，政治现代化比经济现代化更早一步，政治现代化的目标是克服专制制度，释放民众的积极性与创造性。法国历史学家布罗代尔（Fernand Braudel）曾提出这样一个问题："在英国，一切都是自发进行的，宛如天造地设一般，而这正是世界上第一场工业革命所提出的引人入胜的问题，这场革命也是现代历史最大的断口。它到底为什么发生在英国呢？"原因是英国最早克服了专制制度，完成了政治改革。地理大发现、文艺复兴、宗教改革、商业发展、民族国家等都不是首先发生在英国，但是英国在政治现代化上先行一步，君主立宪制营造出一种宽松、自由和开放的环境，为发动工业革命提供了合适的政治和社会环境。政治上的宽松保证了英国人在思想上和行动上的自由，鼓励他们追求财富，这就为发明创造提供了条件，结果是英国第一个敲开了现代世界的大门，开启了从农业社会向工业社会的转变。

工业革命对国家现代化的影响之一体现在工业革命带来了工业化，而工业化本身就是现代化的重要组成部分。工业化使得人口快速增长，社会结构发生巨大变革，国家与社会的关系也开始发生重大变化。在工业革命的强力推动下，英国在经济、政治、文化和社会方面都开始或延续着现代化的进程。工业革命带来整个社会格局的变化，对政治现代化提出了更进一步的要求。典型的案例就是英国议会改革。工业革命以后，英国人口大量由传统聚居的东南地区北移，但英国下议院1688年后再没有新的市镇取得议会代表权，新工业城市往往聚居数以万计人口却无议员代表。这种状况是由于工业革命引起的，最终带来了英国第一次议会改革。工业革命推进工厂制度的确立，促成了社会保障制度初步建立，促进了市场经济的发展，这些都是现代化的重要组成部分。在工业革命完成之后，英国到19世纪中叶步入鼎盛时期，成为世界工业化进程和现代化的领导者。人类能够凭借汽船和铁路越过海洋和大陆，能够用电报与世界各地的同胞通讯，这些成就表明了工业革命的影响和意义。它使世界连为一体，其程度明显超过了世界早先在罗马人时代或蒙古人时代所达到的程度。工业革命也因此推进了全球性现代化的进程。

5. 分子生物学革命与科技体制现代化

国家现代化包括科技体制现代化，为推进英国分子生物学革命以及生物技术产业发展，英国政府不断调整科技政策及其有关措施，逐步建立英国现代科技体制，这一过程可以视为科技革命与科技体制现代化关系演变的一个缩影。科学在20世纪的政治话语中，变得格外引人注目。第二次世界大战中，科技的力量进一步彰显。在战争的威胁下，反对国家参与的自由放任思想得以松动，决策者对国家与科技关系的认识进入新的历史时期。英国政府开始制定科技发展战略，建立有效资助、组织、协调科技发展与应用的管理系统，这标志着英国科技政策的形成。英国逐渐形成的公立大学与项目资助双轨并行的科技政策体制为英国创立了一种平衡的、重基础研究、鼓励卓越科学的体制。

在这样的背景下，考察分子生物学革命对英国科技体制现代化的影响就容易了。分子生物学革命使得英国在这个新兴的学科领域处于世界领先地位，这个成就的取得主要得益于英国的学术传统和科研基础设施。如果仅仅为了保持分子生物学这一科学领域的领先地位，当时英国已经运行的科技体制不需要太多的变革。但是现实的需要是生物技术产业的发展，才能够提升国家的经济实力与综合国力，分子生物学只是生物技术产业的科学基础。正是在这样的国家需求与竞争压力下，英国政府、科技界和产业界开始了一系列的探索。例如，开始，英国在制度设计上并未充分认识到技术发展与基础研究的非线性关系；医学研究理事会在资助分子生物学之初反对资助那些与产业目标相关的研究，认为卓越的基础研究会自发地延展为技术创新能力与企业竞争力等。在这样的理念与制度安排下，英国的生物技术产业发展受到了限制。又如，科学与技术的边界在生物技术领域的"模糊"为英国研究理事会的资助带来了很多麻烦。新兴产业与技术越来越多地体现出与传统的科学、技术不同特征。实践出真知，到20世纪80年代，《斯平克斯报告》的发布扭转了在生物技术领域的陈旧观念，在一定程度上解决了上述问题，随着一系列相关的政策和制度安排的颁布和实施，英国现代科技体制得到确立和完善，促进了此后20年英国生物技术的快速发展。顺应潮流的促发性因素会起到重要作用，并形成持续性的影响，甚至暂时的促发性因素会演变为持续性因素。英国现代科技体制的确立和巩固及其相应的观念变革与强化，就提供了这样一个例子。

通过对英国分子生物学崛起与生物技术产业发展的历史分析可知，在当今的环境下，科学革命、技术革命与国家进步之间的关系是通过知识的积累与扩散完成的。科学革命完成了知识与理论上的积累与突破，提升全社会的知识存量与知识水平，技术革新的重要因素是知识的扩散与再组织，这一系列复杂的知识流动都将推动国家现代化的进程，同时科技发展也高度依赖现代化的国家体制。制度为知识流动提供了经济支持、人才支持、政策支持与产业支撑的同时，也塑造着知识流动的形式。反之，作为新知识的源泉及辐射中心的科技革命也影响、塑造着国家现代化的进程。分子生物学革命作为20世纪最重要的科学革命之一，从学科、制度、人才、科技与社会关系、组织方式等多方面对英国社会产生了深远的影响。

6. 整合制度现代化与人的现代化理论，提出内外因人本现代化理论

内外因人本现代化理论以人的自由发展与价值实现为驱动和主线，内外条件保障及其互动为特征，外因主要是制度与文化，内因主要是人的素质与能力的提升。理性及知识传统和法治制度正是决定英国崛起的最主要的持续性因素，也是英国人自由发展与价值实现的内外保障。从内外因人本现代化理论的角度分析，英国通过科学革命、技术革命、工业革命和国家现代化而迅速崛起的根本原因在于建立健全了笔者称之为"国家人本体系（National Humanism System——NHS或称之为国家人本系统）"的体系。国家人本体系是为一国之公民的安居乐业和社会的繁荣发展提供法律制度保障和依法的政府行政服务，提供文化传统与社会保障等的国家体系，其特点是以人为本、以公民为本。其功能是满足公民的外在的和内在的各个层次的需要。大家熟悉的国家创新体系实际上是建立在国家人本体系基础之上的体系，如果说国家创新体系的核心是通过知识流动促成各参与者的网络互动与合作以实现社会经济目标，那么国家人本体系的核心则是通过法治的全面实施，为公民安居乐业、建功立业提供所必须的秩序与回报保障。可以说，以法治为核心的政治现代化与国家人本体系是人类迄今为止最有效的扬善抑恶系统。

7. 科技资本主义与现代化的危机

在我们惊叹科学革命、技术革命、工业革命和国家现代化对人类社会进步的巨大促进作用的同时，也应该看到事物的另一面：生态环境危机、贫富悬殊、经济危机等等。本书没有面面俱到地分析批判现

代化存在的种种问题，而是通过提出"科技资本主义"来集中反映西方现代化国家所面临的危机与挑战。以往对资本主义的批判都集中在对"资本"的批判上，对科技资本主义的批判则应集中于对"科技与资本及其结合"的反思和批判。通过对科技资本主义的分析，说明英国的工业革命、科技革命造就了最早的现代国家与市场经济制度，为人类社会的进步做出巨大贡献，但是随着科技与资本的紧密结合，资本主义发展到了科技资本主义阶段，暴露出的问题已经不局限于生态环境和贫富悬殊等方面，而是更为严峻的科技风险与科技危机。这是科技资本主义的危机，其核心是：工业革命以来形成的西方市场经济制度及其科技与经济一体化发展模式，虽然极具活力，但是因高度依赖科技的粗放式发展与粗放式创新，不能遏制和化解内生的自毁因素——致毁知识的增长与扩散而难以为继（刘益东，2000，2016）。因此对市场经济制度和现代化进行反思，变得极为迫切、紧要和生死攸关！

从上述结论和讨论可以看出，这些工作已经基本回答了本书设定的研究目标，通过宏观历史与微观案例相结合的研究，对科学革命、技术革命、工业革命与国家现代化的关系进行了比较深入的分析，加深了对它们之间关系的认识。当然，这些关系也会随着社会发展而有所变化，这就要求我们做进一步的追踪研究。此外，本研究以英国为主，但是科学革命、技术革命、工业革命和现代化是全球范围内的历史事件，应该进一步开展全球史视角的深入研究，对它们之间的关系做更全面深入的认识与把握。以上各章的论述，主要是阐述了科学革命、技术革命、工业革命和现代化在人类社会进步中的积极作用。当然，我们十分清楚这里面隐含着许多负面因素，特别是以可持续发展的角度看，工业革命之后形成的西方市场经济社会发展模式存在着根本缺陷，限于篇幅并没有加以分析，只是通过提出科技资本主义及其危机来做出概括。需要强调的是，在促进科学革命、技术革命、工业革命发生过程中发挥重要作用的价值理性与工具理性的分离所导致的技术理性和商业理性的急剧扩张及其引发的科技风险（特别是科技重大风险）与科技伦理问题，工业化与市场经济造成的环境问题、消费价值观、极端个人主义和眼前利益优先等问题，现在变得日益严重。粗放式发展与粗放式创新这些在现代化初期不甚突出的问题，正在引发越来越严重的环境危机、科技危机与人类安全危机，制约着人类社会的持续发展和持续安全。对于存在根本缺陷的发展模式来说，人们是无法通过完善来加以解决的，而是需要发动一场深刻的大变革、大转型（刘益东，2007）。对历史的回顾和反思，有助于我们汲取历史的经验和教训，不盲从、不自大，不苛求古人和过去，用历史眼光、全球视野来审视现实，抓住难得的历史机遇，积极应对挑战，满怀信心地走向未来。

参考文献

艾伦, 2012. 近代英国工业革命揭秘: 放眼全球的深度透视 [M]. 毛立坤, 译. 杭州: 浙江大学出版社.

爱因斯坦, 2010. 爱因斯坦文集: 第1卷 [M]. 许良英, 译. 北京: 商务印书馆.

巴特菲尔德, 1988. 近代科学的起源 [M]. 郭书春, 译. 北京: 华夏出版社.

贝尔纳, 1982. 科学的社会功能 [M]. 陈体芳, 译. 上海: 商务印书馆.

波斯, 2003. 剑桥欧洲经济史第六卷 [M]. 王春法, 译. 北京: 经济科学出版社.

陈方正, 2009. 继承与叛逆: 现代科学为何出现在西方 [M]. 北京: 三联书店出版社.

陈晓律, 于文杰, 陈日华, 2009. 英国发展的历史轨迹 [M]. 南京: 南京大学出版社.

陈自悟, 1980. 从哥白尼至牛顿 [M]. 北京: 科学普及出版社.

楚珏辉, 1985. 牛顿的万有引力定律在科学上有哪些重大成就 [J]. 物理教学, (4): 20.

戴维林德伯格，2001. 西方科学的起源［M］. 王珺，译. 北京：中国对外翻译出版公司.

恩格斯，1995. 英国状况十八世纪［A］.《马克思恩格斯全集：第1卷［C］. 北京：人民出版社.

弗格森(a)，2012. 文明［M］. 曾贤明，唐颖华，译. 北京：中信出版社.

弗格森(b)，2012. 帝国［M］. 雨珂，译. 北京：中信出版社.

高洁，袁江洋，2015. 欧洲分子生物学学科制度化发展初探［J］. 自然辩证法通讯，(1)：99—105.

戈德斯通，2010. 为什么是欧洲?［M］. 关永强，译. 杭州：浙江大学出版社.

耿岩，2014. 约翰·洛克科学知识论研究［D］. 呼和浩特：内蒙古大学.

管佩韦，1989. 英国工业革命的开始——纺织机器的发明和应用［J］. 杭州大学学报（哲学社会科学版），(01)：123—128.

郭方云，2008. 文艺复兴柏拉图主义的英国化过程［J］. 英语研究，(3)：58—63.

郭贵春，1984. 一个杰出的科学研究纲领——试论牛顿的科学方法结构［J］. 哲学研究（1）：30—35.

郭咸纲，2010. 现代西方管理思想史［M］. 北京：世界图书出版公司.

哈巴库克，2002. 剑桥欧洲经济史：第六卷［M］. 王春法，译. 北京：经济科学出版社.

哈斯金斯，2006. 12世纪文艺复兴［M］. 夏继果，译. 上海：上海三联书店出版社.

哈维，2007. 英国的科学组织概况［M］. 吴波，译. 北京：科学出版社.

韩忠富，1991. 亚当·斯密"自由主义"经济思想与英国工业革命［J］.

东北师大学报（哲学社会科学版），（02）：53—57.

何传启，2003. 现代化概念的三维定义［J］. 管理评论（3）：8—14.

何传启，2011. 第六次科技革命的战略机遇（中国现代化研究论坛）［C］. 北京：科学出版社.

贺利思，2012. 伦敦的崛起：知识分子打造的城市［M］. 宋美莹，译. 北京：电子工业出版社.

赫森，2008. 牛顿《原理》的社会经济根源（三）［J］. 王彦雨，译. 山东科技大学学报：社会科学版，（3）：1—6.

侯建新，2006. 富裕佃农：英国现代化的最早领头羊［J］. 史学集刊，（4）：42—49.

黄光耀，2003. 论英国现代化启动前的成功准备［J］. 山东师范大学学报（人文社会科学版），（10）：78—81.

霍夫施塔特，2010. 美国政治传统及其缔造者［M］. 崔永禄，王忠和，译. 北京：商务印书馆.

吉晶，2011. 中世纪巴黎大学英国学者的流动［D］. 北京：首都师范大学.

贾德森，2005. 创世纪的第八天——20世纪分子生物学革命［M］. 李晓丹，译. 上海：上海科学技术出版社.

科恩，1999. 牛顿革命［M］. 郭栾玲，译. 南昌：江西教育出版社.

寇宗来，石磊，2009. 理解产业革命发生在英国而非中国的关键——李约瑟之谜的专利制度假说［J］. 国际经济评论，（02）：44—48.

莱昂斯，1990. 英国皇家学会史［M］. 陈先贵，译. 昆明：云南省机械工程学会/云南省学会研究会.

李俊江，2010. 英国"剑桥现象"及其形成机理研究［D］. 长春：吉林大学出版社.

李良，1994. 牛顿及万有引力定律［J］. 天文爱好者，（11）：26.

李远本，2006. 16、17世纪英国教育的双轨模式 [J]. 教学研究（7）.

李泽厚，1999. 批判哲学的批判 [M]. 合肥：安徽文艺出版社.

里格利，俞金尧，2006. 探问工业革命 [J]. 世界历史，（2）：75.

梁桂全，2004. 中国现代化创新与人文社会科学的使命——兼论人文社会科学期刊的责任 [J]. 广东社会科学，（2）：11—15.

梁立明，陈立新，2005. 世界技术成果时空分布的量化特征及世界技术中心的转移 [J]. 自然辩证法研究，（2）：67—73.

廖廷弼，2007. 英国近代崛起的先导性实践 [J]. 中共南宁市委党校学报（6）：18—20.

刘贵华，2011. 16、17世纪英国大学的社会构成分析 [J]. 人文论谈，（12）：342.

刘景华，2010. 外来因素与英国的崛起：转型时期英国的外国人和外国资本 [M]. 北京：人民出版社.

刘益东，2000. 人类面临的最大挑战与科学转型 [J]. 自然辨证法研究，2000（4）：50—55.

刘益东，2007. 智业革命——致毁知识不可逆增长逼迫下的科技转型、产业转型与社会转型 [M]. 北京：当代中国出版社.

刘益东，2011. 对不准原理与动车困境：人类已经丧失纠正重大错误的能力 [J]. 未来与发展，（12）：2—6.

刘益东，2014a. 试论粗放式创新、致毁创新、可持续创新理论与知识安全学 [J]. 科技资讯，（25）：238—242.

刘益东，2014b. 致毁知识与科技危机：知识创新面临的最大挑战与机遇 [J]. 未来与发展，（4）：2—12.

刘益东，2015. 大IT革命：从思维到社会的深刻变革 [J]. 学术前沿，（8）：67—73.

刘益东, 2016. 挑战与机遇: 人类面临的四大困境与最大危机及其引发的科技革命[J], 科技创新导报, (35): 221—230.

罗松山, 赵荣祥, 2002. 英国工业革命的制度基础、法制环境与启示[J]. 山东师范大学学报(人文社会科学版), (01): 20—23.

罗兴波, 2011. 17世纪英国科学研究方法的发展[J]. 中国科技史杂志, (1): 101—105.

罗兴波, 2012. 17世纪英国科学研究方法的发展——以伦敦皇家学会为中心[M]. 北京: 科学技术出版社.

麦克莱伦第三, 多恩, 2007. 世界科学技术通史[M]. 王鸣阳, 译. 上海: 上海科技教育出版社.

麦克劳, 2006. 现代资本主义: 三次工业革命中的成功者[M]. 赵文书, 肖锁章, 译. 南京: 江苏人民出版社.

芒图, 1983. 十八世纪产业革命——英国近代大工业初期的概况[M]. 杨人楩, 译. 北京: 商务印书馆.

梅尔茨, 1999. 19世纪欧洲科学思想史[M]. 周昌忠, 译. 北京: 商务印书馆.

梅雪芹, 2009. 世界近代史资料汇编[C]. 北京: 北京师范大学出版社.

默顿, 2007. 十七世纪英格兰的科学、技术与社会[M]. 范岱年, 译. 北京: 商务印书馆.

内森·罗森堡, L. E. 小伯泽尔, 1989. 西方致富之路——工业化国家的经济演变[M]. 周兴宝, 译. 北京: 三联书店出版社.

诺斯, 托马斯, 2009. 西方世界的兴起[M]. 厉以平, 蔡磊, 译. 北京: 华夏出版社.

帕尔默, 2010. 欧洲崛起: 现代世界的入口[M]. 孙福生, 译. 北京: 世界图书出版公司北京公司.

培根, 1984. 新工具 [M]. 许宝骙, 译. 北京: 商务出版社.

佩奇, 1921. 中世纪时代的手工艺 [M]. [出版地不详]: 科洛尼尔出版社.

彭福扬, 王树仁, 1997. 论技术活动中心转移 [J]. 湖南大学学报, (1): 30—32.

彭南生, 严鹏, 2012. 技术演化与中西 "大分流" ——重工业角度的重新审视 [J]. 中国经济史研究, (03): 95—103.

奇波拉, 1991. 欧洲经济史 [M]. 李子英, 译. 北京: 商务印书馆.

钱乘旦, 许洁明, 2007. 大国通史·英国通史 [M]. 上海: 上海社会科学出版社.

裘克安, 1986. 牛津大学 [M]. 长沙: 湖南教育出版社.

饶毅, 2007. 科学环境: 一个诞生了DNA模型和12个诺贝尔奖的实验室 [OL]. http://blog.sciencenet.cn/home.php mod=space&uid=2237&do=blog&id=4639.

赛耶, 1974. 牛顿自然哲学著作选 [M]. 上海: 上海人民出版社.

瑟罗, 1999. 经济探险 [M]. 柳振宇, 译. 上海: 上海远东出版社.

斯劳特, 莱斯利, 2014. 学术资本主义 [M]. 梁骁, 黎丽, 译. 北京: 北京大学出版社.

斯图尔特, 2007. 科学与宗教的对话 [M]. 郝长墀, 李勇, 译. 北京: 北京大学出版社.

汤普逊, 1996. 中世纪晚期欧洲经济社会史 [M]. 徐家玲, 译. 北京: 商务印书馆.

汤浅光朝, 1979. 科学活动中心的转移 [J]. 赵红洲, 译. 科学与哲学, (2).

陶海洋, 2007. 西方现代化研究的理论回顾 [J]. 历史教学 (11).

陶惠芬，1994. 欧美工业革命中科学技术的引进与利用 [J]. 世界历史（05）：68—75.

王斌，2008. 针：一个技术影响社会的典型案例 [A]. 山西大学2008年全国博士生学术论坛.

王健，袁文芳，2013. 近代欧洲科学教育的先驱：科学社团 [J]. 湖南师范大学教育科学学报，(1)：112—115.

王铭，王薇，2004. 英国工业革命的前提条件 [J]. 辽宁大学学报(哲学社会科学版) (01)：92—97.

王儒佩，1987. 西方现代化理论概述 [J]. 社会科学（12）：48—51.

王章辉，1986. 英国工业革命中的人口问题 [J]. 世界历史，(04)：11—18.

威廉·基洛，1996. 20世纪的世界，国际关系史 [M]. 牛津大学出版社.

韦伯，1987. 新教伦理与资本主义精神 [M]. 于晓，陈维纲，译. 生活·读书·新知三联书店出版社.

韦森，2011. 欧洲近现代历史上宪政民主政制的生成、建构与演进 [J]. 制度经济学研究，(01)：36—91.

韦斯特福尔，1999. 牛顿传 [M]. 郭先林，译. 北京：中国对外翻译公司.

沃尔夫，1985. 十六、十七世纪科学技术和哲学史 [M]. 周昌忠，苗以顺，毛荣运，等译. 北京：商务印书馆.

沃尔夫，1997. 18世纪科学、技术和哲学史 [M]. 周昌忠，译. 北京：商务印书馆.

沃森，1987. 双螺旋——发现DNA结构的故事 [M]. 刘望夷，译. 北京：科学出版社.

吴必康, 1998. 权力与知识: 英美科技政策史 [M]. 福州: 福建人民出版社.

吴波, 2007. 二十世纪英国国家科技发展政策与实践研究: 以国家科技发展政策与实践为中心的历史考察 [D]. 天津: 南开大学.

吴波, 2009. 英国科技政策的形成与社会思想探析 [J]. 自然辩证法研究, (08): 60—64.

吴佩萱, 2006. 最速降线的挑战 [J]. 现代物理知识, (4): 52—54.

解俊民, 1987. 中国大百科全书: 74卷 [M]. 北京: 中国大百科全书出版社.

谢天冰, 1998. 试论英国教育体制的近代化 [J]. 福建师范大学学报 (哲学社会科学版) (1): 99—105.

辛格, 霍姆亚德, 霍尔, 等, 2004. 技术史: 第Ⅳ卷 [M]. 辛元欧, 译. 上海: 上海科技教育出版社.

辛彦怀, 刘志辉, 2004. 英国的大学改革与科学复兴 [J]. 外国教育研究, (12): 32.

徐辉, 郑继伟, 1993. 英国教育史 [M]. 长春: 吉林人民出版社.

许洁明, 2004. 十七世纪的英国社会 [M]. 北京: 中国社会科学出版社.

阎康年, 1999. 卡文迪许实验室 [M]. 保定: 河北大学出版社.

杨杰, 1993. 英国农业革命与家庭农场的崛起 [J]. 世界历史, (05): 2—11.

杨小凯, 2004. 基督教与宪政 [EB/OL]. http://www.aisixiang.com/data/2964.html

尹保云, 2001. 什么是现代化 [M]. 北京: 人民出版社.

英格尔哈特, 2003. 现代化与后现代化: 43个国家的文化、经济与政

治变迁 [M]. 严挺, 译. 北京: 社会科学文献出版社.

英格尔斯, 史密斯, 1992. 从传统人到现代人——六个发展中国家的个人变化 [M]. 顾昕, 译. 北京: 中国人民大学出版社.

于文杰, 黄玉婷, 2008. 英国19世纪早期手工艺运动的形成与传播 [J]. 世界历史, (3): 126—135.

袁春兰, 2005. 英国公司法的历史及其资本制度论略 [J]. 经济师, (10): 75—76.

张卫良, 2004. 工业革命前英国交通运输业的发展 [J]. 杭州师范学院学报 (社会科学版), (01): 93—98.

赵海月, 韩冰, 康喜彬, 2013. 凯尔纳 "技术资本主义" 的生成背景、主要内涵和理论究底 [J]. 中共贵州省委党校学报, (2).

周嘉华、张黎、苏永能, 1998. 世界化学史 [M]. 长春: 吉林教育出版社.

周雁翎, 1991. 帕拉塞尔苏斯: 新科学运动的领袖与怪杰 [J]. 自然辩证法通讯, (5): 69—79.

ALLEN R C, 2009. The British Industrial Revolution in Global Perspective [M]. New York: Cambridge Univeristy.

ALLEN R C, 1983. Collective invention [J]. Journal of Economic Behavior and Organization, 4: 1—24.

ALLEN G, 1978. Life science in the twentieth century [M]. Cambridge: Cambridge University Press.

AMMON U, 2001. The dominance of English as a language of Science: effects on other languages and language communities [M]. Berlin, Newyork: Mouton de Gruyter: xiii—478.

AYLMER G E, 1973. Tate's servants: civil service of the English republic，1649—1660 [M]. Boston：Routledge and Kegan Paul：169.

BAIROCH P, 1988. Cities and economic development：from the dawn of history to the present [M]. Chicago：University of Chicago Press.

BARLOW COMMITTEE，1946. Scientific manpower [R]. London：H. M. Stationery Office.

BAXTER R，1825. A Christin directory：or a body of practical divinity and case of conscience [M]. London：printed for Richard Edwards：1—258.

BENNETT J，2003. "Shopping for instruments in Paris and London，" in Pamela H. Smith & Paula Findlen [J]. Merchants & Marvels：Commerce，Science，and Art in Early Modern Europe：New York and London.

BLACKFORD M G, 1998. The rise of modern business in Great Britain, the United States, and Japan [M]. Carolina：Univ of North Carolina Press.

BOYLE R，1664. Some considerations touching the usefulness of experimental natural philosophy [M]. Hen Hall：22.

BUD R, CANTLEY M F, 1993. The uses of life：a history of biotechnology [M]. New York：Cambridge University Press.

BURN J，1864. The history of the French，Walloon，Dutch and other foreign protestant refugees settled in England from the reign of Henry VIII to the revocation of the edict of Nantes [M]. Longman，Brown，Green，and Longmans：1—265

BURTT E A, 1927. The metaphysical foundation of modern physical science [M]. New York：Harcourt, Brace & Co.

BUSH V, 1945. Science: The endless frontier[J]. Transactions of the Kansas Academy of Science, 48(3): 231—264.

CARPENTER C, 1994. Gentry and community in medieval England [J]. The Journal of British Studies, 33(4): 340—380.

CHADAREVIAN S, 2002. Designs for life: Molecular Biology after World War II[M]. Cambridge: Cambridge University Press.

CLARK G D, 2007. Coal and the Industrial Revolution, 1700–1869 [J]. European Review of Economic History, (11): 2.

COETZEE K J, GRAAF J, HEINDRICKS F, WOOD G, 2007. Development: theory, policy and practice[M]. Cape Town: Oxford University Press.

COOKE P, 2001. Biotechnology Cluster in U. K.: lessons from localization in the commercialization of science[J]. Small Business Economics, 17: 43—59.

COURT W H B, 1938. The rise of the midland industries, 1600-1838 [M]. London: Oxford University Press.

CRAFT N, 2014. Economic Growth during the Long Twentieth Century [J]. The Cambridge Economic History of Modern Britain, Volume 11.

CROMBIE A C, 1953. Augustine to Galileo: the history of science, AD 400-1650[M]. Boston: Harvard University Press.

CURTIS M, 1959. Oxford and Cambridge in transition, 1558–1642 [M]. London: Oxford University Press.

CUTTINO G P, 1985. English medieval diplomacy [M]. Bloomington, Ind: 1—162.

DAVID DANIELL, 2006. The obedience of a Christian Man [M].

Penguin Books Limited: 1—272.

DEICHMANNM U E, 2002. Isolation and the slow start of Molecular Biology in Germany [J]. Special Iuuse, Studies in History and Philosophy of Biological and Biomedical Sciences, 33C（3）: 449—471.

DOBB M, 1954. A note on the so-called degree of capital-intensity of investment in under-developed countries [J]. Economie Appliquee, 7(3): 101.

DUFFY E, 1988. Mater Dolorosa, Mater Misericordiae [J]. New Blackfriars, 816: 210—227.

EDGERTON D, 1996. Science, technology and the British industrial "Decline", 1870—1970 [M]. Cambridgeshire: Cambridge University Press: 1—97.

ERNST, YOUNG, 1999. European Life Sciences 99: Sixth annual report [R].

FARA P, 2000. Isaac Newton lived here: sites of memory and scientific heritage [J]. The British Journal for the History of Science, 33: 408.

FLEMING D, DONALD FLEMING DONALD F, 1952. Latent heat and the invention of the Watt Engine [J]. Isis, xliii: 3—5.

FREEMAN C, 1987. Technology policy and economic performance: lessons from Japan [M]. London: Pinter Press.

FREMDLING R, 1997. Railroads and German economic growth: a leading sector analysis with a coparision to the United States and Great Britain [J]. Journal of Economic History, 37: 583—604.

GENETIC TECHNOLOGY NEWS, 1989. 9（5）.

GREENFELD L, 2001. The Spirit of Capitalism: Nationalism and Economic Growth [M]. Cambridge: Harvard University Press.

GUSTAFSON M, 2012. James Watt as the embodiment of Francis Bacon's Philosophy [EB/OC]. [2013-03-09] https://newenglandobjectivistsociety.wordpress.com/2012/03/07/james-watt-as-the-embodiment-of-francis-bacons-philosophy/

GWYNN R, 1985. Huguenot heritage: the history and contribution of the Huguenots in Britain [J]. The Economic History Review, 39(2).

HACKING A J, 1986. Economic aspects of biotechnology [M]. Cambridge: Cambridge University Press.

HALL A R, M B Hall, 1964. A brief history of science [M]. New American Library: 219.

HARLEY K, 2014. The legacy of the early start, The Cambridge economic history of modern Britain, 1870 to the present [M]. Cambridge: Cambridge University Press.

HENRY J, 1992. The scientific revolution in England in the scientific revolution in national context [M]. Cambridge: Cambridge University Press.

HORNSTEIN S R, HORNSTEIN S R, 1991. The restoration navy and English foreign trade, 1674—1688: a study in the peacetime use of sea power [M]. London: Scolar Press: 1—293.

HUNTER M C W, 1989. The crown, the public and the new science, 1689—1702 [J]. Notes and Records of the Royal Society of London, 43 (2): 99—116.

HUXLEY H, 1987. Double vision reveals the structure of muscle

[J]. New Scientists, 114: 42—45.

JACOB M C, 2000. Commerce, industry, and the laws of Newtonian Science: weber revisited and revised [J]. Canadian Journal of History, 8: 286.

JACOB M C, 1997. Scientific culture and the making of the Industrial West [M]. Oxford: Oxford University Press: 99—115.

KENNEY M, 1986. Biotechnology: the university-industrial complex [M]. City of New Haven: Yale University Press: 1—306.

KHAN Z, 2007. The evolution of useful knowledge: great inventors, science and technology in British economic development, 1750—1930 [R]. NEBR Working paper.

KUO-SH SHU Y ANG, 1981. Social orientation and individual modernity among Chinese students in TaiWan [J]. The Journal of Social Psychology, Vol. 113: 159—170.

KENNEY P, 1983. The realiteies behind diplomacy. London. Routledge 034.

LANGFORD P, 2000. Eighteenth-Century Britain: a very short introduction [M]. New York: Oxford University Press.

LARRY S, 1992. The rise of public science: rhetoric, technology, and natural philosophy in Newtonian Britain, 1660—1750 [M]. Cambridgeshire: Cambridge University Press: 1—498.

LEHMBERG S E, 2002. The Peoples of British Isles–a new history form Prehistoric Times to 1688 [M]. London: Routledge.

LEUNIG T A, 2003. British industrial success: productivity in the Lancashire and New England cotton spinning industries a century ago [J].

Economic History Review, 56（1）：90—117.

LIAH G，2001. The spirit of capitalism，Nationalism and economic growth［M］. Cambridge MA：Harvard University Press：2.

LONG T D, WRIGHT C, 1975. Science Policies in industrial nations ［M］. New York：Praeger：1—232.

LYONS G G，1944. The Royal Soceity，1660—1940：a history of its administration under its Charters［M］. Cambridgeshire：Cambridge University Press：44.

MACH，ERNST，1919. The Science of Mechanics：A Critical and Historical Account of its Development［M］. Translated from German by Thomas J. Mc Cormack. Chicago & London：The open Court Publishing Co.

MAREK H D，2012. Science and culture in the 18th century：Isaac Newton. Clinical Chemistry［J］. Clinical Chemist，58（3）：655.

MATHIAS P，1983. The first industrial Nation：an economic history of Britain 1700—1914［M］. London Routledge：104.

MCKENDRICK N，1973. "The role of science in the Industrial Revolution：A study of Josiah Wedgewood as a scientist and Industrial Chemist，" in Joseph Needham，M. Teich and R. Young（eds.），changing perspectives in the history of science［M］. Portsmouth London：Heinemann Educational Books：319.

MIHELL D，KINGHAM D，STOTT M，1997. The development of the biotechnology sector in Oxfordhire：implications for public policy ［M］. Oxford：Oxford Innovation Ltd.

MOKYR J，2008，"The institutional origins of the Industrial Revolution"，in institutions and Economic Performance，Elhanan Help man （eds.）[M].Cambridge, MA： Harvard University Press：64—119.

MOND A, 1928. Industry and politics, Macmillan and co[M]. London：Macmillan.

MORELL J, 1980. Britain through the 1980s[M]. Aldershot：Gower Publishing Ltd：1—319

MORGAN K O, 2000. Twentieth-Century Britain：A very short introduction[M]. Oxford：Oxford University Press.

MOWERY D C, ROSENBERG N, 1989. Technology and the pursuit of economic growth Cambridge University Press[M]. Cambridge：Cambridge University Press.

MUIRHEAD J P, 1854. The origins and progress of the mechanical inventions of James Watt[M]. London：John Murray Publishers：355.

NELSEN L, 1991. The lifeblood of biotechnology： University–industry technology transfer. In The business of biotechnology：From the bench to the street, R.D. Ono（eds.）[M].Boston：Butterworth–Heinemann：1—362.

NICOLSON C, 1974. Strangers to England：immigration to England 1100—1952 [M].Wayland：Wayland Books：22—25.

O' DAY R, 1982. Education and society 1500–1800：The Social Foundations and Education in early modern England [M]. London：Longman Group Ltd：95.

PACEY A, 1998. The New Oxford Dictionary of English[M]. Oxford：The Oxford University Press：208.

PAVITT K, 1980. Technical innovation and British economic performance[M]. London：Palgrane Macmillan Press ltd：1—352.

PEARCE M, STEWART G, 1992. British political history 1867—

1990 [M]. London: Routledge.

POOLE J B, ANDREWS K, 1969. The government of science in Britain [M]. London: Weidenfeld and Nicolson Ltd: 65.

PORTER M, 1990. The competitive advantage of nations [M]. New York: The Free Press.

PORTER R, 2003. The Cambridge history of science [M]. Cambridge: Cambridge University Press.

PRIESTLEY J, RUTT J T, 2003. Memoirs and correspondence of Joseph Priestley [M]. Bristol: Thoemmes Press: 210.

ROSENBERG N, 1991. Critical issues in science policy research [J]. Science and Public Policy, 18: 335—346.

ROSTOW W W, 1960. The stages of economic growth [M]. Cambridge: Cambridge University Press.

ROTHSCHILD REPORT, 1971. The organization and management of government research and development [R]. Cmnd 4814. HMSO: 6.

ROWSE A L, 1951. The England of Elizabeth: a structure of society [M]. London: Macmillan Publishers Ltd: 145.

SCHEMMEL M, 2006. The English Galileo: Thomas Harriot and the force of shared knowledge in early modern mechanics [J]. Physics in Perspective, 8 (4): 360—380.

SCHOFIELD R E, 1963. Lunar society of Birmingham: a social history of provincial science and industry in Eighteenth-Century England [M]. London: Oxford University Press.

SCOTTRAM N, 1993. Making more of academic assets [J]. Nature, 364 (6439): 666—668.

SHIRLEY J W, 2013, WILLIAM SHIRLEY J WILLIAM S J, 1949. The scientific experiments of Sir Walter Ralegh, the Wizard Earl, and the Three Magi in the tower 1603—1617 [J]. Ambix, 4(1—2): 52—66.

SOUTHERN R W, 1984. "From Schools to University", in Trevor Henry Aston the history of the University of Oxford [M]. Oxford: Clarendon Press, 1984: 2—3.

SPINKS, 1980. UK government, biotechnology: report of Joint Working Party of ACARD and advisory board for the research councils and royal society [R]. London: HMSO.

SPRAT T, 1667. The history of the royal society of London, for the Improving of Natural Knowledge [M]. London Clinch: George: 245.

STEPHEN F M, 1962. A history of the sciences [M]. New York: Collier Books: 286.

STEWART L, 1986, The selling of Newton: science and technology in early Eighteenth-Century England [J]. Journal of British Studies, (2): 192.

TAPON F, 1989. A transactions cost analysis of innovations in the organization of pharmaceutical R&D [J]. Journal of Economic Behaviour and Organization, 12: 197—213.

TILLY C, 1975. The formation of nation states in western Europe [M]. Princeton: Princeton University Press: 42.

TIRATSOO N, TOMLINSON J, 1998. The conservatives and industrial efficiency, 1951—1964: thirteen wasted years [M]. New York: Routledge: 1—160.

TIRYAKIAN E A, 1998. Neo-Modernisierung. In: Müller K. (eds) Postsozialistische Krisen. VS Verlag für Sozialwissenschaften [C], Wiesbaden.

VAN REENEN J, 1997. Why has Britain had slower R&D growth? [M]. Research Policy, vol. 26 (4): 493—507.

VARCOE I, 1974. Organizing for science in Britain-A Case Study [M]. New York: Oxford University Press.

WATSON J D, CRICK F H, 1953a. Genetical implications of the structure of deoxyribonucleic acid [J]. Nature, 171 (4361): 964—967.

WATSON J D, CRICK F H, 1953b. Molecular Structure of Nucleic Acids: a structure for Deoxyribose Nucleic Acid [J]. Nature, 171 (4356): 737—738.

WIKIE T, 1991. British science and politics since 1945 [M]. [S. I.]: Blackwell.

WOLFGANG Z, 2004. Modernization theory–and the non–western world. [EB/OL]. [2013-05-09]. https://www.econstor.eu/bitstream/1041 9/50239/1/393840433.pdf

WRIGHTSON K, 2007. The decline of Neighbourliness' Revisited, Jones N, and D. Woolf, local identities in late medieval and early modern England [M]. New York: Palgrave Macmillan UK: 19—29.

YOXEN E, 1978. The social impact of Molecular Biology [R]. University of Cambridge.

ZAPF, WOLFGANG, 2004. Modernization Theory-and the Non-Western World [EB/OL]. Wissenschaftszentrum. Berlin für Sozialforschung (WZB): Paper P 2004–003 [http: //bibliothek.wzb.eu/ pdf/2004/p04-003.pdf; 15.01.2009].

ZILSEL E, 2000. The sociological roots of science [J]. Social Studies of Science, 30 (6): 935—949.

ZINKEISEN F, 1895.Anglo–Saxon courts of law [J]. Political Science Quarterly, 10 (1): 132—144.

后记与致谢

　　本研究是中国科学院自然科学史研究所"十二五"重大突破项目"科技革命与国家现代化"的子课题（英国卷），该所的刘益东研究员任课题组长，该所的高璐副研究员和中国科学院大学李斌副教授为课题组主要成员。研究与撰写分工为：高璐、刘益东负责第一章，刘益东负责第二章，李斌负责第三章，高璐负责第四章，刘益东负责第五章。刘益东、高璐负责全书的总体设计和统稿。

　　在研究与撰写过程中得到总项目组长张柏春研究员、其他子课题组长田淼研究员、方在庆研究员、王作跃教授、周程教授、鲍鸥副教授、姚大志副研究员等同仁的帮助，得到德国马普学会科学史研究所诸位学者的帮助，在出版过程中，得到本书责编张达先生的热心专业的帮助，在此一并表示衷心感谢！